JN012741

「買収起業」完全マニュアル

完全マニュアル

ベンチャー
立上げリスクを
回避する
「新・起業法」

ウォーカー・デイベル
著

神田昌典
ヒューレックス株式会社
事業承継推進機構株式会社
日本語版監修

三木俊哉
訳

BUY THEN BUILD

HOW ACQUISITION ENTREPRENEURS OUTSMART THE STARTUP GAME

実業之日本社

起業家にひらかれた
「第3の道」

神田昌典

あなたは「リッチ」か、
それとも「キング」か？

ベンチャーの創業者には、2つのタイプがある。

ハーバードビジネススクールのノーム・ワッサーマン教授によれば、「リッチ」と「キング」だ。

リッチとは、外部から資本を調達し、自らの経営コントロールは手放し、富の最大化をめざすタイプ。上場をめざすベンチャー経営者は、リッチである。

キングとは、富の最大化よりも、自らの事業に対する経営コントロールを維持し続けるタイプ。地域や分野の雄をめざすオーナー経営者は、キングである。

今、あなたがベンチャーを創業するとしたら、リッチvsキングの、どちらをめざすだろうか？

もし、あなたが「富もコントロールも、どちらも欲しい」という野心家なら、本書の翻訳を待った甲斐がある。なぜなら本書は、まさに、その第3の道──「買収起業家」になるために必要な全プロセスを公開する、稀有な実務書であるからだ。

買収起業は、リッチとキングの「良いとこ取り」戦略となる。

具体的には、0から事業を立ち上げるのではなく、既存事業を買収して再成長させる。そうすることで、スタートアップが

直面するリスクを大きく回避しつつ、すでに稼動している事業インフラを改革して、再び成長軌道にスピーディに乗せていく。

その成功率は、0からのスタートアップが10％以下に対して、買収起業は98％＋（P55 図2.1）。さらに年間ROI（投資収益率）は100％を超える（P48-P49参照）。

もちろん、そのリターンは、既存事業が「いくらで買収できるのか？」が鍵になるが、業界によって異なるものの、「だいたいオーナーの手元にはいる年間キャッシュフローの3〜4倍に落ち着く」と著者は解説する。

この米国のシミュレーションは、日本に当てはまるのか？

もし当てはまるなら、これは、大チャンスを掘り当てたことになる。しかも、日本経済の大いなる救済になる。なぜなら中小企業の約半数が後継者未定であり、2025年には廃業が急増すると予測されているからだ。

そこで早速、私は、日頃よりお付き合いさせていただいている、後継者採用支援や承継M&Aに取り組む松橋社長に電話した。本書の概要をざっとお話しした後、間髪入れずに、直球で尋ねた。

神田「社長、この本の内容って、日本に当てはまるんですか？」

松橋「…はい。長い話の結論だけお伝えすると、だいたい日本も同じように当てはまります」

　神田「…だいたいと言うと？　当てはまらないところもあるのですか？」

　松橋「はい。実は、政府が発表した第三者承継支援総合パッケージにあるように、事業承継補助金などの支援がでてきており、日本の中小M&Aがさらに活発化すると言ってもいいと思います」

　その答えを聞くや否や、私は早速、出版社に連絡。「多くの企業を救済する書がある」と、邦訳書の刊行を熱く説得した。以来、翻訳・編集などの作業は１年弱におよぶことになったが——デジタル変革により企業を再成長軌道に乗せることが急務の今、まさにタイムリーな出版となった。読者が経営者・起業家、またはコンサルタントのいずれであっても、新たな（しかも大きな）収益機会を見出すことになるだろう。

あたかも現場にいるような臨場感で、学べるM&Aノウハウの数々

　今まで業界内部者だけが知っていた、複雑かつ難解なM&Aノウハウを、部外者にとっても、極めて分かりやすく公開しているのが、本書である。

　たとえば、ここで開示されているノウハウ例をあげれば、次のとおりだ。

- 買収金額を判断する SDE とは？（P49）
- 価値創出のケーススタディと近道（P59）
- M&A に適する意外な業種（P91）
- 成功率の高い、買収先の企業規模は？（P103）
- なぜマンションの頭金程度で、年商数億円の黒字企業が買えるのか？（P108 ナンシーの事例）

　さらには、
- 買収候補先を明確にするターゲットステートメントの具体例（P116）
- 銀行が融資を判断する際の、大きな秘密（P148）
- 初回面談の進め方（P205）
- 資産売却か株式売却か？（P268）
- 見逃しがちなオペレーショナルデューデリジェンスとは？（P305）
- 買収成立後、初日から 90 日間で、何を行うか？（P319）

　このように本書では、買収前の候補先選定から、交渉プロセス、買収後の統合戦略に至るまでの、全ノウハウが凝縮され解説されている。

「米国のノウハウだから、日本に応用する際には、だいぶ勝手が違うのでは？」と訝しんだが、実際に読みはじめると、不安は一掃された。「買収後の初日は、経営者は率先して、会社を既存社員たちと掃除をすることからはじめるべき」などの、日本と共通する経営ヒントに溢れているので、頁をめくりはじめれば、あたかも企業買収の現場にいるかのような臨場感とともに、一気に読めてしまうだろう。

しかし、なぜ今まで、こうした知識が広がってこなかったのか？

理由は、2つ。まずは、年商30億円以上の年商規模でないと、企業M&Aとしては小粒の案件となってしまうので、仲介業者にとって、事業としての旨味がなかったため。もうひとつは、会計・税務・法務などの専門家が正確に解説しようと努力すればするほど、投資判断が複雑になってしまい、買い手にとっての障壁が高かったためだ。

本書ノウハウで、私自身も、M&Aを実践してみた

だからこそ、専門外であるマーケッターの私が、この本を読んだとたんに、目からウロコが落ちた。

そして早速…、実践してみた。

　私は、企業研修をメイン事業とする会社を20年間にわたり経営しているが、本書ノウハウに従って、買収候補先の物色をはじめたのだ。すると、半年ほどたったところで、知り合いのM&Aアドバイザーの方から、候補企業が紹介された。オーナーが年齢的に経営者を退任したいので、会社を売却できる先を探しているというのだ。その際、提示された買収金額や条件を検討・判断するうえでも、非常に役立ったのは、本書だった。コロナによる環境激変の結果、実行にはいたらなかったものの、このノウハウの正しさを、身をもって体験した。

　買収起業は、日本ではあまり成功事例がないように思えたが、探してみると、そんなことはない。著名なところでは、メガネチェーン「オンデーズ」を倒産寸前で、田中修治社長が70%の株を買い取り、再生。その後、世界12カ国、300店舗以上へと急成長させた例がある。また知り合いの経営コンサルタントは、2年ほど前に、年商20億円ほどの販売業の社長に抜擢されたあと、同業他社の買収を積極的に行い、ほんの数年で200億円事業へと成長させた。

　今、起業といえば、多額の資本を第三者から調達し、デジタル技術を強みとする「リッチ」派のベンチャーが注目を集めるが、内情は、資金は集まったものの、事業としては成長の壁にぶつかっている会社も少なくない。また今後、成長をけん引する海外市場においては、米国・中国発のプラットフォーマーに

押され、活路を見出しづらいのが実情だ。

　そうした中、この「買収起業」という名の継承型ベンチャーは、日本が得意とする「ものづくり」や「ホスピタリティ」の分野に、よりマッチするのではないか。IoTやAIといったデジタル技術を持ち込むことで、再成長戦略が描きやすくなるし、またグローバル市場においても、リアル技術に強いという日本ブランドがじゅうぶんに活かせるからだ。

「買収起業」を推進する野心家が、これからの日本には多数必要だ。

「買収起業」という継承型の起業が一般化すれば、今、日本が直面する廃業リスクは、またとない「再成長チャンス」に変わる。だから、私は本書の、1日も早い刊行を、待ち望んできた。本書をきっかけに、日本企業の優れた技術や人的資産を継承しながら、業界再編という大役を担う、野心的な経営者・起業家が多数現れてくることを、心から期待したい。

　最後に、このノウハウを実践していくためには、実際に日本国内での買収起業家支援・事業承継M&A支援の実践の知恵が必要であるため、本書出版を後押ししてくれたヒューレックス株式会社・事業承継推進機構株式会社の松橋社長に、監修あとがきをお願いした。ヒューレックス社は、地域金融機関170機

関と提携しながら、地方の中小企業における『後継者候補や経営幹部採用の支援』『オーナーのご子息ご令嬢の結婚支援』『事業承継M&A支援』を手掛け、さらには『事業承継転職の支援』『経営幹部としての転職支援』を通じて地方創生から新しい日本の未来を創るグループである。巻末の監修あとがきを読み合わせることで、米国発のノウハウ書を、どのように日本でも活用できるかについて、ご理解を深めていただきたい。

　それでは、経営者・起業家としての活躍フィールドを大きく広げる「買収起業」を、その開拓者である著者ウォーカー・ディベル氏に、ご案内いただくことにしよう。

推薦の言葉

「20年後には、買収起業はロースクールに通うのと同じくらい当たり前になっているだろう。一方でそれは、秘密がばれないうちに列車に飛び乗る、その大きなチャンスでもある。ウォーカーはそのやり方をしっかり教えてくれる」

『僕たちの20年戦略（The End of Jobs）』著者
テイラー・ピアソン

「目端の利くウォーカーには、他人に見えないチャンスが見えている」

セントルイス・ワシントン大学起業担当ディレクター、
カルティベーション・キャピタル創業者
クリフ・ホールカンプ

「買収による価値獲得の方法を本書は明確に提示する」

クワイエット・ライト・ブローカレージ創業者
マーク・ダウスト

「キャッシュフローへの投資、ビジネス、ファイナンシャルIQの実践的ガイド。すべてのクライアントに本書を推薦する」

『Killing Sacred Cows』著者、ウェルス・ファクトリー創業者
ギャレット・ガンダーソン

「本書はすでに『最高』『目からうろこ』『参考になる』との呼び声が高い。それ以上の褒め言葉は思いつかない」

ビジネス・ブローカレージ・プレス共同創業者、
国際ビジネスブローカー協会共同創設者
トム・ウェスト

起業家の父祖、
ボブ・デイベルを偲んで

Contents

日本語版監修者まえがき（神田昌典）‥‥‥ 3

序文 ‥‥‥ 16

第1部　**機会**

第1章　会社を立ち上げるな ‥‥‥ 22

第2章　富の構築 ‥‥‥ 45

第2部　**評価**

第3章　ＣＥＯマインドセット ‥‥‥ 66

第4章　ターゲットの設定 ‥‥‥ 89

第5章　サーチ ‥‥‥ 118

第3部　**分析**

第6章　ディールメイキング ‥‥‥ 142

第7章　買うのは未来、
　　　　値段を決めるのは過去 …… 169

第8章　売り手の目線 …… 205

第9章　将来設計 …… 234

第4部　**実行**

第10章　オファー …… 264

第11章　買収フェーズ …… 293

第12章　トランジション …… 311

結び　「起業経済」における買収 …… 336

謝辞 …… 342

参考文献 …… 350

日本語版監修者あとがき …… 353

序文

チャド・トラウトワイン

　2011年春のある爽やかな朝、カリフォルニア州マリブの海辺にあるオフィスに着くと、撮影班が私にインタビューしようと待ち構えていた。コーリー・プリンティング社のプロモーションビデオを撮影しにきたのだという。この会社は、ウォーカー・デイベルがbuy then build（買収して構築する）の手法で初めて成功を収めた案件だ。インタビューなど了承した覚えはなかった（そして今でも覚えがない）が、私の場合、そういうことはままある。遠い将来に何かをすることに同意するとき、イエスとだけ言い、その日が決してこないだろうと考えるのだ。でも今回はその日がきてしまった。それが今日だ。低予算プロモーションビデオの主役たるにふさわしい私としては、その朝、やるべき重要なことが他にいくつもあった。撮影は避けたかった（あるいは少なくとも、もっとスタイリッシュな服装に着替えたかった）ところだが、コーリー・プリンティングとその活力に満ちた若手CEOの大ファンだった私は、にっこり微笑んで「マイクを付

けてくれたまえ!」と言った。

　50歳以下の人たちのほとんどが印刷と関わるものから徐々に離れつつあったが、ウォーカーはそれに逆らうかのように、この書籍印刷会社を買収した。彼が同社を変身させる数々の決定を下し、デジタル書籍制作——印刷を取り巻く環境が変化するなかでも成長していた恐らくは唯一の分野——の地域リーダーにのぼりつめる様子を、私は最前列で見つめてきた。ウォーカーのリーダーシップの下、同社は業界を襲った嵐に耐え、米国の印刷会社の上位2%の仲間入りを果たし、「出口」を経験した。

　ウォーカーは単なる著述家ではないし、本書『「買収起業」完全マニュアル（Buy Then Build）』は単なる学術書ではない。本書は実績あるシステムを、経験豊かな起業家がその内部から検討した記録である。ウォーカーはすでに何度か、企業を買収し再構築することで成功を収めてきた。買収による起業はビジネススクールでも広く教えられるようになったが、ウォーカーは口先だけでなく、それをとっくに実践しているのだ。

目の前に潜む価値

　カリフォルニア州に越してくる前、私はミズーリ州カンザスシティで子ども時代を過ごした。私が知るかぎり、自分の仕事を「起業家」だと言う人は誰もいなかった。みんなが使ったのは「中小企業オーナー」というもっと控えめな表現だった。子

ども心に、私もああなりたいと思った（彼らが地元で一番大きな家に住んでいたから、というだけの理由ではなく）。金属加工、自動車ディーラー、地方紙など、決して派手な事業ではなかったけれど、どれも楽しそうだったし、それらが我々の町にもたらす価値は私にもよくわかった。私は成長するにつれ、スタートアップ企業の立ち上げと、中小企業の経営の違いがわかるようになった。どちらにもそれなりの魅力があるが、昨今の風潮として、前者がやたら持てはやされ、後者が過小評価されすぎているのではないか。

逆張りの視点

　著名な投資家で億万長者のピーター・ティールは、「賛同してくれる人がほとんどいない、あなただけの重要な真実は何か」と問うのが好きだ。**ウォーカーは本書で見事な答えを披露する。すなわち、野心的な起業家はゼロから会社を始めるのではなく、既存の会社を買い、それを価値創出のプラットフォームに使うべきだ**──。主に3つの理由がある。

1　スタートアップにはちょっとした欠点がある。つまり、たいていは失敗する。
2　既存の会社は、多くのスタートアップが築こうとしているインフラをすでに持っている。
3　買収起業家は、ビジネスの変化に見合ったリソースや人

材を用意して、自分の会社に大きな価値を生み出さなければならない。

　幸い、ウォーカーは一般的なアドバイスを提供するだけでは満足しなかった。買収して構築するための方法を、詳しく、順を追って教えてくれる。**既存の会社は、利益を生むインフラ、現状の顧客、それまでの歴史、経験豊かな従業員を備えているので、本質的に有利である——そんな説得力ある主張を繰り広げる。**よくあるビジネス探索（サーチ）ツールを使ったところで買収が成功することはそうそうない。では、どんなふうに買収候補を探し、機会利益や裁量利益に基づいて優れた結果を出せばよいか。ウォーカーはその方法を説明する。交渉の進め方を助言し、売り手から何を期待すればよいかを教え、おまけにCEOになるとはどういうことかを説く。

　ウォーカーは私の職業人生に重要な影響を与えた人物のひとりだ。この素晴らしい本を通じて、彼はあなたを啓発し、鼓舞し、楽しませる。本書はあなた自身の最高傑作をつくるための設計図だ。そして、ひょっとしたらいつの日か、あなたはそのプロモーションビデオで主役を演じることになるかもしれない。

第 1 部

機会

「機が熟したアイデアの強さには、どんな軍隊もかなわない」

ヴィクトル・ユーゴー

第1章
会社を立ち上げるな

「もうだめだ」

ジョンはそう言った。マイクロソフト・サービス部門の製品管理ディレクターだった彼は、このとき、我々のスタートアップ、ビューポイントのCEOを務めていた。発言はそのビューポイントのことだった。

「現金が底をつき、製品は機能しない。料金を払ってくれる顧客もいない。おしまいだ」

これは私にとって最初のスタートアップではなかった。スタートアップで失敗したのも初めてではなかった。リスクは理解していた。実際、かつての失敗をふまえて、立ち上げの成功につながる各種の変数を学んでいたはずだった。今回は違うと思っていた。

我々は成長著しい市場で優れた製品を有していたばかりか、オールスター級のスタッフをそろえていた。最大の出資者はフォーチュン500企業の元CEO。我が社のCEOもマイクロソフトでSharePointサービスの幹部を務め、我が社と同じターゲット市場の顧客とつきあった経験があった。開発者のチームはエンタープライズソフトウェアで成功を収め、実績を誇っ

ていたし、アドバイザーのひとりはフォーチュン500企業の
CTO（最高技術責任者）だった。資金調達の際は申し込みが相次
ぎ、世界のトップ10に入るスタートアップ・アクセラレーター・
プログラムを卒業後何カ月もたたずに、我々は多くの著名企業
でベータ版を試してもらっていた。成功は約束されたようなも
のだった……が、そうはならなかった。

　**スタートアップには本質的な欠陥がある。そう、たいていは
失敗するのだ。**他を圧倒する人材がいても、ベータ版のトライ
アルが順調でも、オールスターチームを擁していても、成功の
確率はやはり低い。スタートアップの成功確率は10%とも言
われる。それは秘密でも何でもない。我々はそれを承知で挑む
のだ。だが、ビューポイントも確率どおりの道を歩みそうだっ
た。

　起業家の目標は事業を成功させることだ。投資家の目標は成
功する事業に投資して儲けることだ。問題がひとつだけある。
スタートアップの段階で会社は討ち死にしやすいのだ。

　データによると、このステージを突破するスタートアップは
せいぜい半分。それもウーバーのような事例は少なく、たいが
いは小企業（スモールビジネス）にすぎない。『スケーリング・アップ
（Scaling Up）』の著者、ヴァーン・ハーニッシュによれば、米
国の全企業のうち、売上（年商、収益とも）が100万ドルに達す
るのは4%にすぎない(*1)。起業への大いなる関心にもかかわ
らず、我々はスタートアップの助走期間を回避し、最初からそ
の持続可能性を打ち立てる方法を見いだせていない。私はそれ

を不思議に感じる。数字を突き詰めていくと、全スタートアップのゆうに99％以上が、完全に失敗するか、大した成功を収めないか（金銭面でも社会への影響面でも）のどちらかだという厳しい現実が残される。

もし最初から成功を手にするための方法があったらどうか？いわば起業のコツというやつだ。スタートアップのステージを回避し、起業家がいきなり成功企業のCEOとして経営を始められる、そんな方法があったら、そこを土台にすぐさま付加価値を高めることができるだろう。その会社を大きくしてもいいし、現状のまま経営し続けてもいい。生み出されたキャッシュフローを使って新しい製品・サービスをつくってもいい。

その方法は実在する。それは「買収起業」と呼ばれるものだ。

＊1　Harnish, Verne (2014), Scaling Up: How a Few Companies Make It…and Why the Rest Don't. Ashburn, VA: Gazelles Inc.

買収起業

買収起業家は会社をゼロから立ち上げる代わりに、既存の会社を買うことから始める。そこから起業家ならではのアプローチによって価値を構築する。既存の小企業のインフラ——収益性と持続可能性のあるインフラ——と、起業家の熱意や革新性を組み合わせるのがミソだ。

買収起業の主なメリットは、既存の会社にはすでに顧客と社員がおり、ブランド認知があり、そしてこれが何よりも重要な

**のだが、売上と利益があるということだ。スタートアップには
そのすべてがない。**

　買収起業家は何カ月も（あるいは何年も）資金を調達しながら、
新しい製品で売上をあげようとする必要はない。利益を出すイ
ンフラを買い、そこからスタートを切る。すでに市場があるの
で、時期尚早ではないかとか、資金力のある他社にシェアを奪
われるのではないかと心配しなくても済む。一から市場をつく
る必要ももちろんない。会社──売上が100万ドルを超える会
社が一般的──をひとつ買うだけで、起業につきもののリスク
をずいぶん排除できる。

　さらに、成功している小企業は創業から何十年もたつことが
多い。つまり、その成功モデルは大昔に築かれたものであり、
こうした会社の多くは次世代起業家の新鮮なアプローチや考え
方の恩恵を受けやすい。レガシーシステムに依存している、リー
ンビジネスモデルと無縁である、はたまた営業チームの育成や
オンラインマーケティングの開発を手がけたことがない、そん
な小企業にはチャンスがたくさん転がっている。

　ビューポイントの「降伏」（＊2）後、前の会社の売却を手伝っ
てくれたアドバイザーが、印刷関連の管理・販売を行うある会
社を見つけてきた。売上は数百万ドルあり、高名・著名なクラ
イアントを少数ながら抱えていた。

　我々は分析の結果、印刷管理や一元的な「ブランドコントロー
ル」は顧客にとって意味のあることではあるが、この会社の本
当のコアコンピテンシーは在庫管理やフルフィルメント能力に

あると判断した。そのおかげで顧客は、リーンサプライチェーン管理の恩恵をこうむることができる。製品ラインが容易に拡大できるのは明らかだった。

　私は2015年初めに、わずか6桁の投資と銀行融資を通じてその会社を買収した。クロージングの後、同社のキャッシュフローをもとにソフトウェアエンジニアをパートタイムで雇い、独自のEコマースストアを開設。その利用者をまたたく間に全国数万人に増加させた。どれもこれもビューポイントでやろうとしてできなかったことだ。

　みんな興奮していた。「オンラインシステム」の代わりに、トレーニング不要でユーザーの使い勝手がよいウェブサイトができたのだ。本社はリアルタイムの追跡指標や、社内会計システム向けの勘定コードを提供した。また、先を見越した在庫管理ができる手順を実行し、それによって時間どおりの納品を増やすとともに、既存顧客の信頼を高めた。

　すでにある安定した会社にプラスアルファのイノベーションを持ち込んだだけで、我がチームは最初の11カ月で会社の市場価値を2倍以上にした。

　その勢いに乗じ、私は翌年、販促用のアパレルや法人向けアパレルを扱う地元企業を買収。その会社を先のフルフィルメント会社と合併させ、売上をただちに20％伸ばし、顧客を500増やした。この資金も買収済みの会社のキャッシュフローを充てた。

　これは買収起業の威力を示す好例だ。ビューポイントでは、

豊富な資本、人々に愛される革新的な製品、とんでもなく優秀なチームという条件がそろっていたにもかかわらず、お金を払ってくれるユーザーを十分獲得することはできなかった。なのに今回は、成功した会社を買い、そのキャッシュフローを使って製品や人材に磨きをかけることで、同じ目標を達成することができた。かかった費用と時間は、ほんのわずか。しかも100％の所有権が手に入った。

　さらに、私がこんなふうにビジネスをしたのは、これが初めてではなかった。私はその時以来10年間に7つの会社を買い、それ以上の会社に部分的に出資してきた。書籍印刷、流通、販促用製品、Eコマース、教育、金属加工など、業種はさまざまだ。それらすべての会社が成長のチャンスを持っていた。買収起業を理解している者にはそれがわかった。私がそれらの会社を買ったのは、自分たちの手で価値を高められると信じたからだ。

　私は幸運だった。この戦法はかなりうまくいき、たいていの場合、買った時より価値を上積みできた。そのうえ、スタートアップの究極の目標、出口戦略の成功にも恵まれた。

　買収起業の実践はスタートアップモデルを覆す。インフラを築いてから、それを支える売上をあげようとするのではなく、最初から利益の出る売上をめざす。それによってスタートアップの助走期間は不要になり、すでに成功を収めている会社をもっとよくするための活動にすぐ集中できる。会社を経営し、革新し、成長させる活動が初日からスタートする。

　これに対し、株を売って資本を調達し、同時にプロダクト・

マーケット・フィット（製品の市場適合）を模索し、なおかつ現金が底をつかぬよう目配りしなければならないとしたら……。スタートアップの創業者がときどき出資と売上を混同するのも無理はない。

　およそ50万(＊3)の小企業が毎年買収されるという。この買収起業家たちはスタートアップのステージを完全に省略し、莫大な価値を創出し、起業家生活を謳歌している。

＊2　我々はビューポイントの製品とコードベースを、実績のある他社に
　　　売却した。その会社ならきっとうまくやってくれると思う。

＊3　https://www.bizbuysell.com/news/article084.html

買収は思いのほか安上がり

さっそくこんな声が聞こえてきそうだ。「お金持ちじゃないから無理」

　まず、私の経験から言うと、スタートアップ立ち上げの資本を調達しようとする起業家に金持ちはほとんどいない。だから、あの人たちはお金持ちだからという比較自体が成り立たないのではないかと思う。ただそれはそれとして、既存の企業を買うという行為には、資本へのアクセスをずっと容易にする性質がある（ビジネスブローカーは何十万ドルもの現金を目にしたがるのが普通ではあるが）。

　銀行が買い手に融資する場合、その会社の資産を担保に、購入価格の最大9割までは貸してくれる。資本調達にかかる時間

はわずかだと先に述べた。この手のファイナンスはたいてい一気にカタがつく。「頭金」か「出資」があれば、銀行が残りの資金を出す。

さらに、銀行から資金を調達するということは、その会社を100%所有できるということでもある。

初期出資に投資家などの支援を必要とする場合は、選択肢がいくつかある。パートナーを連れてくる、友人や家族から調達する、ファミリーオフィスやエンジェル投資家にスタートアップより魅力があると売り込む……。サーチファンドという方法も新たなトレンドになっている。このファンドは買収起業家の会社購入をサポートすることに特化している。また、独力での買収よりも大きな会社を買うことができるので、ミドルマーケット（私の定義では、売上500万〜1億ドルの会社向けの市場（＊4））に進出したり、資本増強して債務プロファイルを縮小したりできる。

概して、会社を買うのは思ったより難しくない。必要な初期資本に関しては、会社の立ち上げや住宅の購入と似たようなものだ。説明しよう。

バブソン大学の統計学者が『ウォール・ストリート・ジャーナル』紙で報告したところによると、米国の平均的なスタートアップ企業は6万5000ドルの投下資本で事業を始めるという。同様に、この3年間の住宅購入時の頭金の平均（＊5）は約5万7000ドル。これは25カ国で過去最大の伸びを示しており（＊6）、その平均は6万6174ドルとなっている。つまり、ゼロから会社

を始めるにせよ、家を買うにせよ、投資額は6万5000ドル前後なのだ。

会社が利益の何倍で売れるかを考えたとき、売上が1000万ドル以下の会社はミドルマーケット企業や上場企業に比べてその値が低い傾向がある。したがって、6万5000ドルの投資に、中小企業局（SBA）が後ろ盾となる90％の融資を組み合わせれば、売上100万ドル以上の会社を買い、米国の上位4％に入る会社のCEOにただちになることができる。

ざっと次のような計算が成り立つ（簡便化のため、運転資本や在庫、契約手数料、不動産などは含まないものとする）。

> **6万5000ドルの投資 ＋ 90％のSBA融資**
> **＝ 購入価格65万ドル**

その規模の会社は一般的に調整後利益の3倍前後で買収される[*7]。

> **よって調整後利益は21万6000ドル（65万÷3）**

売上に対する調整後利益の比率が15％とすると、この会社の売上は140万ドル以上。

紙ナプキンの裏でささっとするような計算にはいろいろな前提が伴うが、ここでの目標は、ゼロから会社を興したり、家を

買ったりするのと同じような金額の投資で、既存のインフラにより利益を出している会社を買収できる、と示すことにある。追加の費用がかかりはするだろうが、ポイントは、この規模の会社を10万ドル以下で間違いなく買えるということだ。

　起業へのアプローチを考え直すには、スキルのちょっとした調整が必要になる。足したり引いたりというよりも、マスターする順番を変えるのだ。**ビジネスの専門家はみんなそうだが、買収起業家も投資家と起業家、両方のメンタリティを備えていなければならない。**新人起業家はビジネスプランを立てるとき、投資家の発想法を理解できなければならないことを早々に知る。持続可能な会社をつくり、インフラ構築用の資本に対するリターンを提供しようとすれば、投資家のマインドも求められるのだ。（図1.1）

　買収モデルで特徴的なのは、起業家は投資家のように考え行動したうえで、スタートを切らねばならないということだ。それがもっと強固で持続可能な会社、もっと優秀な起業家をつくり出す。先の例では、6万5000ドルの初期投資で、20万ドル以上の裁量的利益を生んだ。これが財務的に正しい意思決定なのかを評価し（＊8）、その会社の「機会」を分析するのは、投資家のマインドである。一方、起業家としてのあなたは自分にふさわしい機会、個人的に関心のある案件を探すことになる。

　つまり、買収起業家は既存の会社の経営・運営方法を学ぶと同時に、イノベーションだけに焦点を当てることができなければならない。成功する起業家は、クリエイターからCEOへ移

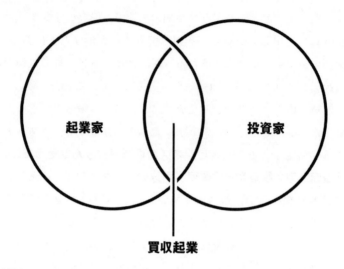

図1.1

行するなかで、これらのスキルを身につける必要がある。ただ
し、ここでは順番が逆になる。まず既存の会社のCEOとして
スタートし、そこからイノベーションやアップデート、そして
成長をもたらすのだ。

　現存する売上、インフラ、利益への投資と、起業家の活力源
たるイノベーションを組み合わせることで、買収は大いなる力
を発揮する。既存の会社を新たな高みへ導き、莫大な影響を及
ぼし、起業家のアートを支えるプラットフォームを提供する。

---

*4　ちなみに米労働統計局によれば、売上1億ドルでも小企業と見なさ
　　れる。

*5　Blomquist, Daren, June 2015, www.Realtytrac.com.

＊6　https://www.housingwire.com/articles/33255-realtytrac-what-was-theaverage-downpayment-in-2014（編注　現在アクセス不可）

＊7　ここで言う「調整後利益」は、調整後EBITDA（利払い前・税引き前・減価償却前利益）または売り手の裁量的利益に相当する（詳しくは追って説明する）。要するに、元金・利子の支払い、再投資、給与に使われる「オーナーのベネフィット」をいう。

＊8　もしこの状態が続けば、他のどんな投資も歯が立たない驚異的なリターンとなる（詳しくは第2章で）。

買収起業とベンチャーキャピタル

　買収起業はどんな状況でも正しいわけではない。誰にでも合うとは限らない。起業家のなかには途方もない成功を収めて名声を獲得し、時には伝説的な扱いさえ受けている者がいる。ビジネス界の話題を独占する次のようなＩＴの大物を知らない人はいないだろう。ビル・ゲイツ、スティーブ・ジョブズ、ジェフ・ベゾス、マーク・ザッカーバーグ、イーロン・マスク……。彼らは会社を買うことから始めたわけではない。ではなぜ、あなたは会社を買うべきなのか？（＊9）

　近年、評価額が10億ドルを超える「ユニコーン」企業が脚光を浴びている。彼らは我々の暮らしや働き方を変化させ、莫大な価値を生み出すだけでなく、新しいビジネスモデルを導入している。実際、今のスタートアップはみんな「業界のウーバー」になることをめざしているのではないか。

　ユニコーン企業はどこもベンチャーキャピタル（VC）の資金

で会社を立ち上げた。ゼロからのスタートを実現させるには、これはなかなかの方法だと思われる。VCの支援を受けて成功したスタートアップは、平均で4100万ドルを調達している。それだけの大金があれば、多くの問題が片づくはずだ。

　ハーバード・ビジネス・スクールの講師、シカール・ゴーシュによれば、VCの支援を受けたスタートアップ——MBA出身の起業家なら誰もが憧れる立場——でも75%が失敗する。つまり、世界最高の投資チームのサポートをたっぷり受けた、一部の恵まれたスタートアップは、VCの後ろ盾がないスタートアップのわずかな成功率を2倍にできるというわけだ。だが、こうした会社も大半は長続きしない。

　VCの肝はポートフォリオ管理だ。VCによる支援が意味を成すには、相当規模のポートフォリオがなければならない。だから（2008年時点で）VCファンドの平均サイズは3億5000万ドルにのぼる（＊10）。ひとつのファンドが資本を提供する先は8〜14社。そのうち勝者となってファンドにリターンをもたらすのは3社。9社は、ホームランしか受け付けないゲームで「打席に立つ」ことに照準を定める。投資家なら、このようなゲームを好むかもしれない。たいがいの会社は敗れ去るが、数少ない勝者が並外れたリターンを提供してくれる。

　起業家なら、自分はポートフォリオに投資しているわけではなく、あくまで一企業に投資していると理解する必要がある。だから、VCが得る経済的利潤はあなたには届かないし、あなたの会社が失敗する確率は75%と揺るがない。起業家にとっ

て、VCは思ったほど素晴らしいものではないことがわかる。

　全世界の起業家の夢を打ち砕くためにこういう話をしているのではない。成功への確かな道筋がどういうものかを知ってほしかったのだ。ユニコーン企業が典型的な存在というよりも逸話的な存在であると理解することは、言ってみれば前提条件だ。次なる成功者として雑誌の表紙を飾るのは自分だ、そう信じて、VCの支援を受けた会社を始めるのは結構だが、結果、統計への無理解に対する罰を受けるだけに終わるかもしれない。

　ユニコーンのような耳目を集める急成長企業が経済を牽引し、雇用を生み出している、と多くの人は信じている。ユニコーン企業は未開拓市場に大きく賭けることで・・・・・トレンドを牽引しているのは間違いない。しかし、それは実は成長の源泉ではない。

＊9　実際には、イーロン・マスクは自身の支払処理会社が破綻したときにペイパルを買収している。また、厳密にはテスラを立ち上げたわけでもない。彼は同社の成長資金を提供し、CEOの地位を引き継いだ。テスラの共同創業者と見なされるのは後年のことだ。この件では本当の創業者に訴えられた。さらに、ここに挙げた他のCEOも事業拡大を主な目的に他社を買収した。たとえば、マーク・ザッカーバーグのフェイスブックは、オキュラスを買収するまでは仮想現実と何の関係もなかった。

＊10　Basil Peters, "Venture Capital Firms Are Too Big," AngelBlog 2013 post, graphs 1–3.

成長の本当の源泉

　1979年、エコノミストのデビッド・バーチは「雇用創出プ

ロセス（The Job Generation Process）」という統計レポートのなかで、雇用創出の大部分を担っているのは小企業だと明らかにした。**このレポートの発表後、バーチは自らの発見をいっそう精緻なものにし、最終的に「ガゼル」という言葉に行き着いた。毎年新しい雇用の70％を生み出す2〜3％の会社をそう呼んだのだ。**

ガゼルは規模ではなく成長スピードで定義される。ガゼルに分類される会社は、最初の売上が100万ドル以上で、4年間、毎年20％成長しなければならない。すると売上規模はだいたい倍になる。

雇用創出という点で、ガゼルはゾウ（ウォルマート、エクソンモービルなどのフォーチュン500企業）やネズミ（ウォールストリートと対比される「メインストリート」。地域の小さな店舗など）に勝る。ただ、この比較はあまり適切ではないかもしれない。なぜならゾウとネズミは成長スピードではなく規模で定義されるからだ。つまりゾウもネズミもガゼルになり得る。まあそれはそれとして、たいていのガゼルが見つかるのは、ウォールストリートでもメインストリートもなく、ミドルマーケットである。

ガゼルについて考えろと言われてあなたが思いつくのは、テクノロジー企業ではないだろうか。ハイテクと高成長は同義のはずだ、と。1990年代はたしかにそうだった。ジョージメイソン大学起業公共政策センター長のゾルタン・アクスは2008年に自身の研究成果を発表した。それは、1990年代には他のどんな産業よりもハイテク業界にガゼルが多かったという見方

を裏づけるものだった。しかし2000年代には、住宅関連サービスがトップになった(＊11)。これは私自身が証明できる。というのも、我々のアルミニウム柵の会社（ハイテクとはほど遠い）は2017年に38％以上成長したからだ。

アクスは、ガゼルがすべての業界に見つかることに気づいた。バーチはこれを裏づけるように、ガゼルのおよそ3分の1は小売業や卸売業、3分の1はサービス業に見つかると強調している。『インク』誌もこの傾向に気づき、インク500企業（米国の急成長企業）とガゼルを比較する記事を発表。2000年にはテクノロジー関連がわずか47％だったとした(＊12)。

インク5000企業のリストに載るには、スタートラインとなる売上が10万ドルあればいい。少ない額ではないものの、ガゼルに比べたら10分の1の規模だ。しかも、2016年のインク5000企業のうち、コンピュータハードウェアまたはソフトウェア業界に属していたのは7.3％にすぎない。ハイテク関連企業は「失敗しにくい」という意味では有利かもしれないが、すぐに「その他大勢」のなかに埋もれてしまうように見える。というよりも、テクノロジーは会社の生産性を高めるうえで重要な役割を果たすが、ハイテクの製品・サービスを出した会社自体が健全な業績を持続させるとは限らないのだ。アクスの研究報告によれば、ガゼルになれるのは企業全体のたった2〜3％で、そこにとどまり続ける会社は皆無だという。

アクスの発見のなかには、「急成長できるのはスタートアップだけ」という神話を信じている人にとって意外な事実がある。

2009年の『フォーブス』誌とのインタビューで、アクスは「ガゼルは創業後25年程度の会社が多い」と述べている。**生産性が最も高いガゼル企業は、アクセラレータープログラム出身の新しい会社ではなく、とっくの昔からある会社なのだ。**

さらに、世間一般の考え方とは反対に、新しい産業を支配するには、破壊的(ディスラプティブ)な新製品で既存企業に立ち向かうよりもよい方法があることを、ある研究者が発見した。

---

*11 http://www.forbes.com/forbes/2009/1116/careers-small-businesses-unemploymenthunting-for-gazelles.html（編注 現在アクセス不可）

*12 http://www.inc.com/magazine/20010515/22613.html

新しい産業を支配するには

レガシーシステムを抱え、時代遅れの成功手法しか知らない既存企業は、スタートアップと同じようにイノベーションを必要としている。その点を認識できれば、既存のプラットフォームを活かして、自分が経営したい「新会社」をつくることができる。

コンサルタントで作家でもあるジム・コリンズは、会社が成功または失敗する原因を調べている。『ビジョナリーカンパニー3 (How the Mighty Fall)』という著書は、会社が衰退する諸段階を知り、その流れを変えるための指南書だ。

ブロックバスターやボーダーズのような企業が破綻したように、既存企業はすべて革新的なトレンドを見逃す危険がある。

破壊的テクノロジーの攻撃を受け止め、これを活用できる既存企業は新参企業より優位に立ちやすい、とコリンズは説明する。

実際、市場の混乱（ディスラプション）に耐えられる確率が高いのは「新しい芸を覚えた老犬」である。老犬には売上と利益という利点がすでにある。インフラを有し、業界の知識も豊富だ。トレンドに追いつきたいと考える顧客もいる。

裏を返せば、スタートアップが直面する課題は決してなくならない。**そして、すでに利益を生んでいるインフラを手にすることが、イノベーションを可能にする最善の手段だとわかる。破壊的テクノロジーの戦いで勝利するのは、イノベーションと既存顧客との組み合わせなのだ。**

VCは会社を成功に導く最良のリソースではないと気づき、あわせて、最高レベルの成長は既存の業界にこそ見いだされると知れば、買収から始めるメリットを享受するうえで有利に働く。今日の起業家志望者にとって、以上述べたようなことは何を意味するのか？

幸い今、千載一遇のチャンスが訪れようとしている。

10兆ドルの大波

ベビーブーマー世代は、過去のどんな世代よりも多くの会社を所有している。

2013年、ベビーブーマーは1200万の小企業を所有していた。これは米国の全小企業の43％に相当する（＊13）。同じ年、ベビー

ブーマーは年間9000人のペースで引退し始めた。

　ベビーブーマーの引退スピードは今後18年間大きく増加し、2021年には年間1万1000人に達する。米国の人口の2割、約7700万人が2013年から2029年の間に引退し、既存の企業価値のうち10兆ドル(＊14)が所有者の変更を要すると推定される。

　ベビーブーマーはすでに、自分が成功させた小企業をかつてないペースで売却している(＊15)。これは買収起業家にとって、スタートアップにはない安定を謳歌しながら、会社をただちに経営し、成長させ、変革するかつてないチャンスとなる。

　売りに出される会社がこのように急増すると、未曽有の買い手市場が訪れることが予想される。つまり、前の世代が築いたインフラを、今までになかった手頃な価格で買えるということだ。

　ほとんどの人は、まだまだ拡大可能な既存企業を10万ドル以下で買えるという認識がない。そのうえベビーブーマーが大量に引退している今、買収起業家が活躍する環境は十分に整ったといえる。

＊13　https://www.worldwealthreport.com/

＊14　Richard Jackim and Peter Chritman, The $10 Trillion Opportunity: Designing Successful Exit Strategies for Middle Market Business Owners, Palatine, IL, The Exit Planning Institute.

＊15　http://mobile.nytimes.com/2015/08/20/business/smallbusiness/baby-boomers-readyto-sell-businesses-to-the-next-generation.html?referer=&_r=0

いざスタート

では、どこから始めるか？　会社を上手に買う方法をどうやって学ぶか？

私が本書の構想を得たのは2004年、世界トップクラスのMBAプログラムを卒業してからだった。我々の何人かはいっしょに大学院でスタートアップを立ち上げたが、ビジネスプランコンペで好成績を収めたにもかかわらず、その会社は最終学期に法的な問題で行き詰まった。

自分自身の会社を所有・運営したいとは思ったが、スタートアップのよいアイデアがなかったので、買収できる小さな会社を探し始めた。資金はなく、どこから手をつけたらいいかもわからなかった。この点に関する質の高い情報源は何もなかったし、世界的なMBA教育を受けていてもこの分野の知識はゼロだった。

ビジネスブローカーに会って、何を学べばよいか知ろうとした。彼らのほとんどは私に投資資本がほとんどないことを見抜き、傾きかけたバーやコインランドリーを売りつけようとした。この世界は細分化状態にあり、ルール無用、成功事例なし、信頼できる情報なし、得られるチャンスの質にも大きなばらつきがあることがわかった。

さらに、ビジネスブローカーやM&Aアドバイザー (＊16) は、新規の客を大切にするつもりなどさらさらない。全員が全員そうだと言うつもりはないが、彼らは当然、大きな獲物との大き

な契約をねらっている。また、成約に至らず、痛い目に遭わされた経験があるので、少なくとも、銀行融資なしで契約できるという確信を得たいと考える。報酬を受け取るのに何カ月も待たされたあげくに契約がぽしゃったら、たまったものではない。どんな業界もそうだが、優れたブローカーもいるにはいる。しかし、どこにそういうブローカーがいて、どうやって彼らを評価すればいいのかを知るまでには何年もかかった。

既存企業の買収方法に関する質の高い情報源が必要だったが、そんなものは存在しなかった。買収起業を教える学校はほとんどない。ハーバード大学やノースウェスタン大学、シカゴ大学、スタンフォード大学に最近開設された一流プログラムに運よく参加した人でないかぎり、この手法を学ぶ機会は限られている。私はこの10年間、自らの経験をもとに私なりのやり方を編み出してきた。それをここで伝授したい。

企業買収など大したことではない、とうそぶくつもりはない。それは大きなイベントだ。困難で複雑で、ある程度はお金もかかる。精神的にこたえるし、リスクも伴う。実際、企業買収を考え始めた人のほとんどが「引き金」を引かずに終わる。たぶん目的の場所へたどり着く方法を知らないからだろう。サーチプランを練り、投資機会を見定め、仲介者を評価し、注意ポイントを知るためのコンパスがないうえ、身近な前例も見当たらないことが多い。もし自分の分析が間違っていたら？　知らない落とし穴があったら？

本書（とBuyThenBuild.com）がこの問題の解決に役立てばうれ

しい。私自身がかつて必要とした情報源に本書をしたい。そうすればスタートアップの段階を省略し、自信をつけ、利益を出す会社をすぐさま所有することができる。

　本書は私の経験だけに頼ったものではない。世界的な組織や投資家、プライベートエクイティマネジャー、そしてあらゆるタイプの起業家に話を聞き、その経験や研究結果を盛り込んだ。その結果、これまでどこにもなかったような枠組みを提示できたと思う。

　うまくいけば、起業に対する人々の考え方を広げ、もっとたくさんの人が既存のスモールビジネスに潜む莫大な価値を活かして起業家となるチャンスを開放できる。

　もうひとつ。必要な情報はここにすべて網羅されているが、本を読むだけでは十分ではない。時間を割いて行動を起こさなければならない。身銭を切り、自分自身に投資しなければならない。ビジネスプランを作成し、銀行や投資家に売り込まなければならない。そして最後に、リスクを計算したうえで賭けに出なければならない。成功率を高めるためのお膳立てはこちらでするが、主人公はあくまであなただ。

　本書は今そこにある機会を詳しく探るとともに、サーチプロセスを築き、案件を評価し、買収を実行するための設計図を提供する。買収起業家への道を歩み、買収＋再構築を通じて自社のCEOになる ── そんな意欲にあふれたすべての人が参照できるロードマップだ。

　まずは、投資ビークルとしてのスモールビジネスについて理

解しよう。

＊16 ビジネスブローカー、仲介者、M&Aアドバイザー、投資銀行家という言葉はどれも、ほぼ同じサービスを提供する専門家を指す。ビジネスブローカーは「メインストリート」寄り、投資銀行家は「ウォールストリート」寄りではあるが、売上数百万ドルの会社を買おうとすれば、これら4つの肩書をすべて持つ人が登場してくるだろう。だから本書では、これらの言葉を同じ意味で用いることにする。

第2章
富の構築

『となりの億万長者 (The Millionaire Next Door)』の著者、トマス・スタンリーとウィリアム・ダンコによると、米国在住の現役億万長者のほぼ100％が自身の会社を持っている。そのうち約20％は医療やサービス系の事業を営む専門家で、残りは起業家や中小企業のオーナーだ。

CEGワールドワイドのCEOで、「富裕層の現状 (The State of the Affluent)」(＊17)というレポートの共著者でもあるジョン・ボーウェンは、自身の研究から、富裕層の約80％は引退しているか、自分の会社を所有していると結論づけた。さらに、500万ドル以上の純資産を持つ人のなんと91％が自分の会社を持っている。豊かになればなるほど、会社を所有する可能性が高まるというわけだ。

自分の会社を持つのは、製品・サービスを通じて価値を提供する機会になるだけでなく、恐らくたいていの人にとって、本当の富を築く最善の方法である。本章では、投資ビークルとしての企業買収について見ていく。

断っておくが、会社を買えば資産ランキングの上位が約束されるわけではないし、金銭的な目的だけで会社を買うことをす

すめているわけでもない。言いたいのは、成功した会社のオーナーになるのは投資手段として優れているということ、また、それを最大限利用する者が最後に大きな成果をものにするということだ。

　買収起業家は起業家と投資家の両方の振る舞いが求められる、と先に書いた。**資金の大部分を個人投資家ではなく銀行に頼ることで、起業家は自腹を切ってその会社に投資しなければならない。少なくとも、目を凝らして買収先を探す前に、投資の基本ルールを理解しておく必要がある。**

＊17　http://www.cegworldwide.com/downloads/ebwp/eread/SOA/State_of_the_Affluent.pdf. 富裕層の50％は引退し、30％は起業家またはビジネスオーナーに分類できる、とボーウェンは結論づけた。

よい投資とは？

　幸いにどの産業も、スタートアップや既存企業などのオルタナティブ資産への投資、すなわちベンチャーキャピタルやプライベートエクイティが主軸を担ってきた。不動産投資に見られる投資戦略も、基本的に同じようなアプローチで企業買収を行う。レバレッジ（借金）と初期資本投資を活用して、資産を買収するのだ。

　だが、何がよい投資なのか？

　**買収を投資と捉えつつ、次の３つの基本を頭に入れておこう
──投資収益率、安全マージン、アップサイドポテンシャル。**

投資収益率

　投資収益率（ROI）の考え方はシンプルだ。100ドルを投資して、毎年6ドルのリターンがあったら、その資産を所有しているかぎり、毎年6%のROIを受け取ることになる（＊18）。

　その資産を7年後に売ったとする。運よく、買ったときより高値の120ドルで売れた。それを所有している間は毎年6ドル、合計42ドルのリターンがあった。売却時には資産の価値が20ドル増えたので、それを足すと、100ドルの投資に対して7年間で62ドル稼いだことになる（＊19）。よって投資期間中の年間ROIは8.9%となる（62÷7年）。

　単純明快だ。

　もう少し細かく見てみよう。資産を所有していた7年間に、あなたは毎年6ドルの現金を得た。これを「キャッシュフロー」と呼ぼう。資産の所有者であるあなたに返ってくる現金がいくらかを指す。

　資産を100ドルで買い、7年後に120ドルで売ったから、資産そのものの価値が増えたことになる。不動産の世界では、これを「アプリシエーション」という。先の例では、資産価値の上昇分（20ドル）が総リターン（62ドル）の約3分の1を占めた。

　買収候補先を評価するとき、その会社の生み出すキャッシュフローが同社の売却価格を決める。それが評価額の決定要因であり、あなたは結局そこにお金を支払う。その会社がキャッシュを生み出す能力をどれだけ持っているかが重要で、それ以外の

要素は評価に値しない。要するに、あなたが買うのはキャッシュフローを提供する資産である。

　すると次に、投資によって返ってくるキャッシュフローはどれくらい必要なのか、と問いたくなる。その答えは投資のリスクプロファイルのなかに見つかる。米長期国債は最も安全な投資先だとされる。今現在、投下資本に対するリターンは2.5〜3%。保有期間中の期待インフレ率を上回りはするが、それ以上ではない。

　反対に、スタートアップは最もハイリスクな投資先のひとつとされる。それも当然だ。すでに見たように、プルーフ・オブ・コンセプト（概念実証）からプロダクト・マーケット・フィット、売上までのすべてをゼロから構築する必要がある。したがって、投資家へのリターンの可能性は低いと見なされる。そのリスクを補うには、平均リターンが相当高くなければならない。

　売上が500万ドル以下で、プラスのキャッシュフローを15年出し続けている会社は、その中間に位置する。スタートアップよりはずいぶん安全だが、米国債ほど確実ではない。

　会社が大きければ大きいほど、投資は安全だと考えられる。なぜなら、メインストリート企業はフォーチュン500企業より倒産しやすいからだ。だから、売上が100万ドルに満たない会社はキャッシュフローの2〜3倍の金額で売却されるのに対し、大手上場企業は株価収益率（PER）20倍以上に相当する金額で売買できる。今なら公開株式市場で、マクドナルドやアップルを利益の18〜25倍くらいの金額で買えるだろう。

では、売上500万ドル以下の小企業はどうか？

業界にもよるが、オーナーに入る年間キャッシュフローの2.5～6倍の金額で買うことができる。けっこう幅があるが、プライベートエクイティによる買収が絡まない大規模取引なら、だいたい3～4倍に落ち着くだろう。

これをもとに、第1章の事例を再検討してみよう。**当該会社は年間21万6000ドルのキャッシュフローを生み出していた。この規模の会社だと、会社がオーナーのために生み出す現金のすべてをキャッシュフローとして計算できる。詳細は追って説明する。今は、それが売り手の裁量的利益（SDE、または単にDE）と呼ばれることだけ知っておこう**(＊20)**。これが表すのは、会社オーナーの利得（ベネフィット）となる税引き前キャッシュフロー、別の言い方をすれば、給与、債務返済、再投資などに使うことができる現金の総額だ。**

この会社がSDEの3.2倍、すなわち69万1200ドルで買えるとしよう。また、それ以外に在庫と運転資本で20万ドル、売買手数料と弁護士費用で5万ドルを要するとしよう。すると必要な現金の総額は94万1200ドルになる。

あなたは出資額をできるだけ抑えることでROIを最大限高めることにする。SBAの融資を使い、10%の頭金（9万4120ドル）でその会社を買う。

ベネフィットの総額を使って買い手にとっての年間ROIを計算すると、230%にもなる。9万4000ドルの投資で21万6000ドルの年間リターンが得られるからだ。ただし、不動産やプラ

イベートエクイティと同じように、銀行への返済が必要になる。この例の場合、キャッシュフローの約半分が月々の債務返済という形でエクイティ（自己資本）の増強に費やされる。大きな負担ではあるが、90％借金で購入したことを考えると悪くはない。

債務を返済してもなお年間10万ドル強のキャッシュフローがある。これは給与に使ってもいいし、再投資に回してもいい。10万ドルというと頭金よりも多く、年間ROIはおのずから100％を超える。

保守的な長期投資家なら、昔からよく用いられる8％というROIを上回ろうとするだろう[*21]。不動産投資においては、物件の購入価格に対する賃料収入の比率を「キャップレート（期待利回り）」と呼ぶ。賃借人などの変数に関連したリスクに応じて、この値は4〜12％の間で変動する傾向がある。『フォーブス』のある記事によると、不動産ポートフォリオの平均キャップレートは9％前後になるという[*22]。先の例で同じようにキャップレートを計算すると、24％[*23]。不動産投資のゆうに倍以上の数字だ。

投資の総ROIには、出口での会社売却も考慮することに留意しよう。これは先に計算した年間ROIの230％にはまだ含まれていない。その分は追い追い当てはめるとして、今は、投資の総ROIが年間ROIより大きくなるということだけ知っておいてほしい。

この投資モデルは買収起業家が考案したわけではない。これ

はまさしくプライベートエクイティ業界のビジネスモデルだ。それを起業の分野にも応用できない理屈はない。買収起業家はベンチャーキャピタルではなくプライベートエクイティのモデルを拝借した、ただそれだけのことである。

　ただ、うまくいけばいいが、何かを買うのにたくさん借金をするのはリスクが伴う。まかり間違えば破産する。あるいはマイナス資産を抱えてしまう。それに、非公開会社は上場会社のように簡単には売れない。リスクを理解するのが必要不可欠だ。

　小企業の買収は大きなROIをもたらす可能性があるが、ではそのリスクはどの程度だろう？

＊18　毎年のリターン6ドル÷投資額100ドル＝6%

＊19　年6ドルが7年間。これに出口での増加分20ドルを足して、62ドル。

＊20　ミドルマーケットでは、この額は調整後EBITDA（利払い前・税引き前・減価償却前利益）と呼ばれる。「調整後」とは、非現金費用、一時費用、直接のオーナーベネフィット（給与、福利厚生、自動車費用など）を足し戻すからだ。

＊21　当然、半数の会社はこの値に達せず、平均の法則に従って破綻する。

＊22　https://www.forbes.com/sites/bradthomas/2015/04/22/understandingcap-rates-the-answer-is-nine/#59a6862e5c32

＊23　不動産投資の「純利益」に相当するSDEが21万6000ドルで、これを会社の価値89万1200ドル（購入価格69万1200ドル＋在庫・運転資本20万ドル）で割ると24%。

安全マージン

　リスクは相対的なものだ。投資家が大きなリスクをとればとるほど、そのリターンは大きくなければ釣り合わない。だが不幸なことに、「ハイリスク・ハイリターン」モデルは、ハイリスクのほうが勝利を収めてローリターンに終わることが多い（＊24）。

　世界で最も成功した投資家のひとりとされるウォーレン・バフェットは「バリュー投資」という手法を実践している。バリュー投資の基本的考え方は、どの会社にもそこに内在する価値があるということだ。この内在価値は正確な数では表されず、主観的な性質を持つ。大まかに言うと、清算価値を算出したうえで、そこに付加される価値——競争優位性、ブランド認知、将来のキャッシュフローの現在価値など——を観察することで、それは導き出される。

　バフェットは自分が理解できる製品・サービスにしか投資せず、有形の資産や利益を重視すること、そして内在価値に比して価格が低いときに購入することで知られている。この場合、その会社に固有の資産やインフラ、利益が投資家にとっての「安全マージン」を生む。

　バリュー投資家のベンジャミン・グレアムとデビッド・ドッドは1934年に「安全マージン」という言葉を考え出した。それがグレアムの考え方の基礎を成すもので、彼は次のように述べたとされる。「正しい投資の秘訣を簡単に述べるのは難しい

が、あえて言うなら『安全マージン』ということだろう」

　この安全マージンというのは、市場価格が内在価値を大きく下回ったときだけ証券を買うという意味だ(＊25)。最近ではウォーレン・バフェットとパートナーのチャールズ・マンガーが、この手法で桁外れの成果をあげ、安全マージンという考え方を有名にした。

　内在価値に比して安い価格のときに投資すれば、ダウンサイドリスクを軽減し、一定レベルの防御策を投資に組み込むことができる。ダウンサイドリスクの管理は、世界の著名投資家の優れた基本施策のひとつである。不動産の世界でいう「儲けるのは売るときではなく、買うときだ」との格言にも近い。この枠組みは世界中の不動産投資家の拠り所になっている。

　多くの人が私の発言を誤解して、SDEの4倍ではなく2.5倍でしか会社を買収しないよう心がけるかもしれない。どんな投資も基本的に市場がその価格を決める。誤った買収はもちろん避けるべきだが、**私の感覚では、スモールビジネスの市場はすでに内在価値に近いところで取引されている**。これは恐らく、市場が細分化され、正しい売り手が必ずしも見つからないからだろう。あるいは、非公開会社は流動性が低く、売ろうにも売れないのだろう。もっと言えば、買い手が適正なリターンを得られる水準に評価額が落ち着いているのではないか。

　小企業の買収における安全マージンを、他の起業形態との比較で説明するには、リスクがどのくらいあるか、その会社が完全に失敗する可能性がどの程度かを考えるとよい。

先述のように、平均的なスタートアップは6万5000ドルの投下資本で事業を始め、およそ90%の確率で失敗する。

　VCの支援を受けたスタートアップは平均で4100万ドルを調達し、およそ75%の確率で失敗する。

　では、これを買収起業モデルと比較しよう。

　複数のソースをもとに概算すると、小企業の約80%は100万ドル以下で売買される。ここでは買収時の頭金ではなく、100万ドル全額を用いることにしよう。というのも、これには買収に関わる全リスクが含まれるからだ。

　SBA（中小企業局）によると[*26]、小企業融資のデフォルト（債務不履行）率は現在、およそ2%。同様に、トムソン・ロイターとペイネットの小規模企業債務不履行指数（SBDI）によると[*27]、小企業融資のうち全米レベルで債務不履行になるのは、2012年以降、1.5%以下で推移している。

　つまり、会社買収時にリスクにさらされる100万ドルは、失敗確率が約2%あるということだ。これはゼロから会社を立ち上げるのとはまったく違う。失敗しないことを成功と同等と見なすなら、会社の買収は98%の確率で成功することになる。

　小企業の評価額がその内在価値に近くなりやすいから、という理由が考えられる。売上も利益もインフラもないスタートアップに、なにやら無責任な評価をするのとは大違いだ。スタートアップの場合は、利益に基づく評価ではなく、「10億ドル企業になるには何が必要か」というアプローチをとる。

**　投資家の視点に立つと、投資方法によってリスクが異なるこ**

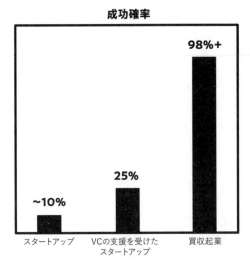

成功確率

98%+

25%

~10%

スタートアップ　　VCの支援を受けた　　買収起業
　　　　　　　　　スタートアップ

図2.1　成功確率

と、買収は過去の利益実績に基づいて評価額が決まるため、安全マージンが内蔵されていることがわかる。

　たとえば利益の4倍で売れる会社は、概念的には4年で投資の元が取れる。反対に、VC資金4100万ドルの元が取れる確率は25％だ。どちらのアプローチでも大きな成功を収めてきた、そんな人もいるにはいるが、我々が求めているのが起業を成功に導く確かな道筋だとすれば、買収してから構築し直すのがまさにその方法だろう。起業に伴う不要なリスクの多くを排除してくれるからだ。（図2.1）

　また、借金を利用するため、参入コストも平均的なスタートアップほど高くない。借り入れに際しては基本的に会社の有形

資産を担保にする。したがって、この事例で100万ドルをリスク残高の総額として使っていても、実質的にはその額はもっと少ない。

　グレアムやドッド、マンガー、バフェットのように、買収起業家はまず利益を出している会社を買い、そこから構築を試みるという、ただそれだけのことによって安全マージンを築くのだ。

＊24 https://seekingalpha.com/article/4108577-high-risk-high-reward-think

＊25 http://www.investopedia.com/terms/m/marginofsafety.asp

＊26 https://www.sba.gov/sites/default/files/Finance-FAQ-2016_WEB.pdf

＊27 https://paynet.com/issues-and-solutions/all-paynet-products/small-businessdelinquency-index-sbdi/（編注　現在アクセス不可）

アップサイドポテンシャル

　安全マージンは最悪の事態が起きたときの備えとして重要だが、我々は安全マージンのために投資するわけではない。我々が投資するのは、その案件のアップサイドポテンシャルを求めてのことだ。買収で高いROIが得られることを説明したが、買収起業家にとってのアップサイドポテンシャルはほとんどの投資形態を大きく上回る。

　先ほど、キャッシュフローとアプリシエーション（価格上昇）がROIを後押しする主要因だと述べた。我々はある資産を100

ドルで買い、7年後に120ドルで売った。1996年以降の20年間、住宅の平均販売価格は毎年3.1%ずつ上昇した（＊28）。悪くない。

しかし、買収起業家は現役で事業を営んでいるから、時間や労力やスキルを使って売上と利益を伸ばすことができる。このようにアクセルペダルを踏み込めるという点で、買収起業は他の投資クラスよりも有利である。たとえば不動産の価値を上げようとしても、できることはあまりない。市場は変動し、住宅の価値もそれとともに変動する。ビジネスの世界では「アプリシエーション」という言い方をせず、価値の構築という表現が使われる。そして、あなたは買収後にそれを構築するのだ。

買収起業家として最も重要なのは会社を成長させることだろう。2013年3月からの4年間で、極小企業（売上100万ドル未満の会社）の売上は20%増加した（＊29）。売上は企業価値の主要ドライバーのひとつであり、同じ期間に取引価格も13.5%増加した。

会社の売上は前年比で10%以上増えることがある。成長率が高いと、価値の増加幅も大きい。10%の成長率を達成できたら、わずか7年で売上規模は倍になる。キャッシュフローが増え、資産価値が増え、富を築くための手段が提供される。（図2.2）

あなたは今、自分の好きなことをし、自分の給料を払い、チームをつくり、会社を成長させ、借金を返済してエクイティを増強し、必要に応じて再投資をしている。それどころか、さらなる買収を通じて会社の成長を加速させ、その買収に会社のキャッシュフローを充てることもできる。

あなたの会社は他の投資形態にないものをひとつ持ってい

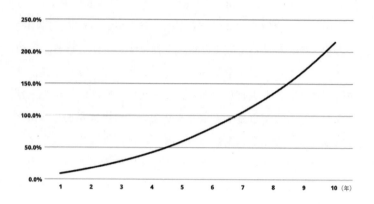

図2.2　売上が10%伸びた場合の企業価値

る。それは、あなただ。あなたこそ価値の創造者だ。さあ、た
だちに価値の構築にとりかかろう。

＊28　出典：全米不動産業者協会、 Zillow、 The Economist
＊29　http://www.bizbuysell.com/news/media_insight.html

ケーススタディ

　具体的なシナリオ事例に基づいて、これが実際どんなふうに
なるのかを見ていこう。仮説や前提がたくさんあるけれども、
全体の青写真を示し、価値構築がどのようなものかを知っても
らうには役立つだろう。

　先ほどのSDEが21万6000ドルの会社に話を戻す。あなたは
この会社をSDEの3.2倍、すなわち69万1200ドルで買った。
それから運転資本と在庫で20万ドル、売買手数料と弁護士費
用で5万ドルが加わり、総取引額は94万1200ドルになった。

　あなたは頭金を10％（9万4120ドル）出し、残る84万7080ド
ルはSBAから金利6％で借り入れた[*30]。

　月々のキャッシュフロー1万8000ドル[*31]から9400ドルを
返済するので、残るキャッシュフローは8600ドル。これを自
分や他の経営陣の給料に充てたり、マーケティングや製品開発
に再投資したりできる。

　あなたは会社の売上を10年間、毎年10％伸ばせるはずだと
判断する。

　この会社は買収時、年間売上が140万ドルだった。毎年10％
で成長すれば、4年目には200万ドルを超え、8年目には300万
ドルを超える。10年目には360万ドルに達する。SDEが売上
の15％のままなら、この会社は今や年間54万ドルのオーナー
ベネフィットを稼ぎ出している。

　しかもそう、ローンは返し終えたから、返済に充てていた

投資	年	売上	SDE	出口
$94,120	0	$1,400,000	$210,000	
	1	$1,540,000	$231,000	
	2	$1,694,000	$254,100	
	3	$1,863,400	$279,510	
	4	$2,049,740	$307,461	
	5	$2,254,714	$338,207	
	6	$2,480,185	$372,028	
	7	$2,728,203	$409,230	
	8	$3,001,024	$450,154	
	9	$3,301,127	$495,169	
	10	$3,625,000	$543,750	
	11	$3,987,500	$598,125	$2,500,000
総リターン（債務返済を除く）				$5,747,934

図2.3　サンプル予測

9400ドルもあなたのものだ。また、あなたは会社のエクイティを増強した。出口戦略を実行しようとすれば、銀行にはもはや何の借りもない。

　毎年10％着実に会社を成長させてきたので、売るときもSDEの2倍や3倍以上の価格になる。11年目にSDEの4倍、220万ドルで売却することで合意する。加えて在庫と運転資本も売却するので、出口に際してはおよそ250万ドルが手に入る。

　9万4000ドルの投資にしては悪くない。出口の250万ドルは、もともとの投資額が毎年35％増え続けた計算になる。だが、その間のSDEから築いたキャッシュフローとエクイティも忘れてはならない。9万4000ドルの初期投資から得られた税

引き前の報酬総額は、債務の返済を除いて574万7934ドルにのぼる。複利年率にしてなんと45%だ。（図2.3）

いちおう比較すると、同じ9万4000ドルを不動産に投資していたら、11年間で13万2000ドルに増えていただろう（＊32）。8%の利益を生むバランスのとれた株式ポートフォリオなら、21万9000ドルに増えていただろう。

＊30　SBAの利率は原則としてプライムレート＋2%で変動するが、ここではわかりやすいように6%で固定する。

＊31　SDEの21万6000ドルを12カ月で割ると、1万8000ドル。

＊32　不動産にもキャッシュフローとエクイティ増強の要素があるので、これは公正な比較ではない。ただ、ここで重要なのは、あなたの非公開会社で構築できる価値は、他の資産クラスのように限定されていないということだ。

価値創出の近道

買収起業は受動的ではなく能動的な投資アプローチだ。資産に応じた努力を払うことで、富をその手につかみ、意義ある成果を築くことができる。

時間と労力を要するが、買収に伴って、最初から固有の価値を持つ会社を所有し、その価値を増大させる主役になることができる。買収起業家はすぐさま、自分の会社および自分自身に対する投資家となる。未来を自分の手でコントロールできるので、世の中に提供する潜在的価値や会社の財務的メリットを最大限に高められる。

従来のスタートアップはもっぱら「アプリシエーション」を重視する。言い換えれば、無から何かを生み出そうとする。一方、買収から始める場合は、成功したスタートアップと結果はたいてい同じながら、安全マージンや有望なROIモデルを備えた確実な資産が提供される。

　本書は売上100万ドルから2000万ドル程度までの小企業の売買を後押しする原理原則を検討し、それに基づくロードマップを提示する。やけに幅が大きいように思えるが、この範囲内で用いられるルールはほぼ同じである。

　VC企業が勘違いしているのは、出口戦略の成功例の99・9%は売上3000万ドル以下の企業で起きるということだ。そして、この傾向はますます強まっている。この規模の会社に対する買収需要は、テクノロジー業界を中心にとどまるところを知らない。バジル・ピーターズは『Early Exits』という著書で、小規模な出口の需要や利点を指摘している。ピーターズによれば、1500万〜3000万ドル規模の出口は小さすぎてマスコミに嗅ぎつけられることがなく、起業家やエンジェル投資家にとって優れた稼ぎ方だという。

　大企業はもはやゼロからイノベーションを起こさない。たとえばグーグルは、クリック課金管理の巨大プラットフォーム「アドセンス」を発明したわけではなく、アドスケープ社を2300万ドルで買収し、そこからこのプラットフォームを構築した。

　3000万ドル以下の小規模な出口は、そこですべてのアクションが完結し、VCの姿は見当たらない。プライベートエクイ

ティ・ファームはこの点に気づいているが、利益が200万ドル以下の企業では、彼らさえ姿を見せなくなってきた。小規模な出口、小規模な買収は買収起業家の領域だ。彼らはそこで何百万ドルも稼ぐことができる。

とはいえ、ひとつはっきりさせておきたい。起業家は会社に長期的な富を築くための素晴らしい手段を持っているが、基本的に彼らを突き動かしているのは富の創造ではない。起業家はむしろ非金銭的なメリットに突き動かされる。重んじるのは自律性、問題解決、成長、そして熱意だ。買収モデルはこれらの側面に事欠かない。真の起業家にとって、会社やアイデアを所有した瞬間に、経済的な自立は最初から確保されている。なぜなら、仕事と生活、公と私が分離していないからだ。どちらも同じミッション、同じ時間を共有している。起業家にとって、強い関心を寄せている何かを実現するために一生懸命働くことは、価値ある人生を送ることとイコールなのだ。彼らはそうしたメリットを、初日から楽しみながら享受する。たぶんこれこそが我々の求める本当の富、人生に価値を生み出すことで達せられる目的ではないか。

では、そんな起業家とは何者なのか？　成功には何が必要か、彼らの動機は何か、そして、我々にもその資格はあるのか？次章でこれらの疑問を解決しよう。

第 2 部

評価

「明確な目標を定めれば、ただちに道が開けるだろう」

ナポレオン・ヒル

第3章
ＣＥＯマインドセット

　ほとんどの人は買収対象の会社の探し方を完全に間違えている。どの業界をターゲットにしようかと、まず考えるのだ。仲介者でさえ、「どんな種類の会社がご希望ですか」と最初に尋ねることが多い。ここからスタートするのは十中八九誤りだ。すでに特定の関係や独自の優位性を築いていて、それを利用するために同じ業界にとどまりたい――そんな動機でもない限り、これは順番があべこべだ。

　成功する買収起業家は伝統的なサーチプロセスを逆さまにする。会社やビジョンを構築するために必要な要素は「既成のメニュー」からは得られない、と彼らは知っている。それは自らの態度、才能、行動のベクトルをひとつにそろえ、その力を特定の機会へ向けて活用することで得られる。

　自分がそもそもどんなゲームを求めているかを知るには、「勝ち方と勝つ理由」を知ってからスタートするのが重要だ。

　まず自分自身から始めること、そして「3つのA」――態度（attitude）、才能（aptitude）、行動（action）――を一方向へ束ねることが、サーチのための正しい変数を特定する助けになる。この3つのベクトルをそろえられれば、確信をもって前へ進むこ

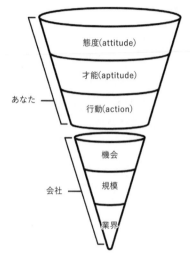

態度(attitude)

才能(aptitude)

行動(action)

あなた

機会

規模

業界

会社

図3.1　ターゲットステートメント

とができる。それがなければ、人々の時間を無駄にするか、失敗のリスクを高めるか、またはその両方の結果を招く。あなたにとって正しい買収先を見つけること、それがまさに命題なのだ。だから、自分自身からスタートしよう。（図3.1）

　あとのことはついてくる。そのプロセスを信じることだ。

必要要素

　成功するのがどんな人かを知るには、研究結果を見るのが一番だ。成功する会社を経営するには何が必要か？　どんなスキルが必要か？　そのスキルは生まれつきのものか、それとも学

習できるか？　買収モデルによってスタートアップフェーズを割愛し、成功する会社を初日から経営することができると知ったとき、新進の起業家はこんな質問をし始める。

　次のリストを見てほしい。売上100万〜2000万ドルの会社で成功を収めたCEOに見られる最大の特徴をいくつか挙げている。なかには優秀な起業家の特徴に見えるけれども実はそうではない、というものもある。ひととおり見て、自分がそれぞれの特徴をどれくらい備えているか、自分に欠けているのはどれかを考えてみよう。それから、リストに欠けているものがないかも考えてみよう。

- 戦略的思考スキル
- 対人スキル
- 知的能力
- 業界での経験
- 曖昧さへの対応力
- 粘り強さ
- 整理能力
- 集中力
- 成果志向
- 図太さ
- リスク許容力
- 自信
- 創造力

- 楽観性
- 自己主張
- 決断力
- 几帳面
- 完璧主義

どうだろう？　結果を確認する前に、知っておいてほしいことがある。データによると、成功するために必要な第一の特徴はこのリストには入っていないのだ。それは職務記述書（ジョブディスクリプション）や履歴書に書くようなスキルではない。**成功のカギは、どのように働くか、何をするかよりも、どのように考えるかにある。**

　自社のリーダーとして成功するための第一歩は、まず何よりもCEOのように考えることだ。「正しい」思考を身につけることができなければ、戦う前から負けてしまう。あなたは最終的に、自分たちはどこへ向かおうとしているのか、どうやってそこへたどり着くのかというビジョンを打ち立てる必要がある。でも、航海するための精神的手段がないと、それは単なるビジネスプランだ。

　何が起業家を成功へ導くかをよくよく調べた結果、私は彼らを三脚スツールだと考えるようになった。機能するには3本の脚が全部必要で、1本でも欠けると倒れてしまう。買収起業家が正しい会社を見つけ、その経営を成功させるためには、やはり3つの属性すべて ── **態度**（attitude）、**才能**（aptitude）、**行**

動（action）──を調和させる必要がある。これを「3Aの法則」と呼ぼう。

態度

　成功する起業家には共通点がある。長く成功する人に特徴的なのは「成長型マインドセット」を持っていることだ。世界的に知られたスタンフォード大学の心理学者で、『マインドセット「やればできる！」の研究（Mindset）』の著者でもあるキャロル・ドゥエックは、成長型マインドセットに関する世界有数の専門家になった。あなた自身やあなたの子どものなかの成長型マインドセットをどうやって探し、どうやって伸ばせばよいかのエキスパートだ。

　ドゥエックは成長型マインドセットと固定型マインドセットを区別する。固定型マインドセットの人は、「そういうものさ。いつもそうなんだ」というように、絶対不変という観点からものを考える。基本的な信条にもそれが反映される。リソースは限られている、人の知能レベルは生まれつき決まっていて、努力せずして成功するのは真の天才の証だ、と彼らは考える。多大な努力をしなければならないとしたら、それはスキルや才能がないからだ。つまり努力は悪であり、その人に才能や頭のよさがない証なのだ。

　固定型マインドセットの人間は、人の資質は永遠不変であると考える。自分の人格や知性を絶えず証明する必要に迫られ

る。自分がどう受け取られるかを気にし、一般にリスクを嫌う。なぜなら失敗したら、自分自身を「落伍者」と見なさなければならないからだ。ドゥエックは『ハーバード・ビジネス・レビュー』誌の2016年の論考で、固定型マインドセットの持ち主は、才能は生まれつき与えられたものだと考え、周りから賢く見られたいと気に病む人に多いと述べた(＊33)。

　反対に、成長型マインドセットの人は、世界はもっと変えられる、成功は努力して得られるものだと考える。この小さな違いにより、人は自由意志を感じることができる。彼らは変化を避けずに受け入れ、失敗しても我慢する。努力は熟達へのプロセスだと考える。批判から学び、他者の成功に刺激を受ける。才能は伸ばせると信じているから、ハードワーク、優れた戦略、他者からのインプットを大切にする。学習に労を惜しまない。

　成長型マインドセットの人は「何事も改善できる。それをするのは私だ」という態度をとるように思える。要は自身の経験から学び、同じ過ちを繰り返さない。したがって、このマインドセットを身につけた人はつねに新たな成果を達成し続ける。実際、ドゥエックの研究によると、成長型マインドセットを志向する人は固定型マインドセットの人より多くの成果をあげることが裏づけられた。

　成長型マインドセットを持っていることは大きな心理的メリットだ。ものごとが変えられると知っていれば、市場の問題解決、革新的なソリューションの創造、そして継続的な改善──自分自身と仕事の改善──に対する関心が生まれる。これ

は成功する起業家の特徴だ。反対に、固定型マインドセットは世の中を決定論的に捉え、結果的に潜在能力をフルに発揮できない。

　成長型マインドセットがなければ、イーロン・マスクのスペースXは、最初の3つのロケットが墜落して燃えたあと、国際宇宙ステーションに無事たどり着くことはできなかっただろう。トーマス・エジソンもそうだ。彼は教師から「愚かで何も学ばない」と言われていたが、1000回以上も失敗したあと、ついに電球を発明した。どちらも固い決意とやり抜く力を持っているが、何よりも大事なのは、少しずつ改善すれば必ず解決策が見つかるという信念だろう。彼らは大きな犠牲を払いながらも、伝統や慣習にとらわれない起業家として偉大な実績を残している。そこがまさに重要だ。ここまでは主に、起業に安全マージンをいかに組み込むかという話をしてきたが、成長型マインドセットは莫大なアップサイドポテンシャルをもたらしてくれるのだ。

　今は成長型マインドセットになっていない人も、それを育むことができる。ドゥエックは、人は誰も成長型マインドセットと固定型マインドセットを併せ持っていることに気づいた。成長志向のマインドセットを育てる方向へ考え方を変えることが、CEOになるための第一ステップだ。変化をめざすにはまず、自分の思考がどんなときに固定型になりがちかを知ることだ、とドゥエックは助言する。固定型マインドセットの「声」を知れ、と彼女は言う。困難に直面したり、挫折したり、批判

されたときに、この声が思考のなかに現れる。我が身で責任を負わず、失敗やリスクを恐れたり、他人を責めたりすることばかりを考えてしまうときは、少し時間をとってマインドセットを整えたほうがよい。

どんなときに固定型の思考に陥りやすいかがわかったら、次なるステップは、困難や挫折や批判をどう解釈するかは自由だと認識し、固定型の声に成長型マインドセットの声で「言い返す」ことだ。ドゥエックは次のような例を挙げている。「やってみなければ必然的に失敗する」「私の前に成功した人たちは熱意を持ち、努力をした」「責任を負わない限り解決できない」

最後に、困難に立ち向かい、苦難から学び、再挑戦する。

ドゥエックは、組織にも集団的なマインドセットがあると結論づけている。成長型マインドセットの企業では、従業員が権限を与えられていると感じて責任を果たし、協業や革新に対する支持も高い。固定型マインドセットの環境では、不正やごまかしが横行しやすい。もちろんこれは極端な例だが、自身の職場経験をいろいろ思い出してもらえば、そういう傾向も多少納得できるのではないか。起業家はその会社の文化を規定する。だから、あなたの考え方が周りのあらゆる面に反映される。

成長型マインドセットは、起業の成功を占う一番の材料と見なされることが多い。そのマインドを備えたリーダーはミスから学び、軌道修正することができる。対処すべきリスクはつねに存在する、荒波は必ず乗り越えられると知ること、そして継続的な改善に徹底的にこだわることが、成長型マインドの起業

家とその他大勢を分けるポイントである。

　買収起業はリスクを伴うが、正しい態度で臨めば実現できる。何もせず、みすみすチャンスを逃す手はない。成長型マインドセットを増やし、セリグマンのPERMAモデル（後述）に沿ったミッションを担うことで、正しい態度を身につける——それが今、さらには買収後に成功を収めるためのカギとなる。

＊33　Carol Dweck, "What Having a 'Growth Mindset' Actually Means," Harvard Business Review, January, 2016.

才能

　才能は、生まれ持った知性と仕事上の能力から成る。それはスキルであり、強みと弱みでもある。

　生まれ持った知性は、何十年もの間、IQ（知能）テストで測定されてきた。その結果、我々はIQおよびIQとビジネス成果の相関性をめぐるデータをたくさん持っている。現在、起業や経営の成功を占うには、知的能力が唯一最大の判断材料だ。実際、「IQの高さ＋やる気＝成功」という基本公式が成り立つとされている（＊34）。

　前項とは正反対だが、生まれ持った知性は大人になるまでに完全に固定される。IQをよくしようと一生懸命努力しても、あまり効果はない。IQレベルの増加と学校へ通った年数の間には相関関係があるものの、新たな学校教育を受け続ける人がそもそも学校に合っているのかどうかは考える必要がある。

　とはいえ、朗報もたくさんある。たいていの人はそうだが、もし自分のIQレベルが真ん中あたりでも、恐れることはない。第一に、IQが何十年もの間、有力な評価属性として支配的な地位にあったことを、多くの人が知っている。今後は代表的なパフォーマンスドライバーとして、心の知能指数（EQ）がIQより主流になるだろうと多くの人が考えており、新しいデータもそれを裏づけている。第二に、他の有力なコンピテンシー（仕事上の能力）の多くはIQほど先天的なものではなく、学習によって身につけられる。だから、すでにその能力を持っているはずだとしても、まだまだ自分自身を向上させ、めざすCEOになるチャンスはある。

　本章の最初のほうに掲げたリストを見てみよう。

　先に述べたとおり、ここにはニセモノをいくつか忍ばせてある。一見すると、「整理能力」「集中力」「几帳面」は成功する起業家の大きな特徴に思える。だが実は、ものごとを整理する能力とCEOとしての成功の間に相関関係は一切ない。

　ビジネスの世界を支配するのは曖昧さだ。高い集中力はむしろないほうがいい。起業家は曖昧さや環境の変化に対応できなければならない。優秀な起業家はこれがきわめて上手い。2003年、私はビジネススクールにいた。教授が我々に、1枚の紙を8つに切り分け、それぞれの紙片に次の言葉を書くよう命じた。「営業」「マーケティング」「財務指標」「競争」「プロセス」「サプライヤー」「インセンティブ」。それから彼は、紙片を混ぜ合わせ、任意の半分を取り除いてしまうように言った。「実際の

ビジネスは手元に残った紙片のようなものです。決定を下すときにすべての情報がそろっているとは限りません」。授業での演習にすぎないが、会社経営につきものの曖昧さをよく表している。

　一見すると「創造力」は、初期のスタートアップに有効ながら、その後は「大人の監督」を必要とするものに見える。創造力は、小企業の経営ではめったに見られないが、起業の良し悪しを分ける特性のひとつだ。創造的な問題解決ができれば、自社を他社から区別し、顧客に驚くべき価値を付加することができる。創造力は製品のイノベーションに限らず、組織内の日々の意思決定にも発揮される。

　何よりも、「戦略的思考スキル」「粘り強さ」「自己主張」「成果志向」「楽観性」「図太さ」は、成功する起業家に最もよく見られる特徴だ。とはいえ、ほとんどの小企業オーナーは戦略的ではなく戦術的になりやすい。戦術的であるのは悪いことではないが、戦略的に考える人はもっと違うレベルでメリットを享受できる。

「決断力」と「自信」はある程度まで重要だが、うぬぼれや自信過剰につながることが多く、そうなると明らかにマイナスだ。「完璧主義」もマイナス要素だ。完璧であろうがなかろうが、起業で報われるには「行動」しなければならない。細部に注意を払いすぎるといつまでも行動できないか、最低でも実行が遅くなる。

　起業とは「ハイリスクの許容」とほぼ同義である。スタート

アップと聞いたとき、たいていの人はまずリスクの高さを考える。実際、リスクのある取り組みに寛容な人は気がつけば、いちかばちか的な活動に参加している。また、スタートアップモデルはハイリスク・ハイリターンモデルがお手本だ。しかしながら、ほとんどのスタートアップは失敗するし、ハイリスクを許容するスタートアップもその範疇に入る傾向がある。成功する起業家はある程度のリスクは受け入れるものの、慎重に計算して行動を起こす。ただ、起業家はリスクを嫌うとまでは言い切れない。なぜなら、ビジネスには一定レベルのリスク——借金による資金調達、限られた情報での意思決定など——がつきものだからだ。しかし多くの起業家は世間での評判とは裏腹に、自分がリスク回避的だと考えている。買収起業はもちろん、私が自身のさらされるリスクを最小限に抑えた実例である。

　このリストに基づいて自己評価する際は、人は自分自身への評価が甘くなりがちだけれども、トップパフォーマーは自分に厳しいということを知っておこう（＊35）。だから私はいつも、専門の会社を雇って客観的な評価をしてもらいなさいとすすめている。次善の策は、自己評価にとりかかるとき、友人や同僚に協力してもらうことだ。自分で評価したあと、先のリストを配偶者や親友に見てもらう。彼らは、あなたがどんなスキルを持っていると感じるだろう？　これは力強いフィードバックになる。黙って耳を傾けよう。

　よくある質問は次のようなものだ。自分の強みや弱みがなんとなくわかったとして、自分が持っている特性の「相対的な強

さ」をどうやって測ればよいのか？ リーダーシップ・アライアンスの創業者で、トップ人材評価のエキスパートであるデビッド・ウェラーに最近インタビューしたところ、成功するためのさまざまな要因のうち、およそ3分の1はシンプルなコンピテンシーだという。たとえば次のようなものだ。

- 成果を出したいという意欲、他者から成果を引き出す能力
- 決定（不人気な決定を含む）を下す能力
- 曖昧さに対応する際の戦略的機動性
- 一定レベルのリスク許容力
- 財務的知見
- 生まれながらの批判的思考 (クリティカルシンキング)
- 戦術的能力
- 粘り強さ
- 自己認識（弱点に向き合い、死角をなくす能力を含む）
- 対人スキル

　最後のものは注目に値する。会社のCEOになったら「売る」力が必ず求められる。かといって、販売員になるために時間を使えということではない。それはどんなタイプの買収機会を選択するかによる。小さな会社を大きくするには、必ず「売る」スキルがなければならない。販売員はその才能を生まれつき持っているか、持っていないか、2つにひとつだと言われるが、売るスキルは学習できる。見込み客にサービスを売り込むにせ

よ、従業員に会社のビジョンを売り込むにせよ、投資家にビジネスモデルを売り込むにせよ、販売スキルは会社を成長させるための基本要件だ。対人スキルに秀でていれば、人々と活動を結びつけ、会社を成長させることができる。

2002年に『ジャーナル・オブ・ビジネス・ベンチャリング』が発表した研究(＊36)は、起業家のパフォーマンスに直接・間接の影響を及ぼす行動的な能力分野を10リストアップした。

- 分析的
- 革新的
- 実務的
- 人間的
- 戦略的
- 機会
- 関係
- コミットメント
- 学習
- 個人の成長

もちろん、成功する起業家全員がこれらの特性をすべて同じレベルで備えているわけではない。なかには1つや2つ欠けていることもあるだろう。だが全般的に、そして経験的に言えば、これらの素材をそろえた正しいレシピが勝者の条件だ。優れた機会に注力する、才能と意欲にあふれた人が毎回勝利を収める

のだ。

＊34 Chad H. Van Iddekinge, Herman Aguinis, Jeremy D. Mackey, Philip S. DeOrtentiis, "A Meta-Analysis of the Interactive, Additive, and Relative Effects of Cognitive Ability and Motivation on Performance," Journal of Management, January, 2018.

＊35 David Dunning, Chip Heath, and Jerry M. Suls, "Flawed Self-Assessment, Implications for Health, Education, and the Workplace," American Psychological Society, 2004. Psychological Science in the Public Interest.

＊36 Lau T. Man and K.F. Chan, (2002), "The competitiveness of small and medium enterprises. A conceptualization with focus on entrepreneurial competencies," Journal of Business Venturing, 17:2, pp. 123–142.

PERMA

　ポジティブ心理学は人間の成功を科学的に研究する分野だ。冗談ではない。マーティン・セリグマンは現在、ペンシルバニア大学ポジティブ心理学センターの所長、同大学の心理学教授を務めている。1998年にアメリカ心理学会の会長に選ばれたとき、彼はポジティブ心理学という研究分野を考案し、その普及に努めた。このテーマに関する著作も多い。

　セリグマンがポジティブ心理学の研究を始めたのは、世界最大級の保険会社との仕事がきっかけだった。この保険会社は、成績が抜群にいい販売員と、すぐに燃え尽きてしまう販売員は何が違うのかを知りたがっていた。目標は、なるべくパフォー

マンスの高い販売員を採用する方法を見つけることにあった。

　セリグマンの研究から、成功する販売員に共通している特徴は「楽観主義」であることがわかった。『ポジティブ心理学の挑戦 (Flourish)』という著書で、彼は幸福の5つの柱を明らかにしている。それぞれの頭文字をとってこれはPERMAと呼ばれる。

- **ポジティブ感情** (Positive emotion)
- **エンゲージメント**（Engagement）
- **関係**（Relationships）
- **意義**（Meaning）
- **達成**（Achievement）

　PERMAは5つの成分からできているが、最大限に充実した人生を送ろうとするときのレシピは人によって違う。人生により大きな意義を必要とする人もいれば、仕事への深い関わりや人間関係を重視する人もいる。「達成」というのはまさにその意味である。人間として真の成功を収めるために、人生における達成感を原動力(ドライバー)とするのだ。

　起業家はたいてい達成志向だ。心理学者のヘンリー・マレーは「達成欲求」という特徴を考え出した。それは大きな成果を出したいという個々人の願望、言い換えれば、何か難しいことをやり遂げるための、長きにわたって繰り返されるたゆまぬ努力を指す。意欲に満ちた多くの人たちにとって、達成感はしば

しばお金や名誉よりも重要である。お金は成功の手段であり、それ自体が目的ではない。「ハイアチーバー（優れた達成者）」と呼ばれる人は、困難な目標を達成したときの満足感をもっぱらやる気の源泉にしている。

　起業家の自己実現に達成感が欠かせないのは明らかだ。この達成感こそが、モチベーションやコミットメント、粘り強さの原動力となる。達成志向は起業家と相性がいい。あまりそんなふうに感じないとすれば、あなたはなぜ会社を経営したいのか？

**　成功の指標として成長型マインドセットの重要性を説明したが、PERMAを理解すると、何を重視すべきかがはっきりする。**

　CEOは綿密に計算し、工夫を凝らし、我慢強くやり遂げなければならない。これらは世界中の起業家が必要とするコンピテンシーだ。

行動

「完璧な勤務日」を想像してほしい。あなたは時間をどう使うか？　やる気のもとは何か？　これはセリグマンのＰＥＲＭＡレシピの「エンゲージメント」に相当する。**完全に没頭したり、時間を忘れたり、最大限楽しんだりしているとき、あなたはどんな活動をしているか。それがあなたの「正しい行動」だ。日々の活動をどんなものにしたいかをしっかり理解すれば、「正しい機会」を後のち見極めるのに役立つ。**

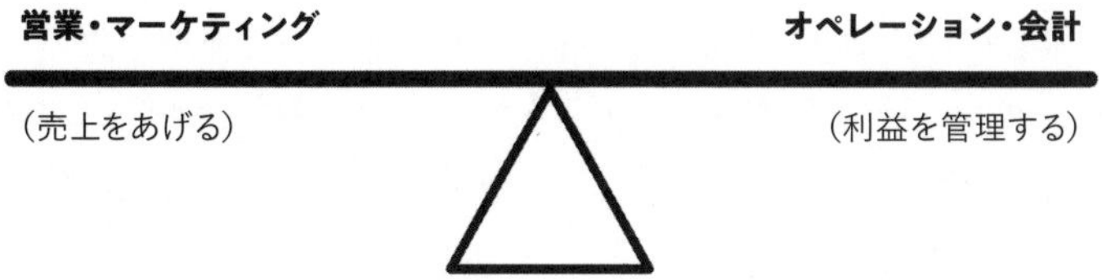

営業・マーケティング　　　　　　　　　　**オペレーション・会計**

（売上をあげる）　　　　　　　　　　　　　　（利益を管理する）

図3.2

　ほとんどのビジネス活動は基本的に2つの重要な機能に分けられる。ひとつは売上をあげること、もうひとつは業務を行うことだ。あなたは前者、売上を伸ばすタイプの人間か、それとも後者、業務の遂行（オペレーション）に関心がある人間か？　言い換えれば、製品をもっと売りたいか、それともできるだけ多くの製品を最低限のコストでつくりたいか？　人は誰でもどちらかの傾向が強いものだが、買収起業を考えるなら、その両方の機能を果たさなければならない。（図3.2）

　しかし、検討の値打ちがある買収案件はどれも機会がすでに組み込まれている。**あなたは自分が成長志向かオペレーション志向かを知る必要がある。また、その機会を実行に移すための**

スキルを自分が持っており、日常的にこういう活動をしたいという思いにも合致している、そんな会社を買収する必要がある。

この活動は前に経験や実績があるものでなければならない、と固く信じている人もいる。だが、必ずしもそうではない。それはその時点までのキャリアパスに左右されるからだ。優れたリーダーは過去の役割にかかわらず、自分が強い分野、人に任せるべき分野を知るようになる。以前の買収で取り組んだ活動をもっと高めたい者もいれば、今やっている活動を変えたいと考える者もいる。どちらが可能かはいずれわかる。今決めておけば、サーチプロセスにおける心強い指針になるだろう。

『Traction』の著者で、起業家の経験が長いジーノ・ウィックマンは、「ビジョナリー（予見者）」と「インテグレーター（統合者）」という2種類の企業オーナーについて語っている。売上かオペレーションかという先ほどの分類に近い。ビジョナリーとは将来を見通せる起業家だ。アイデアを採用し、それが定着するまで時速100キロで駆け抜ける。インテグレーターはビジョナリーが駆け抜けたあとの破片を拾い、整理し、実行して利益を出す。どんな組織もそれぞれのタイプがひとりずついるのが理想だ。そして小企業の場合、それはあなただ。もっと大きくなるまでは、あなたがその両方の役割を担わなければならない。

ビジョナリーであれ、営業・マーケティングの担当者であれ、組織に価値を築くうえでは成長がカギを握る。どうやってその成長を実現するか、時間をとって考えよう。コンシューマーマーケティングか、直販か、オンライン広告か、既存顧客との関係

の拡大か？　特定の買収機会にはこだわらず、このうちどれが自分のスキルに最もふさわしいかを考えよう。その答えを知っていれば、しかるべき相手に出会ったときにピンとくる。

　会社探しを始める前に、時間をとって将来のビジョンを描くのが肝要だ。それにはまず自分自身をよく見つめる必要がある。

　ここまでに自分がなし遂げてきた成果と、その成果を支えた行動を洗い出そう。自身の成功事例をいつでも紹介できるように準備しておけば、追って銀行家と話すようなときにも役に立つ。今は、自分がどんな課題を克服してきたかを考えよう。何に真剣に打ち込み、どんな方法で類まれな成果をあげたか？

　あなたは実際、どんな活動をするのが楽しいだろう？　たくさんの人たちの活動を調整するのが好きか。さまざまな指標を分析することか。大口顧客を訪問することか。問題解決か。いずれも大まかな表現でしかないが、細かい部分はどうか。電話で話すのが楽しいか、Eメールにずっとかかりっきりなのがいいか。毎日の制作会議の運営か。財布のヒモを締めることか。訪問販売に行くことか。オンラインマーケティングキャンペーンのマネジメントか。新しいシステムの導入か。

　こうした自問を繰り返していけば、日々の役割でどんな行動を起こしていたいかが明確になるはずだ。

個人のSWOT

　特定企業の強み（strength）、弱み（weakness）、機会（opportunity）、

脅威（threat）をあぶり出すのが、よく知られたSWOT分析だ。この手法をあなた自身に応用することで、自己に対する理解を微調整できる。

　先ほど明らかにした強みはそのまま強みにしてよいが、では弱みはどうか？　自分の得意分野や好きな活動を知るのと同じくらい、どんな活動を回避すべきかを知るのも大切だ。どんな分野やタスク、それに業界があなたにとっての立入禁止エリアか。どんな活動にまったく関心が湧かないか。どんな任務に積極的になれないか。これらを明らかにすれば、得意分野や好きな活動に集中できる。得意、不得意、嫌な仕事を全部、紙に書きとめよう。

　力を発揮できる分野、避けるべき分野がわかったら、いよいよ履歴書を完成させる番だ。これをまとめ上げるのは、自分の内側を見つめるのに欠かせない仕事である。これまでの職務経験、それぞれの立場で担った役割を記録しよう。成果を表現するときは必ず動作動詞を使い、具体的な数字で示すこと。これによって、あなたの職歴で何が傑出しているか、あなたは何に関心があり、どこでどのように最高の成果を出せるかが明確になる。また、今後どんなところに最も寄与できるかもはっきりする。あなたが秀でているのはマーケティングか、営業か、それともプロセスの実行か、会計か？　どんな分野を高めていきたいか、どんな分野を手助けしてほしいか？

　よく誤解されるのだが、専門的な仕事がわかるからといって、専門的な仕事をする会社をうまく経営できるとは限らない。マ

イケル・ガーバーがその著書『はじめの一歩を踏み出そう——成功する人たちの起業術 (The E-Myth Revisited)』で詳しく説明しているように、スタッフの採用やマーケティングやキャッシュフロー管理は、パイを焼くという専門的な仕事とは何の関係もないが、パイ事業を運営し成長させることとは大いに関係がある。

　自分と向き合うことに時間を割こう。その練習をすることで、今までなら興味が湧かなかったチャンスに関心が向くかもしれない。真の自己発見のため、情熱や関心はしばし忘れて、自分がしっかり実行できそうな活動や機能にただ焦点を当てよう。つまり、自分が得意なことに波長を合わせ、自身が持つスキルを深く掘り下げるのだ。それが終わる頃には、自分自身のSWOT分析と履歴書作成が完了しているはずだ。

正しいプロセス

　態度 (attitude)、才能 (aptitude)、行動 (action) の3Aをまず明らかにすれば、最大限の成功を手にするための土台が整う。成功する起業家の条件や、そこに自分も名を連ねるための方法がわかれば、自信がつき、改善を要する（またはパートナーが必要な）分野がはっきりする。なおかつ、自分自身に関する知見を、これから率いていく会社にも当てはめられる。

　巷には、もっと大きくできそうなよい会社もあれば、さほどよくない会社もあるだろう。だが、その会社があなたの目標や

スキルに合致するかどうかがわかるまでは、客観的な評価を始めるべきではない。

　あなたのモチベーションの源泉、生まれながらの強みと弱み、日々携わっていたい行動を明確にすることのほうが、その会社が何をしているか、そこにどんな機会が潜んでいるかよりも重要だ。3つのＡ（態度、才能、行動）は、あなたがどんな領域で活躍できるかを知るための枠組みを提供する。だから、そもそも何を探せばよいのかもわかってくる。

　次章では、3Aに関わる作業をもとに、あなたにふさわしい会社を探すための方法を検討してゆく。

第4章
ターゲットの設定

　前章では、会社を買おうとする者が最初にやるべきことを紹介した。すなわち、正しい「態度」「才能」「行動」を評価し、それらの足並みをそろえることだ。これは非常に重要なステップだ。限られた時間内に会社を探すことを決意し、自分の強みを明らかにし、毎日携わっていたい活動を特定することで、あなたにふさわしい会社を最終的に探し出すための基礎をしっかり築くことができる。順番が逆であってはならない。

　本章では、自分自身を洞察する段階から、ターゲットとなる会社像を実際に概観してみる段階へ移行する。まず、あなたが探している「機会プロファイル」を明確にし、そのうえでターゲット企業の（一定範囲内の）規模と業種を決定する。何らかの制約条件、つまり会社をただちに排除しなければならないような変数があれば、それも考慮する。

　最後に、それらをもとにあなた独自の「ターゲットステートメント」をつくる。これは企業サーチの推進エンジンとなり、あなたがどんな会社を探しているかを正しく、正しい人々に伝える拠り所となる。

機会プロファイル

　私が会社探しを手伝うとき、各人に合ったターゲットを見つけるために何よりも重視するのは、その会社の機会プロファイルとその人の強みや目標を合致させることだ。だから、前章でやったことは大切なのだ。それはあなた自身について、そしてあなたが会社で何を望むかについて知るきっかけとなる。

　買収後の会社に価値を築くためのモデルは主に4つある。私自身はポテンシャルに満ちた、いつまでも新鮮でまあまあ安定した会社を探す傾向があるけれど、起業家の強みに基づいて検討すべきモデルは他にもある。よほどひどく混乱した会社でない限り、じっくり検討もせずに決める買い手も多そうだ。あなたもそうか？　たぶん「立て直し」をねらっているのだろう。「高成長」企業や「永続的に利益を出す」企業はどうか？　あるいは、既存のさまざまな関係を成長のために利用できる、そんな「プラットフォーム」を持つ会社は？　どれもまったく異なるプロファイルだが、それぞれに効果がある。

　すべてを網羅するつもりはないが、ほとんどの成長機会は株式と同じような方法で4つの象限に分けることができると思われる。成長ポテンシャルと価値ポテンシャルの2軸で分類するのだ。

　ひとつずつ見ていこう。（図4.1）

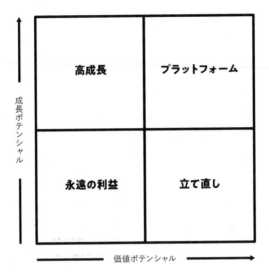

図4.1　買収の機会プロファイル

永続的な利益

　リチャード・ルーバックとロイス・ユドコフはハーバード大学の教授で、『HBR Guide to Buying a Small Business』という本を書いた。**この本では、彼らの言う「永続的に利益を出す」会社を買収することが推奨される。つまり、なくなる可能性が低いニーズに応える会社だ。**

　この種の会社の一例が『ニューヨーク・タイムズ』紙で取り上げられた。2016年3月の「会社を買った。さて?」という記事は、3人で会社を買った元ベンチャーキャピタリストを紹介している。VC出身だけあって、ハイテク企業かオンラインイ

ノベーターを買収すると思いきや、3人が買ったのは除雪・造園の会社だった。

除雪は事実上すでに成熟産業だから、今後の高成長は望めない。顧客が増えるにしても年1%がいいところだろう。しかし、道路や自動車に関わるインフラは広範囲にわたり、自然の脅威はいつまでもなくならないため、大きな技術的脅威にさらされることもない。自動運転車であっても道路はきれいでなければならない。

同じように、除雪は地域依存型のビジネスだ。顧客にサービスを提供しようとしたら、その地域に実際いなければならない。サービス内容がよい限り、顧客が他の業者に乗り換える可能性は低い。つまり市場への新規参入はほとんどない。

これがまさに「永続的に利益を出す」会社のプロファイルだ。成長機会はあまりないが、業界破綻の恐れもあまりない「金のなる木（キャッシュカウ）」、安定した信頼できる会社である。会社の側から見ても、顧客との関係は長く、頼もしい実績がある。造園サービスも提供することで、顧客との接点を絶やさず、年間を通した事業収入を期待できる。

ジョン・ウォリローの著書『The Automatic Customer』は、売上の信頼性、ひいては会社の価値を高めるためには、サブスクリプションモデルを採用すべきだと説く。永続的に利益を出す会社と基本的な考え方は同じで、いわば「サービスとしてのソフトウェア」によるサブスクリプションモデルだ。

だが、毎月繰り返し収入が発生する会社に限る必要はない。

配管、クリーニング、電気、ボート用桟橋、運航支援事業（FBO）、幼稚園なども、同じように「永続的」な特徴を持つビジネスモデルになり得る。

これらの市場で提供価値を差別化するのは難しく、各社は激しい価格競争を繰り広げることが多いため、その会社の原動力となっているものが何かをよく検討する必要がある。永続的に利益を出す会社の欠点があるとすれば、それは成熟市場に見えて、実は業界が細分化しすぎた結果、統合の機が熟しているのかもしれないということだ。

私がハイスクールに通っていた1990年代前半、フィルム現像は45億ドル産業で（＊37）、見るからに安定していた。永続的に利益を出す会社を探している人には、恐らくうってつけの候補だった。でも、これらの会社オーナーにとって不幸なことに、デジタル写真が新たな品質レベルに達し、90年代の終わりには広く普及していた。フィルム現像業は馬車のむちと同じ道をたどって時代遅れになったが、最大規模のいくつかの事業者は2000年代半ばまでどうにか生き残った。

どんな会社も破綻や混乱のリスクがある。**永続的に利益を出す会社は、成長よりもそのリスクから逃れることを優先し、そのために細心の注意を払う。しかし、この種の会社は概して経済状態が健全で、買収に適している。だが先走るのはよそう。**事業戦略や機会評価については、あとでまた詳しく述べる。重要なのは、永続的利益モデルの長所と短所をとにかく明らかにすることだ。

＊37 https://tedium.co/2017/06/01/photo-processing-history-main-stream-phenomenon/

立て直し

　オペレーションに長け、財務やキャッシュフロー管理に詳しい人なら、「立て直し」はチャンスの宝庫だ。

　落ちぶれた会社を買い取り、オペレーションの改善、効率アップ、顧客への提供価値の強化を目標にする。相当なリフォームを要するボロ家みたいなものだ。しかし、最悪の状態にある会社——場合によっては破産した会社——に最高の機会が埋もれていることが住々にしてある。

　この手の会社はふつう利益を出していないから、利益目的ではない。簿価や清算価値などの関係で、利益を出している通常の会社より安く買えるのだ。会社の立て直しをめざして債務を引き継ぐにしても、その額が大きすぎるとまずいが、清算価値のわりに大した債務ではないケースもある。

　これらの会社はたいていややこしい問題を抱えているものだが、それでもオペレーションの専門家にすれば、このチャンスはダイヤモンドの原石だ。資産を有利な値段で買い取り、「手直し」することができる。ポイントは、業績がよくないせいで、資産が通常の評価額より安くなることだ。清算価値と同じ水準まで下がることもある。

　2017年8月、『ウォール・ストリート・ジャーナル』はダイエッ

トサポートを手がける上場企業、ニュートリシステムの見事な復活劇を報じた。同社の売上と利益が何年か低下し続けていた2012年、ドーン・ツィエールが社長兼CEOに就任した。彼女の努力により、年間の利益は4倍になり、株価は700％上がり、売上は16四半期連続で増加した。

　これは立て直しが奏功した完璧な事例だ。このきわめて高い成長率によって、会社の顧客と株主の両者に多大な価値がもたらされた。大切なのは社内でのものごとの進め方を見直すことであるが、それには難しい決断や心痛が伴う。間接費はただちに削減しなければならないことが多く、それはとりもなおさず初日に社員のクビを切ることを意味する。

　立て直しに際して大事な基本条件は、会社がつくっている製品と市場の適合性、製品に対する継続的な需要などだ。ポテンシャルを引き出せるかどうかはオペレーションの改善にかかっている一方、リスクは実行力の有無くらいのものだ。ツィエールにはその力が十分あった。

高成長

　どんな会社でも結局、売上と利益の伸びが企業価値を最大化させる。たとえば、売上を3年間大きく伸ばし続けた会社は、多くの買い手を惹きつける。要するに、こうした会社の現オーナーはよく稼いでいる。

　高成長のよい点は、製品・サービスの需要が明らかにあるこ

とと、その会社がそれをきちんと顧客に届けていることだ。よくない点は、売上と利益の伸びが価値を押し上げた結果、値段がその分高くなることだ。買収後も同じ成長率が続く限りは問題ないが、高い買い物をするのに借金をたくさんした場合はリスクが増す。

　というのは、毎月の債務返済が間接費になり、どんな事情があろうと払わなければならないからだ。実現しない成長分に高いお金を出してしまった場合は、元が取れずに終わる可能性がある。第2章で安全マージンについて述べたが、過大な支払いはその安全マージンを減らしてしまう。

　加えて、売上の伸びが高いと資金繰りが厳しくなりやすい。なぜなら、その成長に追いつくため、会社が毎月稼ぎ出す資金を再投資する必要があるからだ。それがインフラの増強であれ在庫の拡充であれ、需要増に対応するための経費も増える形になる。すると運転資本がもっと必要になる。

　したがって高成長買収には2つのリスクがある。成長が続かなければ過剰投資となり、キャッシュフローを圧迫する。一方、急成長を続ければ運転資本がもっと必要となり、やはりキャッシュフローを圧迫する。いずれにせよ、さらなる資金注入が必須である。

　2001年5月、『ハーバード・ビジネス・レビュー』はニール・チャーチルとジョン・マリンズによる論考「How Fast Can Your Company Afford to Grow?」を掲載した（邦訳は『DIAMOND ハーバード・ビジネス・レビュー』2001年11月号「内部資金だけで成

長する法」)。そのなかで著者たちは、営業資金サイクルの評価方法を指南し、必要に応じてそれをどうコントロールすればよいかを説明している。ビジネスサイクルのなかで現金を自由にできない期間を知ることが、さらなる現金を必要とせずに会社をどれだけ速く成長させられるかの決め手になる。

　なかなか複雑で分析が容易ではないが、非常に有益な考え方だ。私は会社を買う前にはこれを繰り返し参照し、各社のキャッシュサイクルやその必要性を綿密に理解してきた。もうひとつ役に立つのが、高成長企業の損益計算書を現金ベースと発生ベースで調べることだ。これによって、高成長企業を分析するときに有効な指標である月当たりの売上原価や在庫需要の違いがよくわかる。

　私はこの分析をしてから、あるメーカーを買収したことがある。分析の結果、その会社は追加の資金注入を要するまでに前年比42％成長できることがわかった。メーカーにしては高い成長率なので、心配はなかった。1年半後、優秀な経営陣のおかげで、会社は1年間に35％以上の成長を遂げていた。文句ない数字だった。問題は、これが大きな会社が関わる大きなプロジェクトを通じて起きたことにあった。よって在庫がもっと必要になり、サイクルタイムも長くならざるを得ず、その結果、現金がタイトになり、成長のための資金をさらに要した。言ってみれば贅沢な悩みだが、会社経営のために現金がさらに必要となってそれが果たせなければ、会社の評判に傷がつきかねない。

高成長企業はよい投資先となって、我々を大いに楽しませてくれる可能性がある。しかし、結果のばらつきが大きいためリスクを伴い、価格も高くなりやすい。本質的には立て直しの逆だ。トラブルを抱えた会社ゆえのリスクではなく、需要が高い会社なりのリスクが加わるのだ。

プラットフォーム

　プライベートエクイティの世界でプラットフォーム企業といえば、ある会社が特定の業界で最初に買収する企業を指す。いわばその業界への入り口であり、プラットフォームと呼ぶのは、その会社を成長させようとしているからだ。基本的には費用を削り、価格を上げ、本業の成長をどうにかめざし始める。そこから、同じ業界の別の会社を買収して、プラットフォームに付加したり取り込んだりすることがある。

　ここで言うプラットフォームは同じような意味あいだ。**買収起業におけるプラットフォーム企業では、基本的にその買い手自身がCEOを務める。**前章で、特定の価値構築活動に応じた強み、目標、関心をもとに、あなたがこの会社に何を提供できるか、時間を割いて考えてもらった。

　あなたは「3つのA」に取り組みながら、買収した会社の価値をどんな方法で高めたいのかを明らかにした。マーケティングか、本業の売上か、それとも優れたオペレーションを通じてか。プラットフォームは——理想的には——それらの機会すべ

てを可能にする。プライベートエクイティ・ファームも同じようなチャンスを探している。しかし、プラットフォームを特徴づける主要因（ドライバー）は、あなたの才能や活動目標に合った成長機会である。

「高成長」「立て直し」と同じく、「プラットフォーム」企業の場合は、あなた独自のスキルやモチベーションを通じて価値を生み出すチャンスがある（＊38）。このとき問題になるのは「どうやって成長させるか」だ。

　もしB2B営業の経験があり、そこが自分の得意分野だとわかっているなら、経営状態がよくオペレーション上の相性もよいが、強力な営業部隊がいない会社を探すのが正解かもしれない。

　もしある業界の知識が豊富で、サービス型ソフトウェア（SaaS）モデルをそこに構築したいなら、そうした展開に適した顧客ベースを持つ会社を探すことができる。

　もしあなたがオペレーションの専門家なら、マーケティングはしっかりしているが、プロセス効率が悪く、品質保証に改善の必要がある会社を探すのがよいかもしれない。腕まくりをして会社の利益改善に当たることができる、そんな機会を探すのだ。

　あるいは、もしオンラインマーケティングに強いなら、従来のチャネルを通じて首尾よく製品を売っているが、オンライン営業にはまだ目を向けていない既存企業がたくさんある。あなたのスキルにもってこいのターゲットだ。

ターゲット企業を決める際、あなたが望む成長機会を具体的に当てはめてみることが、サーチプロセスを組み立てる唯一最善の方法だ。こうすれば自分がどんな会社を探しているかがわかり、見つけたときにも自信をもって案件を推進できる。

　プラットフォーム企業のプロファイルはさまざまだ。永遠の利益、高成長、立て直し——そのどれにもなり得る。もっと言えば、それらの中間に位置する可能性も高い。そこそこ安定し、そこそこリスクがある、ちょっとした「優良」企業。しかし目標は、提供される成長機会に基づいて買収ターゲットを決めることにある。

　一部で知られた事実だが、イーロン・マスクがペイパルを買収したのは、自身の似たようなスタートアップであるXドットコムが破綻同然になったときだ。買収相手のピーター・ティールはその後、CEOとしてペイパルを経営した。テスラもそうだ。イーロン・マスクが創業者と思われているが、立ち上げたのは別の2人で、マスクはむしろ中興の祖といえる。

　ゲイリー・ヴェイナチャックは両親の酒店を引き継ぎ、ワインのネット販売に目をつけて売上を300万ドルから6000万ドルに伸ばした。オンラインマーケティングのスキルを、プラットフォームが提供するまたとない機会に適用した結果である。

　ワービーパーカーの共同創業者ジェフ・レイダーは、アンディ・カッツ・メイフィールドとともに、サブスクリプションベースのシェービング会社、ハリーズを立ち上げた。その前段としてドイツのかみそりメーカーを1億ドルで買収し[*39]、過

去の経験を活かしてオンラインで会社を成長させた。現在、ハリーズの年間売上は7000万ドルに達すると見られる。

　ほんの数例を示したが、このように、市場機会をモノにするための企業買収は、売上50万〜500万ドルの会社を探している起業家にとって有効なだけでなく、最高水準のイノベーションにおいても機能する。

　しかし、超アグレッシブな成長しかめざさないプラットフォームモデルを説明したいとは思わない。実際のプラットフォームはたいがい、地味な成長を支えるものでしかない。「高成長」ほどではないが、「永遠の利益」は上回るというレベルだ。毎年10％増くらいの目標が妥当だろう。

　先に挙げた事例はどれも、どんな成長機会を実現したいかを何よりも優先してターゲット企業を定めた。それがプラットフォームプロファイルの原動力だ。

＊38　「永遠の利益」の場合は恐らくその逆で、安定性とリスク管理の最大化が眼目になる。

＊39　https://www.inc.com/magazine/201605/bernhard-warner/harrys-razors-germanfactory.html（編注　現在アクセス不可）

成長を求めて

　私は会社を見るとき、必ず成長への道筋を明らかにし、アップサイドポテンシャルがどれくらいあるかを知ろうとする。この会社はどれくらい大きくなれるか？　会社の価値を支えるド

ライバーを理解し、どうやってそれを拡張するかを考えようとする。どうやって加速させるか、変更するか、または維持するか?

このように会社を見ると、何が成長戦略かを向こうから語ってくれる。自分に合った会社を見つけようとするとき、これはきわめて重要だ。

エリック・リースは『リーンスタートアップ (The Lean Start-up)』という著書で、起業に際しての製品開発の変更を「ピボット (pivot)」という言葉で表した。市場が求める製品をつくり、プロダクト・マーケット・フィットを実現するため、ユーザーデータや顧客フィードバックをつねに参照しながら製品を微調整するのだ。

経営の世界では、これは日常茶飯事だ(スタートアップにはまるで思えないが)。企業はイノベーションを必要とする。絶えずということではなく、ここはという節目で革新が求められる。業界のニーズの変化についていくことが、会社を長持ちさせるポイントだ。

会社を見るときは、その会社が何を提供してくれるかを見極めよう。その会社、その業界にどんなチャンスが潜んでいるか?そのチャンスをものにできそうな会社か、利点と欠点は何か?成長機会を実現するうえであなたの強みや目標がぴったり符合し、隠れた価値を引き出せそうなら、それがあなたのプラットフォームだ。

会社の探索はその意味でダンスにも似ている。まず自分の強

みを明らかにし、買収候補先が提供する成長機会とそれを照らし合わせる。その組み合わせが正しければ、パートナー探しをやめてダンスに専念する。

　買収ターゲットに期待する成長機会を明らかにする、という方法は、一般的な企業買収アプローチとはずいぶん異なっている。だから恐らく、多くの起業家が相手探しを始めても買収に至らない。そもそも何を探しているかを知らないのだ。私はこれまで半ダースほどの会社を買収し、その10倍の会社を見てきたが、どんな成長機会をお望みかと尋ねてきたブローカーは皆無である。彼らが知りたがるのは、私がどんな業界に関わってきたか。それをもとにターゲットを決めようとする。これでは買い手が自信をもって前へ進めないのがおわかりだろう。

　そう、あなたが求める成長機会を明確にしてほしい。営業チームを構築しなければならない会社か？　それともマーケティングの改善か、新たな販売チャネルか、金融工学か、オペレーションの改善か、特定市場の顧客ベースか？　実は、あなたはもうわかっている。ターゲットステートメントはまずこれを明確にすることから始まる。

規模

　会社を買うとなったら、規模が重要だ。一般にターゲット企業の規模は売上で測られるが、SDEやキャッシュフローの倍数も基準になる。**買いたい会社のプロファイルがわかった今、**

次はターゲットとなるSDEを明確にする必要がある。

したがって、売上で買収先を決めるのは間違っている。売上に対する純利益率が70％のSaaS企業を見つけたらどうするか？　純利益率が1％の金属商社だったら？　そもそも基準にすべきなのは、売上ではなくキャッシュフローだ。

SDEの額で判断しよう。復習すると、売り手の裁量的利益（SDE）は、会社の売り手がキャッシュフローを全部でどれくらい稼いできたかを表す指標だ。会社の税引き前利益に、利子や非現金費用（減価償却など）を足し戻すことで算出される（それがEBITDA）。最後に、売り手のベネフィット（給与、保険、自動車費用など）と、その間の一時費用を加算する。

対象候補がメインストリートからミドルマーケット（この定義は主に規模で決まる）へ移行するにつれ、SDEの代わりに調整後EBITDAが指標として使われるようになる。基本的には同じ意味だ。違いがあるとすれば、調整後EBITDAは主にパッシブオーナーシップ（消極的所有）に、SDEはアクティブオーナーシップ（積極的所有）に用いられるということだ。

評価額の算出に際してはいろいろ複雑な計算ができるにもかかわらず、通常の売買はSDE（または調整後EBITDA）の何倍かという数字（マルティプル）に行き着く。会社が小さければ小さいほど、この数字も小さい。SDEが70万ドル以下の優良企業はSDEの2.5～3.5倍の価格で、70万ドル以上ならそれ以上の価格で売買される。調整後EBITDAが200万ドルに達した会社はプライベートエクイティ・ファームの注目を浴び、それら

プロの買い手が競い合うため、マルティプルが吊り上がる。近年は多額の手元資金や200万ドル以下の会社の増加により、プライベートエクイティの活動は比較的低調だ。

その結果、ファイナンシャルバイヤーや買収起業家にとって最も「値頃」な案件は、SDEが25万〜70万ドルの範囲に見つかるようだ。マルティプルは2.5〜3.5倍と低めのままだが、売上と利益が大きく伸びれば4倍も視野に入る。

このグループだけを重視せよと言うつもりはない。利用できる資本が増えれば、その会社の安定性は増す。あなたがもしミドルマーケットの堅実な会社を買える立場にあるなら、その選択肢をめざすべきだ。

また、多くの買収起業家は単独で活動を始めるとは限らない。投資資本を有するパートナーを連れてきてもいいし、起業家をさまざまに支援するサーチファンドによるバックアップを依頼してもいい。パートナーや投資家が加われば、ターゲット企業の規模はたちまち変化する。

調整後EBITDAが100万ドルを超える会社はキャッシュフローの余力がある。クロージング後すぐ、キャッシュフロー管理はあなたにとって第一の優先事項となる。現金に余裕があると、給与アップ、再投資の増額、必要に応じた経営陣の増員などが可能になる。これらの会社はたいてい売上が500万〜2000万ドルで、買い手の安全性が統計的に有意な増加を示す。

マルティプルに関して言っておくと、先に私が示したマルティプル（2.5〜4倍）は少ないという向きもあるかもしれない

が、これは一部のセグメントや買い手に当てはまる数字である。長期間の所有を前提とするストラテジックバイヤーであれば、買収起業家（この場合は「ファイナンシャルバイヤー」に相当）よりもうまみが大きいインフラをすでに持っている、別の会社をねらうだろう。ストラテジックバイヤーは惜しみなくお金を出すため、マルティプルを押し上げる傾向がある。ただ先の事例では、特定範囲のSDEに絞って話をしたということだ。また、ペパーダイン大学のプライベート・キャピタル・マーケット（民間資本市場）レポートによると、この説は何年も続けて裏づけられている(＊40)。

売上ではなくSDEで買収先を判断するというのは、つまりその会社が提供するキャッシュフローや、あなたが支払う余地のある価格をもとにサーチを行うということだ。これもターゲットステートメントの構成要素となる。

BuyThenBuild.comでは、規模に基づくターゲットサーチに役立つ簡易ツールを利用できる。一定規模の会社を買収するのに必要なエクイティ（自己資本）の額が計算できるほか、手持ちの投資資金で買収できる会社の規模を知ることもできる。とにかく、どんな感じかを見てみよう。

手持ちの投資資金で買収できるのがどんな会社かという計算は、ごく単純には次のようになる（あくまで概算であり、あなたが現状で買えそうな大まかな範囲や、結果に影響し得る各種の変数を示すにとどまる）。

会社を買うのに用意できる流動資本の額がXだとしよう。

　Xを10%で割ると、90%のレバレッジドポジションにおける会社の購入価格（PP）が得られる。これは銀行融資によって注入できる資本の最低額で、会社の最低限の資産価値を想定している。購入価格の10%しか投入しないとリスクが高まるが、ROIは最大化する。

$$X / 0.1 = PP$$

　先に述べたように、購入価格は売り手の裁量的利益（SDE）の何倍か（マルティプル＝M）で導き出される。

$$PP = SDE \times M$$

　この式の両側をMで割ると、特定の購入価格とマルティプルに対するSDEの値がわかる。

$$PP / M = SDE$$

　これによって、あなたが返済できる債務の額、または銀行へ出かける前に自身で調達すべき資本の額を前提とした、現状で可能なSDEの範囲がわかる。

　他に考慮すべきは、基本的な運転資本（売掛金−買掛金＋在庫）、それ以外に付加すべき運転資本など。銀行での売買手数料も融資額に組み込まれるので、あなたはその10％を前払いしなけ

ればならない。さらに——債務水準が高い時はとくにそうだが——会社に現金の余裕がなくなった場合に備えて、現金をいくらか確保しておいたほうがいい。

仮の例で計算してみよう。

ナンシーは会社の買収を決心する。退職金とは別に20万ドルの貯金をなんとかつくった。これを買収のために使おうと考えている。

運転資本と売買手数料が少しばかり必要なのはわかっている。

運転資本は、売掛金－買掛金＋在庫、それから初日に必要となるそれ以外の現金。

売掛金－買掛金は10万ドル、在庫は10万ドル、クロージング時の追加の現金が10万ドルと見積もった。

SBA（中小企業局）のウェブサイトによると、500万ドルの融資に伴う手数料は13万8125ドル（＊41）。ナンシーはそこまで融資に依存するつもりはないので、SBAと銀行の手数料でざっと10万ドルと想定。つまり、運転資本とクロージング時の現金で計40万ドルが必要になる。そのうち90％は銀行から借りられるので、彼女が自ら現金で用意するのは10％、すなわち4万ドル。

手元資金をいくらか持っておきたいので、それを6万ドルとして、買収に回す資金は10万ドルになる。

> 貯金20万ドル － 4万ドル － 6万ドル ＝
> 10万ドル（投資資金）

その10万ドルを10％で割ると、購入価格は100万ドル。

> 10万ドル ÷ 0.1 ＝ 100万ドル

その100万ドルで、平均より少し上の会社を買おうと考える。「立て直し」ではない、その規模の会社の平均3を上回るマルティプルのターゲットだ。ナンシーは3.2が適正だと判断する。

> 100万ドル ÷ 3.2 ＝ 31万2500ドル

したがって年間SDEは31万2500ドル。SDEの金額は一般に売上の10 ～ 20％だから、利益率が極端に高かったり低かったりしない限り、ターゲット企業の売上は150万 ～ 310万ドルになる。

債務の返済は金利6％で10年間。これをSDEから差し引くと、債務返済後の税引き前キャッシュフローは16万5853ドルとなる。

結論として、総投資額14万ドルに対して、118％の16万5853ドルをリターンとして生み出すことができる。これは個人の所得にしてもいいし、会社に再投資してもいい。

ひととおりの計算を終えたナンシーは、SDEが30万 ～ 35万

ドルの会社をターゲットにすればいいと納得し、この知識をもとにターゲットステートメントを作成する。

算盤をはじいたところ、会社を毎年10%成長させることができれば、売上は400万ドルを超え、債務は完済し、年70万ドル以上の儲けが出る。会社を買うというのは、創造性を高め、自身の強みを活用し、富を築くための手段なのだ——彼女はそう考えるようになる。

求める機会プロファイルと、ターゲット企業のSDEの範囲が明らかになったら、ターゲットステートメントの完成までもう一歩だ。最後は、核となる業種を決める必要がある。

＊40 https://bschool.pepperdine.edu/institutes-centers-research/centers/ applied-research/content/private-capital-markets-report-2017.pdf （編注 現在アクセス不可）

＊41 融資が500万ドル（うち75%、375万ドルが貸し手の銀行に対して保証される）の場合、融資手数料は、最初の保証額100万ドルの3.5%（3万5000ドル）＋残る保証額の3.75%で、13万8125ドル。

業種

どの業界で買収するかは重要だが、会社を探すときに特定の産業に絞ってしまうべきではない。 ここまでの準備作業でおわかりかと思うが、産業は多くの人々にとって成功のドライバーではない。

製造、販売、製品、オンライン、サービスなど、もっと大まかな業種分類のほうが、正しい基準でターゲットを定め、探索

網を広げ、結果的により多くの機会を検討することができる。

　どの業界も似たような特徴を持ち、差異よりも共通点のほうが多いから、大枠の業種でターゲットを探すほうがよいと私は思う。

　とはいえ、特定の業界ですでに有用な関係を築いている人は少なくないだろう。どこかの業界で10年間働き、顧客と関係を築いているなら、その業界にいたほうがスピードも上がりやすいだろう。だがそれでも、そうした関係を当たり前のものと思わず、じっくり考える必要がある。どんな製品・サービスであれ、ほとんどの顧客は、なじみの販売員がライバル会社に移っても元の会社から買い続けるものだ。

　同じように、ある業界に特有の知識を持っているケースもあるだろう。それは短期的には有利かもしれないが、もし別の業界の、しかし同じようなスキルを必要とする会社を買った場合は、それまでの経験が新しい分野でも役に立つ。するとたいてい知見が深まり、仕事の進め方が改善される。

　多くのVC企業は成功実績のある起業家をひいきにしたがるが、業界へのこだわりはない。企業研修プログラムでも同じようなことが言える。新人は「悪習」を引きずっていないので、経験がものを言うということがない。

　要するに、特定の業界で働いた経験があっても、よく考えなさいということだ。その経験は本当に価値――顧客との関係など――をもたらすか、それとも新しい業界で一から学習したくないだけなのか？　もし後者なら、自分が提供できるものをよ

く考え、サーチ範囲を広げたほうがいい。つまり特定の業界ではなく、業種をもとにターゲットを探すのだ。

　特定の業界に絞って買収先を探すのが正解である場合もなくはない。あなたがもし歯科医だったら、どんな会社を買えばよいかは明らかだ。弁護士や会計士、ファイナンシャルアドバイザーについても同様だ。これらの会社や組織はサイドビジネスとして立ち上げやすいことも多いが、廃業する小さな事務所を買収したり、ロールアップ戦略で同業他社を次々に買ったりするのもよい方法である。

　『Cracking the Code』の著者で公認会計士のジョン・ブライは、LBAヘインズ・ストランドという自身の会計事務所でこれと同じことをした。買収を通じて同事務所を飛躍的に成長させたのだ。まず手始めに会社を買うというのは、まったくもって有用な戦略だ。買収を通じて自分の会社を成長させようとするときは、業界を特定するのが往々にして必要不可欠だが、プラットフォーム企業にはそれは当てはまらない。

　どちらかといえば、業種でターゲットを決めたほうが検討できる案件が増え、なおかつ目的に沿ったものが見つかりやすい。だから業界を決める際は、できるだけ範囲を広げることをおすすめする。

製品、販売、サービス

どのビジネスも恐らく、製品の提供、販売、またはサービス

の提供のどれかに分類できる。**ターゲットステートメント作成時に使う主な業種はこの３つだ。**どれがあなたにぴったりかは、すでにはっきりしているかもしれない。

　製品を探しているあなたは、メーカーになりたいのか、それとも単にその製品のリセラーになりたいのか？　製品企業といえば、製品をつくるメーカーかもしれないし、ブランドの権利を有し、サプライヤーから製品を仕入れ、販売チャネルを管理するだけの会社かもしれない。

　たとえば、多くのメーカーは創業から長年たち、システム（マーケティングのシステムなど）が時代遅れになっている。もしあなたがデジタルマーケティングの導入というアイデアにこだわりたいなら、そこを中心に検討すればいい。言い換えれば、あなたがメーカーを探したいのは、製造したいからではなく、オンラインマーケティングの欠如ゆえの成長機会があるからだ。具体的な成長機会があれば、業種は後からついてくる。だから初期の段階では、対象産業を・ゆ・る・め・に定義するほうがいい。

　販売企業は、在庫の調達・管理を行っているかもしれないし、国際物流の調整を手がけているかもしれない。あるいは製品のリセラーかもしれない。販売（ディストリビューション）のコアコンピテンシーは、物流管理、チャネル管理、サプライチェーン効率化、または製品の仕入れ・販売に応用できる。

　サービス業は、世界の労働者の３分の１以上の雇用を担っている。そこには、法律、会計、銀行、広告、ソフトウェアエンジニアリング、IT、医療、非営利事業、教育、小売り、はた

また受託軽工業などの専門サービスが含まれる。

製品、販売、サービスという３つの業種は、市場に提供される３つの価値を表しており、恐らく産業を決めるうえでの三大差別化要因である。これらの業種のうち１つか２つに的を絞ってターゲットステートメントを作成しよう。どんな会社を探しているかがわかる程度に具体的でありながら、具体的すぎてチャンスにめぐり会えないということがない──そんな内容にしたい。そのバランスを正しくとるには、内省をさらに深めて、自分が望む具体的なドライバーを明らかにする必要があるだろう。

業種が決まったら、ビジネス・ブローカレージ・プレス社の『ビジネス・リファレンス・ガイド』（＊42）を見てみよう。これはトレンドや評価、利益率、費用の内訳、その他のベンチマークデータ、専門家のコメントなどを参照できる優れたツールだ。ブローカーなら必ず持っていて、あなたにも見せてくれるはずだが、オンライン購読料が月に20ドルそこそこだから、これであらゆる可能性を事前にチェックしておきたいところだ。さもないと個々の案件の細部に惑わされて正しい判断力を失ってしまう。また後日、このガイドを使えば、潜在的な機会をあらかじめレビューする一方で、その会社が業界でどのレベルの業績（高水準、低水準、標準）をあげているかがわかる。それだけの情報が得られるのだから、大した費用ではない。

＊42 http://businessreferenceguide.com

リミッター

ターゲットステートメント完成前の最後に、少しばかり「消去」を行おう。会社探索の「リミッター」、すなわち絶対に考慮したくない要素を明らかにするのだ。考慮に値しないものを取り除くことで、さらに的が絞りやすくなる。

第一のリミッターは地理的な優先順位だ。最善の機会がある場所なら、あなたはどこへでも引っ越せるか？ それとも同じ場所にとどまる必要があるか？ 今の場所から離れられないとして、どのくらいの距離なら通勤できるか。それとも、会社の移転がラクなオンラインビジネスを希望するか。

ここだけは嫌という業界があるか。それをどう一般化して定義するか。不動産を購入できないときはどうするか。不動産購入が必要ならどうするか。後のちそういう事態に直面したときに備えて、あらかじめじっくり考えておいたほうがいい。

ターゲットステートメント

本章であなたは、身につけているスキルに照らして、自分がどんな機会を探しているのかを明らかにし、ターゲットにしたい会社の規模について考え、業種を特定し、リミッターを検討した。

企業買収の成功率が10％しかない理由のひとつは、本章で見てきたようなことさえ明らかにしないまま、何カ月も何年も

過ごす人が多いからだ。彼らはタイヤを蹴ってみる程度の調査だけで時間を無駄に使い、自分たちの行動に何が足りないかに気づかない。

　さていよいよ、以上のすべてをもとにターゲットステートメントをつくってみよう。これはサーチを始めるときのコンパスの役目を果たす。次のようなイメージだ。

　私が探しているのは（製品・販売・サービス）（いずれかを選択）会社。成長機会は（　　　　　）にあり、生み出す利益規模は（　　　　　）（SDEで記載）。ただし（　　　　　）（リミッターを記載）。

　順序は問わないし、当てはまらないものは割愛してもよい。重要なのは、すべての側面を検討することだ。いくつか例を示そう。

「私が探しているのは販売会社。営業・マーケティングのプロセスが整備されているが、オペレーションがまだまだ弱いところ。SDEは30万〜40万ドル。ただしシカゴまたはその周辺にあること」

「私が探しているのは製造会社で、Eコマースをまだ導入していないところ。SDEは25万〜30万ドル」

「私が探しているのはITサービス会社。オペレーションは安定しているが、B2B営業が弱いところ。SDEは75万〜100万ドル。南西部にあること」

「私が探しているのは不動産関連のサービス会社。成長ドライバーとして直販を必要としているところ。SDEは40万〜50万ドルで、ポートランド周辺域に所在」

　時間をとって正しいステートメントを完成させよう。それは買収起業に関して最もよく訊かれる質問の、最初のピースとなる。次章ではその質問について説明する。

第5章
サーチ

買収起業という考え方を紹介したあと、最初に必ず訊かれるのは「なるほど、でもどうやって会社を探すのですか」である。本章ではその質問に答えたい。

多くの人は買収先の探索を始めるに当たって、ネット上のリスティングサイトをチェックし、売り出し中の会社を見つける。本気で買おうという人は次にブローカーや仲介者に接触する。こうして本格的にサーチを始めた数少ない者のうち、最終的に会社を買うのは10人にひとりにすぎない。現状のプロセスは明らかに間違っている。成功率はもっと高くていいはずだ。

しかし機密性が高いこと、売り手・買い手とも経験が少ないこと、会社の売買が個別ばらばらに行われがちなことなどから、企業サーチのプロセスには不透明な部分が多い。**手短に言えば、たいていの人がやっている3つのことはやらないほうがいい。つまり、インターネットに依存しない。ひとつのブローカーだけを当てにしない。そして、リスティングだけに頼らない。**どれも使える手段ではあるが、やり方は自分で決めるべきだ。求めている会社はすぐそこにある。CEOとしてのあなたの最初の仕事は、それを探しに行くことだ。

　ここまでの章では、成功へ向けた準備をしてきた。もしあなたがそこを飛ばして、会社探しに関する本章をいきなり読み始めたとしても、それを責めるつもりはない。誰もがそこをまず知りたがるからだ。**しかしそもそもサーチを成功させるためには、しかるべきマインドを築き、３つのＡを検討し、ターゲットステートメントを固めることが前提条件になる。それらを割愛したら、あなたも10人中９人と同じ誤りを犯してしまう。**

インターネットに依存しない

　ほとんどの人はまずBizBuySell.comのような人気サイトを見つけ、暇な時間になんとなくリストを眺め、結果的にとてつもない時間を費やしている。これだけはやめたほうがいい。こうしたサイトやその内容を知ることは必要だが、これを習慣にしてしまうと、あなたの取り組みは最初からつまずいてしまう。

　第一に、こうしたサイトを暇なときに訪れるのはよそう。Ｔシャツを買いに行って、ぱっとしないものを素通りするのとはわけが違う。これはひょっとしたら今までの人生で一番真剣な探し物かもしれない。それを受け身の姿勢でやってはだめだ。

　会社探しにおける正しいマインドとはたとえば、正しい会社を見つけるぞと全身全霊を傾け、半年以内に買収を実現させることを意味する。真剣な買い手ならそれは絶対可能だし、本書の第１〜４章を読んだ買い手ならその準備ができているはず

だ。

　こうしたコミットメントはとても重要だ。融資を受けたり、投資家を集めたりするには時間がかかる。デューデリジェンスにも、法的なやりとりにも時間がかかる。ものごとがうまく進まないこともある。取引を撤回したり、デューデリジェンスを拡大したり、あるいは売り手が手を引いたりというケースもあるだろう。するとどうしても遅れが出る。こうした可能性を認識していれば、ある種の緊迫感をもってまめに取り組むことができる。多くの買い手にはこの緊迫感がない。あなたは冷やかし客ではない。明確な目標とやる気を持ち、準備ができている。

　だから、このように整然と、まめに取り組まなければならない。それがあなたの仕事である。**リスティング用のフォルダーをつくっておき、業界、場所、売上、希望価格など、追って使える重要な情報をスプレッドシートに記録しよう。**

　リスティングサイトを見てほしい理由があるとすれば、それはそこにどんな情報が載っているかを知り、いろいろな探索方法があることを理解してもらいたいからだ。また、アドバイザーの時間をあまり無駄にせずに追加情報を入手できるからだ。練習場所にはもってこいと言える。さらに、容易に入手できる大量のリストを後日ブローカーから渡されたとき、「これは見たことがある」というような見極めがしやすい。BuyThenBuild.comではこれらのサイトの一覧を掲載している。

　だが、あなたのターゲット企業はこのウェブサイトには載っていない可能性が高い。

　これらのサイトで見つかる会社には3つのタイプがある。ジャンク企業、非成長企業、優良企業だ。ここで言う「非成長」とは、コインランドリー、洗車、レストランなどを指す。自分に合うと思うなら投資先として考えても構わないが、成長型マインドの買収起業家は拡張可能な会社を探すか、3種類あるという事実を前提に戦略を立てる。また、どのタイプであっても規模は比較的小さいから、あなたが望むSDEまたは調整後EBITDA（＊43）の額が大きければ大きいほど、そこに見つかる可能性は低くなる。

　重要なのは、オンライン市場には「優良」企業があるけれども、他のタイプに混じっていて見分けにくいということ。しかも最初に売れるから、他の2つを引き当てやすくなる。時間をかけて見ていたら、どれが売れてどれが残るかがわかるだろう。

　そのうえ、ブローカーはネット掲載を通じて潜在的な買い手を増やそうとする。ただし「よくない」買い手に引っかかってはいけないから手間も増える。そういう非効率な面をなんとかするため、彼らは一定の買い手を吟味し、その界隈に働きかけたあとに、オンライン市場への掲載を決める傾向がある。つまり「下流」は貧乏くじを引きやすいということだ。

　投資銀行やプライベートエクイティの専門家は「ディールフロー」を重視する。プロの買い手が単発の素人と違うのは「誰が取引をしているか」にある。最良のディールフローとは、彼らの会社がつねに売り手のリストのトップに位置し、最良のチャンスを早い段階で見渡せることを意味する。市場が不透明

で細分化しているからそれが可能になる。そしてディールフローの舵取りが彼らにとって重要な条件となる。それができればよい取引にめぐり会えるのだ。

あなたはまさにそこを目指そうとしている。誓って言うが、プロの買い手はネットだけに頼ったりはしない。あなたも外へ出て、関連分野でディールフローを有する人たちに会う必要がある。あなたの場合、それはリストを集めるビジネスブローカーや仲介者、投資銀行家、M&Aアドバイザー（＊44）だ。

その証拠に、あなた自身のネット上での求職体験を思い出してほしい。モンスターやキャリアビルダーのような求人サイトを利用するのもいいが、それらを重視すると十中八九、求職活動はうまくいかない。なぜなら、そういうサイトは人脈があまりない新入社員候補を主な対象にしているからだ。志願者は何千人にも及ぶ。率直に言って、企業はつてを頼っても人材が見つからないときの最終手段としてネットを利用する。全部が全部とは言わないまでも、ほとんどはぱっとしない仕事だ。よい仕事は求人サイトでは見つからない。自分のスキルに合った仕事探しは、たぶん9割が人脈頼みだろう。会社探しでもそれは変わらない。

このトレンドは市場のあらゆるレベルに存在する。メインストリートからミドルマーケットの投資銀行家まで、はたまたBizBuySellからAxial.netまで。ウェブサイトを頼らずに買い手が見つかれば、案件はそこには掲載されない。こうしたサイトはディールフローを持たない人のために存在する。それでも

私が知るプライベートエクイティの専門家は8割以上がAxial
のようなサービスに高い手数料を支払っているが、それは具体
的な取引をするためではないらしい。彼らがそうしたサービス
を利用するのは「誰が取引をしているか」を知り、その人たち
と関係を築くためだ。具体的なリストがほしいのではなく、「上
流」ポジションを確保するためにオンライン市場を利用してい
る。我々も彼らに倣って外へ出ようではないか。

　ただ、ウェブサイトリスティングから脱却する前に、明らか
な例外を伝えておきたい。私の経験では、オンライン企業の売
却に特化したビジネスブローカー業者は、優れたオンラインリ
スティング戦略を実行している。理由は3つあると思われる。

　第一に、彼らは特定のリストを提示する特定の事業者であり、
いろいろなところからいろいろな会社が掲載される投稿サイト
ではない。彼らは全世界に向けて情報を発するのではなく、厳
しい吟味を受けた買い手のコミュニティを相手にしている。加
えて、オンライン企業は社員がほとんどおらず、顧客も集中し
ていないため、機密保持をめぐる懸念もかなり少ない。士気が
そがれる恐れもなければ、主要な顧客アカウントが疑問視され
る危険もない。したがって、これらのリスティングはオンライ
ン市場よりも本質的に上流寄りである。

　第二に、オンライン企業は買い手探しで最もよくあるリミッ
ター――地理的制約――を考慮しなくて済む。つまり、自身の
スキルとめざす成長機会を見定めた買い手にとっては、オンラ
インのほうがリスト探しが効率化される。

第三に（たぶんこれが一番重要なのだが）、オンラインベースの企業は譲渡がたやすい。資産はことごとくバーチャルで、運営者もたいてい1人か2人なので、2、3時間もあれば会社をそっくり譲渡できる。また、グーグルやアマゾン、イーベイなどの著名な第三者機関からたくさんの定量データを直接入手できるので、関連情報の検証も容易だ。

　その結果、質の高いリストを擁する優良ビジネスブローカーサイトがないわけではない。しかし、だからといって、ブローカーとの直接のコミュニケーションを割愛する理由にはならない。

　その好例として、私自身が買ったあるEコマース企業は、そうしたオンラインブローカー会社の創業者から直接紹介されたものだ。彼は、性格や規模が似ている他の会社を真剣に検討中だった10人余りに働きかけていた。私はターゲットステートメントを通じて自分が求めるものをすでに理解していたから、素早く行動を起こし、話を聞いて数日以内に合意書を交わし、この会社——アップフラッシュトイレおよび排水圧送粉砕ポンプ専門のオンライン販売会社最大手——を買収することができた。

　インターネットリスティングを素通りして上流のブローカーに接触すれば、自分自身のディールフローを生み出す助けになる。最終的にオンライン市場に掲載される情報は、それらのリスティングブローカー、さらには同じ企業や近隣企業の他のブローカーが知っている買い手にすでに示されている。知り合い

が誰も買ってくれなかったら、ネット上のリスト（まずは自身の
サイト、それからオンライン市場）に掲載される仕組みだ。

＊43 SDEは「売り手の裁量的利益」。一般にはキャッシュフローのこ
と。

＊44 繰り返しになるが、これらは言葉は違うものの意味はほとんど同じ。
ターゲット案件の規模で使い分けることが多いが、いずれの場合も、
会社の売却手続きや買収先探しをサポートする個人を指す。メイン
ストリートのビジネスブローカーを除いて、ほとんどの場合、資本
の手配もサポートできる。「投資銀行家」と呼ばれるのはそのせい
だ。

ブローカーへの働きかけ

1951年、有名な犯罪者「スリック・ウィリー」サットン（＊45）
は「なぜ銀行を襲うのか」と訊かれて、「そこにカネがあるか
らだ」と答えたと言われる。企業買収が銀行強盗に似ていると
言いたいのではない。**ポイントは、ほしいものがあるところへ
出かけていくのが最も早い直接的な方法だということ。実際、
売り出される会社の管理を仕事にしているブローカーに当たる
のが、買収先の会社を探す最も早い直接的な方法だ。**

会社の売買のように細分化された市場では、概してクオリ
ティがばらつきがちになる。ブローカーや仲介者はあいにく、
買い手候補の大きなばらつきに対応しなければならない。ばら
つきが最も大きいのは初めて買う人だ。恐らくあなたもそうだ
ろう。これまで会社を買ったことがないという人だ。

理由ははっきりしている。つまり、何を探しているのかわからない人もいれば、お金がない人もいる。正しいマインドやコミットメントが欠けている人もいる。そういう人は買うべき会社をようやく探し当てても、引き金を引くことができない。ブローカーは契約が成立して初めて報酬をもらうので——そして成約件数で評価されるので——初めて買う人をたいてい敬遠したがる。

　まさにそのせいで、2004年に初めて会社を買おうとした私の探索活動は失敗に終わった。やり方がさっぱりわからなかったし、ブローカーは本気で取り合ってくれなかった。それに紹介されるのはリストの底辺にいるような会社ばかりだった。もちろん、ターゲットステートメントを作成するだけの知恵も私にはなかった。あなたはそうではない！　マインドセットもコミットメントも十分で、自分が何を求めているかがわかっている。ブローカーをやる気にさせる準備もできている。

　インターネットリスティングを素通りしてブローカーに接触する買い手の大半は、ひとりのブローカーを見つけてその人を長く利用する。スティーヴン・レヴィットとスティーヴン・ダブナーの『ヤバい経済学（Freakonomics）』という著作 (＊46) を参考に、ブローカーがどんなふうにやる気を出すかを明らかにしてみよう。

　仲介者の報酬の受け取り方には若干の違いがある。メインストリートのブローカーとウォールストリートの投資銀行家は提供するサービスが違うけれども、いずれの場合も成約時に報酬

の90〜100％を受け取る。

契約を成立させるためには、買う気がある買い手と売る気がある売り手を価格について合意させる必要がある。要はそれだけだ。

ブローカーが冷酷で利己的な人間だと言いたいのではない。経済的な側面を理解すれば、重要なポイントがいくつか浮き彫りになる。たとえば、彼らは会社の細かい売却価格は気にしない。取引が成立すれば2％とか8％の報酬はもらえるのだ。ところが成立しなければ何もなし、報酬はゼロだ。だから多少よくない価格でも話をまとめようとする。

なりたてのブローカーがまずやるのは、リスト集めに出かけることだ（＊47）。リストがあれば、名刺入れに買い手の名刺がなくても、一部のブローカーは取引を開始する。他のブローカーや見込み客にリストを回覧すればいい。すぐに関心を引くかどうかを確認するため、リストはブローカー会社の他の仲介者や他のブローカー会社に回される。これはだいたい適格登録者への一斉配信メールという形をとる。

ネットワーク内におけるこの予備的な打診で関心を引かなければ、最後はネット掲載ということになる。新参のブローカーもベテランもこのような方法をとる。唯一の違いは、ベテランはキャリアを積み、幅広い人脈を築いているので、売却を検討している会社から近づいてくるということだ。

プロセスの上流にいて、売却を検討中の会社を最初に知りたい――それが人情だろう。質の高いチャンスはたいがいそこに

見つかるからだ。したがってあなたは、手助けしてくれそうなエリア内の関係者全員に働きかけ、人脈を築いていく必要がある。

　上流にいるためには、まず自分自身の態勢を整えなければならない。個人のバランスシートを作成し（BuyThenBuild.comで役立つ情報を入手可）、潜在的な資本支援者とコミュニケーションをとり（＊48）、地元のビジネスブローカーや仲介者、投資銀行家をインターネットで探そう。リンクトインをチェックしよう。これらをリスト化し、それぞれの連絡先を控え、できれば全員と会おう。

　多くの人はこの点が十分でない。初めて買う人はひとりの仲介者に接触し、その人と協力し始める。家を買うのに似ているとすれば、それも合点がいく。住宅購入の場合、買い手の代理人（不動産業者）がいろいろな家を見せてくれるようになっている。ただ、不動産はそれでいいかもしれないが、会社探しではどうか？　多くの人が会社の購入に至らない理由のひとつは、細分化した市場でひとりの仲介者に依存するからではないか。

　先ほど言ったように、ブローカーはリストを集める。だからそう、リストを持っている彼らに直接働きかけよう。ジョーに頼んでジルのリストについても代わりに話をしてもらう、というわけにはいかない。

　要するにサーチの第一段階は、エリアの仲介者全員に会い、自分が探している会社の条件を説明し、彼らの持っているリストを閲覧し、新しいリストが入ったらメールをもらうようにす

ることだ。そうすればディールフローの上流をうまく確保できる。

さっそく電話やメールで会合の約束をとりつけよう。

---

*45 Robert M. Yoder, "Someday They'll Get Slick Willie Sutton," The Saturday Evening Post 223:30, p.17, January 20, 1951.

*46 ちなみに、レヴィットとダブナーの別の本『ヤバすぎる経済学（When to Rob a Bank）』を読んでいたら、スリック・ウィリー・サットンもひとつの教訓を得ていたかもしれない。経済学的には「銀行強盗はすべきではない」というのが答えらしい。なぜなら投資収益率（ROI）が最悪だからだ。

*47 リストとは当然、売りに出ている会社（の一覧）を指す。

*48 資本の支援者とは、買収資金を融資する銀行などの貸出機関ではなく、親や友人、パートナー、エンジェル投資家、投資グループを指す。買収先を探している買い手はよく「支援者」がいると主張するが、それは、必要な投下資本をすべて注入できる状況にないときは、受動的投資家が支援してくれるという意味だ。いくつかの一流ビジネススクールは卒業生支援のために小企業の買収に投資し始めている。

ブローカーに会う

最初の会合で、仲介者は３つのことを知りたがる。

まず、ごく基本的なところで、あなたがどんな人物か。売り手に自信をもって紹介できる人間か？

第二に、お金があるか。会社が見つかったら本当に買うか？

第三に、どんな会社を探しているか。

　一点目は当然だ。時間を守り、知的に見える服装を心がけよう。企業買収について知るためにいろいろな本や資料を読んできたこと、希望する会社の条件を分析してきたことを知らせよう。会合後はお礼のメールを送り、次のステップについて積極的に言及しよう。プロが行う基本的なことを実践すればいい。個人バランスシートや履歴書を会合後にメールすれば、準備のよさとプロ意識の高さに相手は感動するかもしれない。サーチの大半が失敗するのは承知のうえだと説明しよう。ブローカーが買い手に時間を割いても、ほとんどは無駄に終わる。あなたは違う、半年以内に必ず会社を買うつもりだということを知らせよう。協力を仰ぐのだから、時間を割くだけの価値があると確信してもらわなければならない。スケジュールの確証を得るのは、彼らにとってめったにないことだ（とくに最初の会合では）。

　第二に、お金があるか。本当は、彼らはあなたの名前よりもこのことをまず尋ねたい。取引が成立するまでに彼らは相当の時間と労力を費やす。半年から1年半くらいのコミットメントが必要だ。この買い手は最後の最後にはしごを外さない、と思わせることが重要だ。

　ブローカーは最初のミーティングでこれを確認したい。もしあなたが肝心なときに引き金を引くだけの資金を持っていなければ、何カ月もの苦労が水泡に帰す。「買う気がある買い手」

と私が言うのはそのことを指す。買い手は取引を行うための財力を備えているか？　この問いにイエスと即答できることを彼らは望んでいる。

　買収資金をすべて現金で用意できたら、何も言うことはない。それができないときは、ブローカーに働きかける前に資本の「支援者」を確保しておく必要がある。さもないと第一印象が悪くなる。なにやらきな臭いとか、「セラーファイナンス（売り手による買い手への融資）」の交渉をしてくるのではないか、と相手に思わせたらアウトである。

　先日、ある会社と基本合意書（レター・オブ・インテント）を結んだという買収起業家からメールをもらった。メールでの発信を通じて購入価格の30％を投資家から調達するので、買収に自己資金をつぎ込む必要がないという。この高度な戦術は、ミドルマーケットの金融工学に通じた仲介者と関係を築いていない限り、初めて買収する人単独ではできない芸当だろう。恐らくこの買い手自身も資本を持っていたから、ここまでこれたのだと思われる。そういう方法も可能ではあるが、本書は頭金なしで会社を買う方法を指南するものではない。

　ブローカーはあなたに財力があると知って安心したい。できれば購入価格の半分以上を、いつでも利用可能な流動資産で準備してほしいと思っている。そのことを示す個人バランスシートがあれば、それを会合の場へ持参しよう。いつでも彼らに見せられるようにしておくといい。有形資産を担保に銀行が企業買収に融資することを知っていると述べ、自分は融資を受けら

れるはずだと伝えよう。あなたに財力がある、または支援者が
いるとブローカーを安心させることができたら、それはこれか
ら時間を費やしてあなたを助けてくれるパートナーを得たこと
を意味する。

　また、この面談が双方向であることを覚えておこう。仲介者
はクオリティやスタイルに大きなばらつきがあるので、あなた
の相手がどんなタイプかを判断する必要がある。ヘッドブロー
カーがいる会社なら、最初は必ずその人と会うようにしよう。
ブローカーのトップだから、いろいろたくさんの関係者を知っ
ている。あるいは、その会社であなたに最も合ったブローカー
を紹介してくれる。

　次のような点も明らかにしておきたい。そのブローカー会社
は情報をちゃんと検証するか。リストを吟味するか。どのよう
にリストを集めているか。得意な業界があるか。他に誰かサー
チを手伝ってくれる人を知っているか。ブローカーは会社経営
の経験があるか。会社のオーナーになったことがあるか。どう
いう経緯で仲介者になったのか。認定ブローカーか。報酬の受
け取り方はどのようなものか。

　何点か注記を──。私の買収起業の経験では、ブローカーが
金融取引業規制機構（FINRA）（＊49）のライセンスを受けている
かいないかは重要でなかった。ロウアーミドルマーケットでは
ほとんどの場合、買い手は株式よりも資産を買いたがる。また、
ブローカーのライセンスの有無と会社所有経験の有無は、逆相
関の関係にあるように思える。FINRA に認可されたブローカー

は概してサービス業界の経験が長い。企業オーナーや起業家ではなく、株式ブローカー、銀行家、公認会計士、ファイナンシャルプランナーなどの前歴が多い。しかしながら、金融サービス業界でキャリアを積んだ認定ブローカーは、そうでないブローカーに比べて大きな会社の取引に関わりやすい。

ブローカーを評価するときに意味を持つ認証基準がいくつかある。まずはMBAなどの経営学学位。それから、この業界のベストプラクティスに重きを置くプログラムがある。たとえば、M&Aアドバイザーアライアンス（AMAA）による認定M&Aアドバイザー（CMAA）、国際ビジネスブローカー協会（IBBA）による公認ビジネスブローカー（CBI）、M&AソースによるM&Aマスターブローカー（M&AMI）、ペパーダイン大学グラジアディオ・ビジネススクールのプライベート・キャピタル・マーケット（民間資本市場）認証はどれも業界で名高いプログラムであり、プロ意識や研究活動、ベストプラクティスの促進に貢献している。これらの組織に参加するブローカーはプロ意識が高く、幅広い人脈を持つことが多いため、ディールフローの改善を後押しできる。

私の経験では、会社オーナーや起業家だったことがあるブローカーは、買い手と売り手が経験する目に見えない情緒的な側面をよく理解しているので、非常に価値ある働きをしてくれる。

リストを選別するブローカーは、選別しないブローカーとは違う次元の責任を負っている。選別しないブローカーとは仕事

をするなとは言わないが、リストの精選に責任を負わないブローカーが相手だから、目にする情報は最初から疑ってかかる必要がある。したがってデューデリジェンスはさらに重要で、時間も長くかかる。

あなたなら大丈夫と安心したブローカーは、3つ目の質問をするだろう。すなわち、どんな会社を探しているのか。

この質問の意味を誤解する買い手が少なくない。3つのA（態度、才能、行動）を検討し、機会や規模を絞り込むことに時間を割かなかった買い手は、会社探しを始めても決して終わることがない。「こんな業界がいい」と言われて、ブローカーはそれに見合いそうな案件を探しに行くが、結局はターゲットが曖昧ではっきりせず、決着しない。あなたはそうではない。売上よりもSDE、業界よりも成長機会でターゲットを規定していることを説明し、前章で準備したターゲットステートメントを提供する。

ミーティングの終了前に、現状のリストを少しだけ見せてもらおう。すべての案件について詳しい情報を求めるのではなく、いっしょにざっと目を通させてもらい、あなたの基準に合いそうなものがあったら、2、3件に絞って掘り下げる。新しいチームメートであるブローカーとの間に信頼を築かなければならない。案件を絞り、無駄骨を折らせないようにしよう。

別れる前に、ターゲットステートメントを頭の片隅にとどめておいてほしいと依頼しよう。そして売り手になりそうな会社があればピックアップしてもらう。1カ月後にまた連絡会議を

持ちたいと依頼し、メーリングリストに載せてもらおう。

この時点では一切のコミットメントなく手伝おうとするブローカーが多いだろう。代理人契約を持ちかけてくる可能性もある。その場合、月々のサーチ料を払うことになるが、これに応じる必要はない。アクティブリストを持っていないブローカーほど有料でサーチを請け負おうとする傾向が強い。

リストとディールフローを有するのはブローカーである、というのが私の考え方だ。外へ出て全員と話をすれば、案件のありかがきっとわかる。さらに、半ダースくらいのブローカーと会えば、希望する会社を探すうえで誰が頼りになるかもわかるだろう。

＊49 金融取引業規制機構（FINRA）は、ニューヨーク証券取引所、ブローカーディーラー、為替市場など、株式の売却をめぐる規制、執行、仲裁を監督する組織で、米政府の証券取引委員会（SEC）の一部門。私はIT不況時に株式ブローカーをしていたとき、FINRAを通じてシリーズ7および63のライセンスを得たので株の売買ができた。多くのブローカーがライセンスを受けていないのは、資産の売却にはそれが必要ないからだ。主要業務である売り手と買い手のマッチング、取引のコーディネーションにも免許は必要ない。

すべての会社が売り出し中

仲介者はどこでリストを見つけるのか？　リストに掲載されているのは、オーナーがブローカーから接触を受け、売却する

ことに関心を表明した会社だ。

ブローカーは売り手に会い、会社査定の準備をさせ、会社を売ってもよいと思わせるところまで時間を費やした。だから私はリストに大いに肩入れしたい。また、買収プロセスが進むにつれて、ブローカーがいることの多大なメリットをあなたはじかに感じるだろう。

売り手のなかには、自分で考えて納得するまで、会社を売ってもよいと思わない者も多い。一般に会社のオーナーはみんな、自分の会社は今の評価よりもっと価値があると考えている。もしその評価が現実だと知ったら、会社の売却を決めるまでには時間を要する。年間SDEの2.5〜5倍しか受け取れないのなら、売らずに持っていたくなるからだ。3年もあれば同じだけ稼げるというわけだ。

また、オーナーにとって会社は自分の赤ん坊に等しい。手塩をかけて育て上げ、社員や顧客と関係を築いてきた。それは今や彼らの生活そのものだ。売却は大きな決断である。

それでも毎日、ブローカーは会社のオーナーに当たって、会社を売る気がないかを確認する。そして何人かが売ってもよいと同意する。でも実は、すべての会社が売りに出ている。あなたもブローカーと同じように「獲物」探しができる——。

3度目に企業買収を試みたとき、私はブローカー抜きでやってみようと思った。2011年あたりのことだ。私は買収を通じて自社のインフラを拡大したかった。

ターゲットステートメントを作成し、探しているインフラに

適合する会社がないかを調べた。オーナーたちと話し始めてずいぶんたった頃、私はブローカーの真の価値を思い知った。

　オーナーといっしょに会社の評価を行い、心の準備を促し、買い手だけでなく「その案件」にとって何がベストかを協議する第三者がやはり必要なのだ。売り手は考えるべきことがたくさんあり、すべてをただちに理解できるとは限らない。そんなときは迷わず仲介役を立てるのがよい。

　私はよく買いたい会社に直接連絡をとる。Eコマースやフルフィルメントからソーラーエンジニアリングまで、はたまた受賞歴のあるソフトウェアスタートアップから開業100年を超す工場まで、どんな会社もそれぞれ経営ステージが異なるが、どこかで売りに出される。それらのオーナーはブローカーに登録しているオーナーほど売却に積極的ではないだろう。しかし、買いたい会社のオーナーと繰り返し会ううちに、あなたも売却の話ができるようになる。最終的に買収に至らない確率は高いけれども、買いたい会社があったらこちらからコミュニケーションをとるべきだ。

　知っている会社で経営してみたいところを思い浮かべよう。その会社について何も知らなくても、そこが自分にとって魅力的だということが何よりも大事だ。私自身、ある日そんなふうに思い立ち、オーナー（たまたま友だちの友だちだった）にメールすると、何時間もたたずにオフィスに来てくれた。彼は会社を売り出しリストに載せていなかったが、個人的な事情からすでに売却を検討していた。私はブローカーより先に彼と接触した

ことになる。

　結局その会社を買うことはなかったが、その後も同じ方法を何度も試して好結果を得た。連絡をとったオーナーはみんな喜んで話をしてくれた。

　直接働きかけて対話を始める——それが私の基本的なやり方だ。相手が興味を示したら、知り合いのブローカーがいて、会社の評価額を出すのを内々に手伝ってくれるはずだと伝える。そのオーナーが評価額に納得したら、ブローカーが私にその額を提示し、そこから交渉がスタートする。きっかけづくりにはまたとない方法だ。個人的な関係や人脈があれば、それは驚くほど効果をあげる。

　そのほか、私が関心を持った会社を特定し、そのうえで仲介者を雇ってオーナーに接触してもらう場合もある。ある買い手が数社をリストアップしたなかにあなたの会社も入っていた、と仲介者からオーナーに伝えるのだ。これはブローカーのプロフェッショナル精神を発揮させる効果がある一方、ブローカーとしては特定の会社に特定の買い手を紹介するので、評判を落とす危険もある。

　多くのブローカーがこの仕事を請け負ってくれるのは、彼ら自身にとっても営業活動の材料になるからだ。もしあなたがその会社を買わなくても、ブローカーはその1件のリストを手に入れるわけだから、別の誰かに売ればいい。

　プライベートエクイティ・ファームは郵便キャンペーンやメールキャンペーンをすることがよく知られている。私の友人

は先日、このようなサーチを行い、最終的に家計保険の会社を見つけて買収した。私は毎週のように、買収資金を調達しようとする人や、会社売却を考えないかと尋ねる人からメールを受け取る。この細分化市場は健在だ。買収したい会社のことを知っていたら、直接尋ねればいい。たぶん今すぐ――そうでなくとも追って――話を聞いてくれるだろう。自発的な買い手は、売り手にとっては最もラクな相手である。

まとめ

自分が探しているものを理解したら、サーチすなわち会社探しの半分、いや半分以上は終了だ。自分が何を求めているかを知れば、迷わずに素早く前進でき、無駄な時間を節約できる。プロの買い手のように行動でき、自分がいつ、何を、なぜ買いたいのかがわかる。それが本当のイエスか、本当のノーか、それとも次のステップで適合性を評価する必要があるのかを、すぐに判断できる。

とはいっても、よく考えずに急いで行動せよというのではない。むしろあなたは、もっと自信をもってサーチを行い、ブローカーや売り手と話し、チャンスに目を向けられるようになる。

私が会社買収の基本合意書を交わすとしたら、そのおよそ４割は、募集要項（OM）を見て売り手と話してから数日以内に実行できるだろう。３割は１カ月以内に実行できる。このように迅速に行動できれば、すべての関係者にメリットがある。時間

はすべての取引を殺す。そして逆もまた正しい。つまり素早く動けば、買収者として先頭に立ち、他の買い手を排除することができる。

迅速な行動にはメリットがあるが、自分のペースで動くことが大切だ。オファーを出すのは納得できるときだけ、準備ができているときだけにしよう。何か不安がつきまとうなら、それが何かを明らかにし、明確な決定を下せるよう情報をもっと入手しよう。

次章では、他にどんな人脈が必要か、リストをどう評価していけばよいかを説明する。

第 **3** 部

分析

「ものの見方を変えれば、見るものが変わる」
ウェイン・ダイアー

第6章
ディールメイキング

　あなたはここまで企業買収の経済学を学んできた。自身の強みと弱みの評価を含む「3つのA」の調整を図り、「機会プロファイル」のマトリックスを理解し、ターゲットステートメントを作成し、上流へ行くことでサーチを開始した。

　これだけ準備しただけでも、あなたは他の大多数の買い手を一歩も二歩もリードできる。

　次なるステップは、会社を買収できるように案件(ディール)**をまとめることだ。**銀行、ブローカー、売り手、さらにはパートナーとの関係をうまく保とうとしても、まずはその全員について自分自身が納得する必要があるので、なかなか難しい。**本章では、あなたのチームにどんな人が必要か、買収ターゲットの最初のレビューをどのように行うか、さまざまなピースをどのように組み合わせるかを検討する。これらの行動はすべて同時に起こさなければならない。それが「ディールメイキング」の基礎を成す。**

　企業買収は単純で直線的なプロセスではないし、後のちの成功のために今やっておかなければならないことがある。たくさんの変動要素をとりまとめなければならないが、どれひとつと

して同時には存在しない。早めに下地を整え、いざという時に備えなければならない。準備不足で契約がご破算という事態があってはならない。起業は無から何かをつくる作業、何もなかったところに価値を生み出すアートだ。案件をまとめるのはまさにそれに当たる。無から有を生み出すアートである。

たとえば、投資家はオファーがなければ投資できないし、銀行家はディールがなければ融資できない。すると売り手は売却の決断ができず（ましてや投資に見合うリターンが得られる価格では）、ブローカーは買い手を探し続けなければならない。会社がなければ、あなたは買収できない。

ディールメイキングの皮肉は、ディールが俎上に載らなければ、融資をとりつける必要だけはないということだ。

レバレッジ

融資を受けずに会社を買えるだけの現金を持っていたとしても、やはり融資を受けたほうがいい。なぜか？　単純なROI計算だ。150万ドルの現金で会社を買い、25%のリターンがあったら、あなたは満足するだろう。でも、15万ドルだけ前金で出資した場合、同じ資産に対する年間リターンは250%になる（＊50）。

ここでいったん、ディールにとって適正なレバレッジ（借金）の額を確認しておこう。早とちりしてほしくないのだが、つねに90%を借り入れて会社を買うべきだと言うつもりはない。

SBA（中小企業局）の融資を利用すれば、それが十分可能だと言いたいだけだ。しかも第2章で見たように、債務を最大化すれば投資家（この場合は買収起業家）にとってのROIも最大になる。

ただしリスクも最大化する。1990年代前半にこのことを学んだプライベートエクイティ（PE）ファームは、レバレッジドバイアウト（LBO）による買収に30〜60％の資本を入れて投資の安定性を高めている（＊51）。借り入れを多くするかどうかは、あなたと銀行がすべて決めることだ。

反対に、会社を全額現金で買うと、安全性は最大限に高まるが、ROIは最小化する。これもやはりあなたが決めることだ。最大限の借金と最小限の借金——その両極端の方法で会社を買った人たちを私は知っている。最後に決めるのは、あなた（と銀行）だ。

もしあなたが全額を現金で払えるとしたら、それはどんな案件にも現金で対処できるほど裕福であるか、それとも大きな野心を持っていないかのどちらかである。ブローカーやプロの買い手、銀行家に訊いてみたところ、会社を全額現金で買う富裕層はほとんどいないらしい。PEファーム同様、ある程度借金をして買ったほうがROIが高いと知っているから、と結論づけざるを得ない。

いずれにせよ、買収契約をまとめるには、望むか望まざるかにかかわらずレバレッジが必要になる可能性が高い。したがって銀行に融資してもらわなければならないが、私はできるだけたくさん借金を申し込むことをおすすめしたい。理由は2つあ

る。

　第一に、少なめに借りることならいつでもできる。それにどの銀行も、あなたがROIの最大化に関心があるのをわかっている。第二に、最初から最大限の借り入れができるよう銀行に準備させておかないと、数カ月後に契約をクローズできない恐れがある。できるかぎり多くの資本へのアクセスを確保し、その後に意思決定しよう。

　また、購入価格の10％しか出資しなければ、その分は1年以内に回収できる。つまり、その後に生み出される現金は、最初の投資から切り離された追加キャッシュフローとなるのだ。それも永遠に……。

　簡単な例を挙げよう。年間40万ドルのSDEを生んでいる会社がその3.2倍のマルティプル、すなわち128万ドルで買収される。仮に運転資本や売買手数料、弁護士費用、在庫でさらに22万ドル必要だとすると、買い手はクロージング時に10％の資本を注入するために最低15万ドルが必要（128万＋22万＝150万ドルの10％）。残る135万ドルは融資を受ける。

　金利6％の10年ローン（＊52）だと、月々の支払いに1万4987.77ドルが必要で、これはその会社の平均月次キャッシュフロー3万3333.33ドル（40万÷12）の約45％に相当する。すると、税引き前の平均月次キャッシュフローとして、買収起業家の手元に1万8345.56ドルが残る。その全額が出資者（あなた）の懐に入るとしたら、最初の15万ドルの投資を回収するのに9カ月しかかからない。税金を払うともう少し長くかかるが、こ

の計算では会社の成長を想定していない。計算上はそれでよいとしても、あなたはそんな計画でよしとするはずがない。

　15万ドルさえないという向きは、ひょっとしたら買収起業に向いていない。しかし、起業家ならやりようがある。その会社がすでに健全なキャッシュフローを生み出していることを説明して、同社の10%を15万ドルで買ってくれる投資家を探すのだ。エンジェル投資家の多くはこのような取引に応じてくれる。まだ見ぬ会社のCEOとしてのあなたの仕事は、そういう投資家を探し、プレゼンテーションの準備を整えることだ。

　次は銀行だ。

＊50　この事例で150万ドルの25%は37万5000ドルのSDEに相当。15万ドルの初期投資に対して年間SDEが37万5000ドルなら、年間リターンは250%。

＊51　ただ、資本を入れる理由はいささか複雑だ。プライベートエクイティ（PE）ファームは実に膨大な流動資本を保有している（現状で5000億ドルを超す）。それだけの資本を活用できないと、投資家は資金を引き揚げてしまう。また、PEファームは比較的高いマルティプルを要する大規模な会社を買うので、そのリスクにも対応するため、前金を多めに入れるものと思われる。つまり、比較的多額の資本を最初に投入するのは、資金活用の必要性を満たすためもあるのかもしれない。安定性を高めるのが理由か、それとも資本活用が理由か？

＊52　SBAの利率はほとんどの銀行でプライムレート＋2.75%で変動するのが一般的。固定金利はめったにないケースだが、可能ではある。

銀行家への働きかけ

積極的に会社を探し、ブローカーと会い始めたら、今度はなるべく早く銀行と会う必要がある。どの銀行も平等にできているわけではない。正しい銀行から融資を受けるのは簡単だが、すべてのピースがそろっているときに間違った銀行から融資を受けようとすると、案件が破綻しかねない。だから早めにスタートを切ろう。

銀行とのミーティングに向けて個人バランスシートを作成し、過去3年分の納税申告書を準備しよう。BuyThenBuild.comに役立つツールを用意している。それから、第3章でつくった履歴書を何枚かコピーしよう。これらの文書は最初のミーティングの基礎資料になる。

自身の信用調査もしておいたほうがいい。銀行はいずれ、あなたが借りる資格のある人間かどうかを知る必要が出てくる。本書では、買収先の会社と同様、あなた自身も銀行に受け付けてもらえる存在だということを前提にしている。

次に、企業融資やSBA融資の提供経験がある銀行を探す。地域ごとに、SBA融資を数多く扱っている銀行のリストがある。まずはここから始めるのがよい。友人や家族に頼んで、知り合いの銀行関係者を紹介してもらうのも一案だ。信用という点で、知り合いの紹介は大きなメリットがある。

銀行との面談では、まず自分を売り込もう。自分の素性、経験、今後の計画を伝える。ターゲットステートメントも見ても

らったほうがいい。銀行はいろいろな小企業オーナーや起業家と仕事をしているので、もしかしたら売ってくれそうな人を知っているかもしれない。ただし、向こうから積極的に教えてくれるとは限らない。あなたのほうから具体的に尋ねよう。そうすれば売却を検討している人に引き合わせてくれる可能性もある。

　同じように、銀行はM&Aアドバイザーを数多く知っている。誰と接触があるか、誰を高く評価しているか、紹介してもらえないかを尋ねよう。

　どこの銀行も、自分たちがあなたに最もふさわしい理由を売り込もうとする。銀行のビジネスモデルの柱は融資の提供にある。それが彼らの儲けの源泉だ。しかし一方で、自分たちに合わない案件は断りたいとも考えている。どの銀行も融資機会に一番乗りし、それがいるかいらないかを決められるようにしたい。

　彼らがあなたのような案件を受け付けるかどうかを尋ねよう。不動産融資、小企業融資、運転資金融資についてどう思うか、個人保証が必要かどうかを尋ね、事例や関係者を紹介してもらう。これによって仲介者に接触できることもある。こうした銀行とのネットワークづくりの背景には何があるか、おわかりだろうか？

　銀行の大きな秘密をお教えしよう。彼らが融資をするかしないかの判断材料にするのは、銀行だけが知る「預貸率」という指標だ。これは預金に対する貸出金の比率を表し、企業融資を

手がける持続可能な銀行ではだいたい60～70%だが、成長中の銀行は最低でも90%を確保しようとする。この数字が100%を超えなければ、規制当局はふつう口を出さない。**積極的な融資を考えている銀行を探すのが、あなたの目標である。絶好の機会（たとえば、あなたの案件）を見いだした貪欲な銀行は、ただちに資金を供給する。**

だが、預貸率は融資が提供されるたびに変化する。今日はおあつらえ向きの銀行でも4カ月後にはそうでないかもしれない。だから銀行のネットワークを築いておく必要がある。さもないと、いざという時にどこが適当かわからない。もちろん、あからさまに訊いてはならない。大きなお世話と言われるだけだ。その銀行が融資先を積極的に探していそうか、あなたが眼鏡にかないそうか、その感触をつかもう。ちなみに、SBA融資を提供する銀行の場合、SBAが保証する部分は預貸率に影響しない。つまり、突然の心変わりに遭遇しなくて済む。

私は最初に半ダースくらいの銀行と接点を持ち、案件の進行につれて2つか3つに絞るようにしている。3つの銀行を競わせると、クロージング時の金利が最も低くなるからという理由もある。金利の支払いはオペレーション費用に加算され、すぐに使えるキャッシュフローから差し引かれる経費だ。つまり、低い金利は投資リターンを高めるだけでなく、給与や再投資の資金も増加させる。

私の個人的な好みは小さな地方銀行、とりわけ成長戦略を実行中の銀行だ。彼らは案件成立に並々ならぬ関心を持ってい

る。そんな貸し手と関係を築けば資本を充実させることができる。また、あなたがしようとしていることを理解し、誰があなたの支援者かを把握している正しい貸し手を探したい。そういう銀行はあなたのチームの一員になり、いよいよクロージングという時に力を発揮してくれる。銀行次第でクロージングできないこともあるので、彼らのご機嫌を上手にうかがう必要がある。コミュニケーションをとり、懸念事項を絶えず尋ねてこれに対応しよう。

　成長意欲の高い銀行はSBA融資担当者をスタッフに抱えていることが多い。すると、その銀行の戦略があなたのやろうとしていることに合致している可能性が高い。そういう銀行を見つけよう。具体的には「SBA優先貸主」であるかどうかを尋ねる。もしそうなら、成約までの時間を節約できる。場合によって6週間以上の節約も可能だ。なぜなら、優先貸主は外部のSBA処理業者を必要とせず、内部で融資を引き受けられるからだ。

　SBAのミッションは、合理的な条件で資金提供を受けられない小企業に資金を提供することだとされる。現実には、SBAを通せば銀行は無担保融資ができる。というのは、SBAが担保の一部を実質的に肩代わりするからだ。そのため従来の銀行融資より金利は若干高い。SBA専任スタッフがいる優先貸主であれば、その銀行は明らかに買収起業家を支援することで成長をめざしている。彼らはたいてい「優先貸主プログラム（PLP）」に認定され、SBA融資を内部で承認できる。面倒な手

続きも少なくて済む。今のうちにその種の銀行を探して関係を築いておきたい。

　全国規模の大銀行は——時には大手地方銀行も——お役所仕事から抜け出せず、規模の大きなクライアントを好む傾向があるため、とくに初めて会社を買う場合は、融資を受けられる可能性はきわめて低い。それでも、これからスタートというときは、あらゆる銀行と話をし、できるだけたくさん学習するべきだ。どんな出会いがあり、どんなチャンスにめぐり会えるかわからない。銀行とのつきあいは長くて重要なものになる。それに、いっしょに仕事をしたいと思えるパートナーは人生をいっそう楽しくしてくれる。

　とはいえ、あなたはまだ具体的な機会を見つけていないので、銀行はそれを評価できない。とりあえずまだ、あなたは資金を必要としていない。それこそ面談や会合を申し込むベストタイミングだ。経済的に見合う案件に目配りしていることを説明しよう。銀行が何を求めているかを簡単に説明してもらうとよい。そうすれば、どんな案件にどんな銀行が最もふさわしいかという理解を深められる。

銀行が求めるもの

　結局のところ、銀行は融資相手の会社が借金を返せるかどうかを知りたい。彼らが本当に必要とするのはそれだけだ。最低でも利益が負債の1.25倍あること。いや、それ以上を求める

ことも多い。負債・利益比率1.25は最低条件だ。あなたが買収案件を持っていく銀行はどこもこの比率を参考にしているので、負債の返済が問題になることはまずない。返済できないほどの買収価格だとしたら、高すぎなのでそもそも成立しない。

本章で先ほど見た、年間SDE40万ドル、月々の返済額1万4988ドルの場合を例にとろう。年間の返済額は17万9853ドル、税引き前のキャッシュフローは債務返済後で年間22万147ドルとなる。これに減価償却のような非現金費用13万5000ドル（＊53）を加えると、35万5147ドルの利益に相当する。負債・利益比率はおよそ2.0で、最低条件をゆうに上回り、自身の給与支払いや成長のための再投資の余地が十分ある。

一定額の担保可能な有形資産を要求する銀行も多い。最悪のシナリオが起きたときに売り払える資産だ（＊54）。このためインターネットやソフトウェア関連の会社など、資産集約型でない会社はSBA融資を受けにくくなるが、原則としてメーカーでも簡単に融資を受けられる。この場合は1.50以上の負債・利益比率が要求される。

これを回避するために用いられる方法のひとつは、その会社の関連不動産を買うことだ。一般に、会社を買うのと同じSBA融資で建物を買うことができ、それが担保可能資産の額を大幅に押し上げる。さらなる利点は、不動産融資が加わると返済スケジュールが変わることだ。10年ローンが15年ローンや25年ローンになる。よって月々の返済額が減り、危機や機会への備え、債務返済のための現金を蓄えられる。ただし、建

物への投資に対するリターンを慎重に計算したほうがいい。その投資に見合う成長ができるか？　不動産保有に基づいて事業上の意思決定をするのか？　不動産投資家になりたいのか？

　私自身は本来的には、不動産投資と企業投資の機会を切り離して考えたい。とはいえ、追って買収構造（ディールストラクチャー）のなかでそこが妥結点になれば、企業買収時に建物を買うこともある。メリットは、不動産投資のエクイティ（純粋価値）をこの先増強できること。デメリットは、企業部分への融資を早く返済するのが容易ではないこと。なぜ早く返済したいかというと、企業買収は基本的に出口で儲けが出るからだ。エクイティの増強が大きければ大きいほど、投資家への現金リターンも大きい。借金は企業部分だけにしておいたほうが、その会社のエクイティ増強を最大化できる。

　有形資産を求めず、キャッシュフローベースの融資を進んで提供する銀行もある。しかし、これは概してミドルマーケット規模の大型案件で、初期の買収起業家には当てはまらない。

　買収案件が持つ有形資産が少ないとき、銀行はその追加リスクをカバーするため、クロージング時にさらなる現金の注入を要求する。資産担保への依存度が低い買収を考えている買い手に向けて、オンラインビジネス専門のブローカー企業、クワイエット・ライト・ブローカレージの創業者であるマーク・ダウストは、SBA融資によるオンライン企業買収に関する優れた記事をまとめている。BuyThenBuild.comのリソースセクションからその記事へリンクできる。

*53 インフラや営業権の135万ドルを10年にわたって配賦すると、 平均13万5000ドル。 この 「コスト」 は損益計算書上は償却されるが、非現金費用である。

*54 銀行もあなたと同じくダウンサイドリスクに備えている。

その他の借り入れ手段

　ここまでSBA融資を主に取り上げてきたのは、他の借り入れ手段や融資タイプにないメリットがあるからだ。特筆すべきは、クロージング時の投下資本が少なくて済むこと、そして政府機関による銀行への保証があること。だから融資を取得しやすい。しかしSBA融資には短所もある。

　まず、担保を取られる。つまり融資を個人的に保証しなければならず、家が抵当に入る可能性がある。あなたの監視下で会社がこけてしまい、なお7桁の元本残高がある場合は、それはあなたの個人負債となる。このようにリスクが高まるせいもあって、買収起業家の多くが最終的な購入に踏み切れないのだろう。そこまでのリスクはごめんこうむるというわけだ。**覚えておいてほしいのは、あなたが買うのはキャッシュフローだということ。**その裏づけとなるのが、担保可能資産だったり、プロダクト・マーケット・フィットの実績だったりする。あなたはスタートアップのずいぶん先を行っている。自分の会社を持つために他人の資金を入れるのではなく、自分自身に投資するチャンスを手にしている。銀行は投資家と違ってあなたの成功

に割り込んでこない。だから、リスクはあるものの、うまくいけばこれはベストな投資形態だ。

　無担保融資という方法も考えられるが、会社経営の実績がない初めての買い手にその種の融資が提供されることはめったにない。銀行は可能な限り、担保やSBAのような政府機関の保証を確保したがる。ひとつの方法は、会社を買い、5年間優れた業績を残したうえで、銀行と再交渉することだ。金利は高いとしても無担保だ。たとえば元本残金の7年間の借り換えができるかもしれない。

　SBAの貸し手は、最初の1年間は融資側が信用枠を引き受けるのを望まない。しかし「キャップライン」と呼ばれるものがあり、これは必要に応じてSBAの信用枠の役割を果たす。それはほとんど会社の売掛金・買掛金年齢表の上だけで運用される。それでも、予期せぬ障害のせいで資本がなくなることがないよう、余分に借りるに越したことはない。

　不思議なことに、SBAが後ろ盾となる融資はセラーファイナンスをあまりサポートしない。売り手による支援としてセラーファイナンスに勝るものは見られない。しかしSBAは、セラーファイナンスはSBA融資と同じ期間（10〜25年）でなければならないとする。これは従来のセラーファイナンスに比べて相当長い。しかも、SBAは売り手を差し置いて第一抵当権を会社の全資産に設定するので、売り手は自身の抵当権よりも銀行のそれを優先しなければならない。それだけではない。ほとんどの場合、売り手は2年間、いかなる支払いも受け取れな

い(＊55)。伝統的にセラーファイナンスは1年、長くても5年で返済されるのが普通だから、SBAはその魅力を大きくそいでいる。私はSBAの支援を受けた買収案件でセラーファイナンスが利用されるのをほとんど見たことがない。

2018年1月現在、SBAはパートナーバイアウトを認めている。これは単独または複数のパートナーが他のパートナーの権利を買い取るというものだ。ただし、借り手は売り手の所有権の100％を買い取らなければならない。その会社の残るパートナーはみんな融資の保証人だから、売り手の所有権は残る全パートナーの比例配分でしか購入できない。言い換えれば、この場合のSBAの融資条件は新規買収には向かず、この会社はどちらかといえば所有者がそっくり変わることになる。

こうして、SBA融資が要求する取引上の制約により、買い手のリスクがさらに大きくなる。事実上、その会社を初日に完全に買い取らなければならないからだ。つまり、売り手にセラーノート（買い手への貸し付け）やアーンアウト（一定業績達成後の完全買収）を要求・期待するのは無理な話であり、買い手は銀行に担保をがっちり押さえられる。

だが、これにはよい面もある。案件がシンプルになり、売り手との継続的な関係がはっきりし、買収起業家はクロージング時に100％の所有権を手にできる。

最後に、政府機関にはスピードという強みがないが、SBAの処理スピードも例外ではない。銀行はあなたの目を見て、30日で融資を完了できると言うだろう。でも絶対にそうはならな

い。通常は融資の承認を得るまでに30日かかる（それもコミュニケーションが良好だったとして）。だがSBAは政府機関であるため、それと並行してあなたの融資申込書が郵便局へ送られる。SBA優先貸主を探すよう助言したのを覚えているだろうか？もし見つけていなかったら、この段階で6週間くらいはすぐに失われてしまう。SBA融資を迅速に処理できるPLP銀行なら、融資の承認後45日でだいたい完了できる。

　大した問題ではないように思えるかもしれないが、売り手が売却を決めた場合、買い手のあなたは、会社が日々適切に経営されるよう、できるだけ早く契約を完了したほうがいい。時間はすべての取引（ディール）を殺す。最後に6週間余分にかかるのは致命的である。ブローカーや売り手は不安を感じたら、あなたの次の選択肢を準備し始めるかもしれない。そして、たとえば戦略的な買い手から口頭でもっとよいオファーを受けたら、あなたのオファーを投げ捨ててそちらへ乗り換えるかもしれない。このリスクには早いうちに対応しておく必要がある。

　買い手候補としてあなたが打てる最善策は、事前承認を受けてしかるべく準備を整えることだ。タイムリーな成約を確かなものにするには、それが最もよい方法である。

＊55　セラーファイナンスが承認された場合、買い手は最低でも10％の現金を用意しなければならず、SBAは2年後、売り手が支払いを受け始めてもよいかどうかをチェックする。

サーチファンド

サーチファンドは銀行融資に代わる手法、または比較的大きな会社を買うための手法であり、スタンフォード大学教授で同大学起業研究センターの共同創設者、アーヴィング・グロースベック（＊56）が1984年に始めたとされる。

考え方は我々がここまで述べてきたものに近い。違うのは、銀行融資を使って自身の取り組みを下支えするのではなく、個人投資家を集めてまずサーチプロセス用の資金をつくり、次いでターゲット企業が決まったらその買収に投資するという点だ。あなた自身のプライベートエクイティ・ファームを運営するようなイメージか。あるいは、スタートアップのためにエンジェル投資家から資金を調達するやり方にも似ている。

一般にサーチファンドは価格が500万〜3000万ドルの会社を探す。必要な投下資本は200万〜1000万ドルだ。『フォーブス』によると、サーチファンドが好むのは細分化された業界、持続可能な市場ポジション、安定したキャッシュフローの実績、長期的な改善・成長の機会など。こうした会社は買収前に十分な経営がされていないことが多い（＊57）。基本的に「プラットフォーム」プロファイルの企業だ。

サーチファンドは典型的なMBAキャリアパスに代わるものとして人気が高まっている。買収起業家はビジネススクール修了後すぐ、たくさんの資本を集めてスタートを切ることができる。このモデルの認知度が上がり、成功例が増えるなか、

searchfunder.comによると、サーチファンドの数はこの5年間に毎年40%増加しているという。

　サーチファンドはより多くの資本を獲得するのに適した方法であり、求めるものは基本的に銀行と同じだ。だが他の投資家グループと同じく、あなたは投資家の機嫌をうかがい、彼らを管理する必要が出てくる。持ち分の放棄が必要になることもある。

＊56　https://www.searchfunder.com/searchfunds

＊57　https://www.forbes.com/sites/vanessaloder/2014/08/07/the-search-fund-model-howto-become-a-twenty-six-year-old-ceo-if-youre-willing-to-kiss-frogs/#3ea4d0051190

パートナーシップ

　パートナーと協働しているときは、誰が何をするか、誰がいくら資本を出すかを確認し、あなたが何を求めているかを明確にしなければならない。銀行への働きかけに関しては、どちらかひとりが陣頭指揮を執るにしても、銀行に自分たちが求めているものを知らせるためには両者がここまでの条件を満たしていなければならない。

「起業家機構」に長年所属しているとわかるのだが、起業家が抱える問題の多くはビジネスパートナーとの対立に関わるものだ。期待や前提を文書化せず曖昧にしておくと、結果的に足並みがそろわず、ピントがずれる。役割や責任を明確にしたうえ

で良好な関係を築き、所有権ではなくパフォーマンスに基づいて報酬を決めれば、頭痛の種を少なくできる。持分売買契約の締結も検討したほうがいい。

その他の事項

融資のうち無担保の部分(＊58)**の金額・期間について、銀行は経営者保険**(＊59)**への加入を要求する。だから、これは早めに片づけておきたい。銀行がすすめる保険会社に連絡をとり、手続きをしよう。**健康診断や付保額の決定が必要になる。これは会社の経費になり、税制上の優遇措置も受けられるので、あなた個人で保険に入らないこと。

生命保険は銀行だけでなく、あなたの家族にとっても重要だ。もしあなたの身に何かあったとき、債務の無担保部分を保険が最低限カバーしてくれるので、あなたの関与が失われたとしても会社を問題なく経営または売却できる。家族が経営を引き継ぐことを選んだ場合、月々のローン返済を完全になくすことも可能だし、保険が提供する資本増強によって出口で受け取る現金を増やすこともできる。

HELOC（ホーム・エクイティ・ライン・オブ・クレジット）は一種のリボルビング型不動産担保ローンだ。銀行から担保付き融資を受けているときにこの仕組みを使いたい人はいないと思うが、将来、資本へのアクセスが必要にならないとも限らない。HELOCは住宅のエクイティ部分に対する融資である。なぜこ

の話をするかというと、SBA融資を受けたらHELOCの承認
は受けられないからだ（SBA融資が返済されるまで当該エクイティ
は凍結される）。SBA融資の契約前に、銀行からHELOCの承認
を受けたほうがいいだろう。

　それでも、追加の運転資本が融資に組み込まれたり、「キャッ
プライン」が設定されたりした場合、銀行はHELOCをクロー
ズするよう要求することがある。なぜなら、外部の負債をモニ
ターして、借り手の借金が増えすぎないようにチェックする必
要があるからだ。HELOCを利用する借り手はその監視がしに
くい。

＊58　ここでいう「無担保」とは、融資のうち有形資産による裏づけがな
　　　い部分、または不動産による具体的な裏づけがない部分。私は両
　　　方の例を見たことがある。

＊59　経営者保険とは会社の経営者に対する生命保険。あなたが死んで
　　　も銀行は返済を受けられる。配偶者がいる人は注意したほうがい
　　　い。あなたに何かあったら、会社の借金をなくせるからだ。

公認会計士

　あなたは仕事を依頼する公認会計士（CPA）や弁護士をすで
に決めているかもしれない。買収活動に適任の人もいれば、そ
うでない人もいる。CPAは会社に対する理解や審査を大いに
助けてくれることがあるし、弁護士はまとまらない取引の一番
の原因だ。彼らは買収のプロセスにも結果にも多大な影響を及
ぼすから、正しい専門家を雇って買収に臨みたいと誰もが考え

るはずだ。

M&Aアドバイザーや銀行家と会うときは、おすすめの CPAや弁護士がいないかを必ず尋ねよう。いたら紹介しても らい、全員に連絡して会わせてもらおう。彼ら専門家はこの手 のことには慣れっこだ。

会計士の形態や規模はさまざまだ。免許を持ったCPAは簿 記係とはまったく違う。優秀なCPAは会社の沿革をチェック し、納税申告に伴う内部報告書を見れば、その会社のことがわ かる。事業戦略を理解し、財務諸表のからくりを知っている。 後日のデューデリジェンスの助けになり、的確な質問をしてく れる。そして何よりも、問題のありかを明らかにし、トラブル をなくしてくれる。

法人税の申告しかしていない会計事務所で働いているCPA もいる。希望するCPAがそこで見つかる可能性もあるが、企 業売買に関わるCPAが見つかったら非常に心強い。彼らは デューデリジェンスのツボや成約のノウハウを心得ている。

CPAに質問すべきは、売り手と買い手の両方の側に立って 仕事をしたことがあるかどうかだ。また、どんな規模の取引 に関わったかを尋ねるのも大切だ。なぜなら、100万ドルから 5000万ドルまでのわずかな違いで、買収プロセスに対する彼 らの考え方がわかるからだ。デューデリジェンスのチェックリ ストを持っているか、または作成予定があるか、何を載せるつ もりかを尋ねよう。最後に、必要な時に必ず時間を割いてもら えるよう確認しよう。もし5月1日のクロージングを望むなら、

デューデリジェンスは納税時期の真っ只中になりかねない。

　料金体系も事前に確認しよう。この種の仕事に対する請求方法、仕事の内容、おおよその費用など。何ごともそうだが、CPA費用も交渉できる。だから納得のゆく値段になるよう留意したい。私は取引の成立後に請求書を出してもらうことが多い。そうすれば事業経費として税制上の優遇を受けられる。

　CPAは、どの企業オーナーが売却を検討しているかにも通じている。ターゲットステートメントを見せて、彼らが「見込み客」に心当たりがないかどうかをチェックしよう。

弁護士

　弁護士は交渉をまとめるどころか、交渉を決裂させることがたびたびある。なぜなら、たとえ契約が成立しなくても、あらゆる犠牲を払ってクライアントを守るのが彼らの使命だからだ。交渉過程におけるデリケートな時期になると、変更履歴付きの文書が何度もやりとりされる。誰もが感情的になり、リスクが高まり、弁護士を中心に世界が回る。

　買い手であるあなたは、契約を成立させようとするかしないか、そのどちらかだ。売り手を信用するか、それともしないか。売り手を信用できないなら、会社を買わないことだ。会社を買いたくないなら、その場から立ち去ることだ。**もし売り手を信用し、会社を買いたいのなら、適度な弁護によって取引を成立させたいと考える2人の責任ある大人**（つまり売り手と買い手）

をサポートできるような取引文書を作成したい。

弁護や保護を多少犠牲にしても構わないという状況をつくるのは、間違いなくあなたの責任だ（弁護士の責任ではない）。弁護士は、あらゆる犠牲を払ってあなたを弁護するという役割を受け入れる。あなたは彼らをコントロールしなければならない。さもないと高額な弁護料の請求書が届き、有望な案件が決裂するだけに終わる。

弁護士をコントロールするためには、まず、前述の内容を伝えるのがよい。契約文書は標準的なものにしてもらおう（M&Aアドバイザーもこれを提供できるが、彼らはつねに売り手を代表しているということを知っておきたい）。できれば（売り手側ではなく）あなたの弁護士が作成した文書を使いたい。そうすれば彼らが端から端まで全文を見直す必要がなく、コストも抑えられる。また、買い手は権利や保証を求めるが、売り手はそんなものを求めない。したがって、買い手の弁護士の文書を利用したほうが買い手には有利だし、最初の堂々めぐりを少なくできる。

第二に、弁護士に主導権を握らせるのではなく、あなたの望みを彼らに伝えよう。提言をもらうのは構わないが、決定を下し、方向性を示すのはあなただ。買い手の弁護士と売り手の弁護士が電話で直接交渉するのはよくない。これも例外はあって、細部を詰める必要から、双方の弁護士が直接話すのが最善策だったケースを私も経験している。だが一般に、高額な時給をもらっている2人が簡単に合意に達することはあり得ない。

私が会社を買おうとした案件で、M&Aアドバイザーが双方

の弁護士に契約交渉を任せたケースがあった。非常に複雑かつ
高額な案件で、1年近く遅れが出ていた。M&Aアドバイザー
はおかげで仕事がラクになった。

　弁護士と弁護士の交渉はミドルマーケットではよく見られ
る。そこでは企業のお抱え弁護士が契約締結に大きな役割を果
たす。しかし、あなたはそこまでお金がないし、目標は取引の
成立だ。「現場主義」で弁護士をコントロールしよう。

　私はいつも予算の上限を弁護士と交渉する。取引全体でここ
までしか費用をかけないという枠を決めるのだ。思わぬ事態が
発生することもあるので、なかなかうんと言ってくれないが、
前提事項を決め、いっしょに進捗確認をすることでうまくやっ
てきた。このようなプロジェクトでは要件変更のリスクが当然
あるので、そうするのがフェアである。ただし、こうしたアプ
ローチをとると、予算上の目標や期待が相手に伝わることにな
る。CPAの場合と同じく、事業経費として税の優遇を受けら
れるよう、私は取引成立後に支払いをさせてもらうことが多い。

リストの閲覧

　**ブローカーと会う際は、リストの閲覧が始まっているという
ことを忘れてはならない。リストの閲覧とは、あなたの関心を
引く会社、ターゲットステートメントに合致しそうな会社を探
すことにほかならない。**

　リストは、どんな機会があるかをざっと教えてくれるにすぎ

ない。「これは除外」「これはもっと情報がほしい」という判断ができる程度だ。そこでわかるのは、売上、SDE、業界、場所、それから事業に関する簡単な説明などである。

このように詳しい記述はないものの、あなたはすでにいくらくらい出せるかを計算しているし、買収先のSDE目標、最低限の売上目標、それに自分がどんな機会を探し求めているかを知っている。リスト閲覧の目的は、全部に目を通すことだ。ただし「これは合わない」という判断は早くしよう。ブローカーと話し、ターゲットステートメントを説明し、今後もよろしくと念を押す。リストに載っているのが自分の目標に符合しない会社だったら、はっきりそう言おう。

この段階で大切なのは、自身の「リミッター」を理解していることだろう。すると、そうした基本要件を満たさないリストを無視できる。ただちに見送り可能な、あまり買う気が起きないリストについては、詳しい情報を求めてはならない。

自分に合わないものをすぐに「パス」できれば、自分に合いそうなチャンスもすぐモノにできる。次のステップ、すなわち「募集要項」の形でリストブローカーから詳しい情報を提供してもらう段階へ進むと、競業禁止契約への署名を求められる。これは、売却リスト掲載に関わる機密性が売り手を危険にさらすからだ。この情報をおかしな方法で利用してはならない。売り手の情報や財産を尊重し、自身の情報と同じように守秘義務を徹底しよう。あなたにとってはリストの一つひとつが買収候補先だとしても、売り手にとっては、それは誇りをもって守る

べき赤ん坊なのだ。

　リスト掲載企業に関する詳細情報を請求したら、機密保持契約への事前署名を求められる。これを軽く考えてはならない。売り手はきわめて貴重な情報を開示するのだから、それを「機会探索」以外の目的で利用することはできない。

　合意ができたら、会社についてもっと詳しい内容を記した募集要項が提供される。社名と所在地に加えて、事業内容、業種、過去の業績などの総合的データが示される。あなたの目標を満たしそうな会社、大いに関心を引く会社だったら、すぐ仕事にとりかかろう。

なぜ売却するのか

　これは重要な問いで、買い手がわりと早い段階で考える疑問なのだが、私はちょっと気にしすぎではないかと思う。なぜこんな話をするかというと、売り手との交渉前の、ブローカーとの雑談のなかでこの質問をする人が多いからだ。

　会社を所有しているとして、最大のリターンが得られるのはいつか？　それは「出口」だ。だから彼らは会社を売る。あなただって3年先か5年先、あるいはキャリアの最後に同じことをしたいだろう。彼らの答えは、引退を考えているからという単純なものかもしれない。あるいは、正直に聞こえるが何かしらはぐらかされている、そんな答えしか返ってこないかもしれない。やれることはすべてやりきったのかもしれないし、次の

新しいチャンスにエネルギーを注ぎたいのかもしれない。

　左前になってきたからさっさと売りたいのだろうか？　可能性はある。実例もある。その点を尋ね、本当の答えを推し量る必要がある。でもまあ、ざっとチェックすれば、その会社がライフサイクルのどのあたりにいるか、今後の見通しがどうかはわかる。デューデリジェンス、調査、売り手との会話を通じて、その案件固有のリスクや、あなたの強みがそこにどう活かされるかが明らかになる。

　結局のところ、それを決めるのは買収起業家自身だ。あなた自身が正しい機会を選択しなければならない。誰かが見送ったチャンスがあなたにとっては正しいものかもしれないし、その逆もまたあり得る。だが、よいリストは引く手あまたで奪い合いになる。少なくとも、買い手候補の高い関心を引く。つねに慎重でなければならないが、これはという会社を見つけたら、迷わずただちに行動を起こそう。

第7章
買うのは未来、値段を決めるのは
過去

　本章では、買収案件をめぐる数字について見ていく。財務業績の理解、分析、予測については、いろいろな本が書かれている。それに関わる仕事もいろいろある。**これからの1章でそのテーマを扱うに当たっての目標は、会社のなかのキャッシュの流れを大まかに説明し、財務諸表の見方、会社の価値の高め方を理解してもらうことにある。**買収起業家のあなたは未来のために会社を買う。だが、買い値を決めるのは過去だ。したがってまず、どのくらいの価格が妥当かを知り、納得ずくでオファーを出せるようにしなければならない。

　おわかりだろうか？

　買収価格決定のためのルールその1は、会社としてその会社を買えるようにすることだ。本書の前半は、起業家であるあなたに焦点を当ててきた。あなたのスキル、そしてあなたがいくら払えるか――。会社を買う段になると、当然、資本投入が必要になる。だが先述のように、この「頭金」は10％でいい。SBA融資を使わずセラーファイナンスの交渉ができれば、それ以下にもなる。

イニシャルレビュー

　会社に関する詳細情報を初めてリクエストし、守秘義務契約に署名すると、「募集要項（OM）」が提供される。これはふつう2つのパートに分かれている。

　第1部は、会社の基本情報。

- 希望価格
- 名称
- 所在地
- 製品・サービス
- 従業員数
- 主な従業員と役割
- 顧客概要・集中度
- 売却理由
- 今後の成長プラン

　第2部は、財務業績レポート。過去2～5年の損益計算書を再計算したものと、最新の貸借対照表（バランスシート）という形式が一般的だ。

　OMの目的は、完璧なデューデリジェンスの実行ではなく、買い手がその会社に本当に関心を持てそうかを評価するための情報提供である。OMを見て関心を持てたら、まず仲介者に連絡をとり、自分がなぜ買い手としてふさわしいのかを売り込む。

「なんだって？」という声が聞こえてきそうだ。「なぜこちらが売り込まなきゃならないんだ？　向こうが売ろうとしているんだから、売り込むのは向こうだろう」

売り手に関して述べる第8章で詳しくは説明するが、ひとこと述べておくと、こうして態度を少し切り替えるだけで、会社を買わない言い訳ばかり探す皮肉屋ではなく、買収起業家になるという約束を果たす問題解決型のCEOになることができる。デューデリジェンスにおいては皮肉屋の態度で臨むべきだとしても、M&Aアドバイザーや売り手に対しては、自分がなぜ買い手としてふさわしいのかをつねに売り込んだほうがいい。そう、ここでのブローカーはディールフローを握っている。そして彼らはいつも、いっしょに仕事をするのにふさわしい買い手を探している。

OMで財務業績を確認するときは、いくつかのステップを踏むことになる。まず、その会社について知る。次に、分析する。そしてさらに、将来の業績を予測する。

スタートを切るに当たって、その会社の提示価格は完全に忘れてほしい（ただし案件の規模が大きくなればなるほど、リストには価格提示がない可能性が高い）。後日、ベンチマークとして考慮に入れることはできるけれども、当面は、正しくもあり正しくもない、仮の見積もり価格程度に考えておこう。非公開会社は評価額がきっちり決まっているわけではない。成長の度合い、利益、現在の市況、競争の激しさなど、さまざまな変数次第で幅がある。あなたがやるべきは、その会社の自分にとっての価値

を逆行分析（リバースエンジニアリング）することだ。これといった評価法はそれしかないのだから。

このあと、会社の評価の仕方を順を追って説明する。まず基本を押さえ、次いで財務諸表へ進む。最後に、さまざまな評価法を紹介する。**あなたがいくら払って買収するかは、会社の過去の業績に基づいて決まる。だが目標は、そこから会社を成長させることだ。つまり、あなたが支払うのは、これから価値を高めて儲けを出すのに見合う価格である。**

基本原則

あなたは経理の専門家ではないと仮定しよう。経理の専門家でなくても会社は買える。数字は過去に何があったかを語り、会社の健全性や業績全般を表す。しかし、ビジネスは経理や会計がすべてではない。それはパズルのピースのひとつにすぎない。なにも萎縮する必要はない。経理のスキルはあとから獲得できる。

会社のオーナーになったら、経理にだんだん詳しくなる（詳しくならざるを得ない）。一方、これは経理担当者、買収する会社の経理チーム、または簿記担当者に助けてもらえるスキルでもある。

ビジネススクールが卒業生や実業界全般に調査をすると、経営幹部が向上させたいスキルのナンバー1は財務・経理である。皮肉を言えば、もし財務・経理を重視していたら、経営幹部で

はなく会計士や経理担当になっていただろう。事業を進めるにしたがって経理の重要性は増す。だが、経理は価値向上のドライバーではなく、何が起きたかを報告するための仕組みだ。あわてずとも知識は増えてゆく。

　買収の過程では、あなたのスキル水準にかかわらず、経理の専門家が頼りになる。1人より2人で見たほうがいいからだ（2人目がCPAならなおさらだ）。レビュー対象の会社についてある程度ちゃんと把握できるよう、ここでは大きな簡易的枠組みを説明する。

　デューデリジェンスでは、財務情報など提供された情報の精度を判断するのにかなりの時間を割く。一方、最初のレビューでは、提供される情報はすべて正しいと仮定したほうがいい。主に2つの理由がある。まず、まともなブローカーは、OMで不正確な情報を出したら、その後も買い手に信用してもらえないとわかっている。基本合意の段階になってから正しくない財務情報が発見されるのは、買収案件にとって最悪の事態のひとつだろう。ひとかどの仲介者は前もって時間をとり、情報をきちんと準備する。

　当然、リストブローカーの質、OMや財務諸表の準備プロセスの中身が大きく関係してくるわけだが、今は、OMで示された情報が比較的正確だと考えて前へ進もう。あとで検証する時間はたっぷりある。言い換えれば、最初のレビューでは「数字は嘘をつかない」と信じることだ。数字の計算根拠は追ってゆっくり調べられる。

発生主義と現金主義

　あなたが提供を受けるであろう財務諸表の概要を見る前に、会社のなかの現金の動きを確認しておこう。

　会社がある製品をある顧客に1月に売るとする。製品をつくるため、原材料を12月に買った。支払いは30日後だが、早めに払えば割安になる。顧客の製品に対する支払いは30日後だが、今回は45日かかる。

　お金の流れはこんなふうだ。会社は原材料を安く買うため（利益率を高めるため）12月にXドル使う。製品を1月に売り、3月に支払いを受ける（顧客の支払いは45日後だから）。その間、つまり原材料の支払いをしてから製品の支払いを受けるまでの間に、社員に給料を6回支払った。

　ちょっと混乱するのではないだろうか。だから、ほとんどの会社は「発生主義」会計を採用する。この方式だと製品の販売は1月の売上として記録され、販売に伴う費用も同様に処理される。つまり売上と関連経費のマッチングが可能になる。

　これはぜひとも理解しておきたい。**会社のキャッシュフローの管理は、社内の現金の動きがわかりにくいため、非常に難しい。会社が成長している時はとくにそうだ。あなたはCEOとして、組織の「酸素」である現金の「リズム」をつかむ必要がある。そして、そのためには財務諸表を調べることだ。**

　反対に、「現金主義」会計はこの原材料費を12月（支払った月）に記録し、売上を3月（支払いを受けた月）に記録する。買収案

件の評価をさらに複雑にするのは、すでに指摘したように、ほとんどの会社が発生主義会計を社内的に採用して業績を記録しながら、納税申告は現金ベースで行っていることだ。その結果、内部財務諸表と納税申告の数字が一致しないことが多い。要は時計の見方が違うのだ。会社の経理担当者はこの2つの調整を行うことになる。そしてご推察のとおり、デューデリジェンスではあなたの会社の経理担当者も同じことをしなければならない。

　なぜ企業は発生主義で記録をつけながら、現金主義で納税申告をするのか？　それは発生主義会計のほうが、会社の月々の業績実態を把握しやすいということがひとつ。他方、税金は会社が年間に支払う最大の費用のひとつであり、賢い会社オーナーは税金のような非営業費用をできるだけ抑えたい。現金主義会計の場合、債務を遅らせることで税金費用を下げられる。これはオーナーにとって追加の防御策にもなる。

　発生主義会計にはメリットがたくさんあるが、なかでも重要なのは、売掛金と買掛金が把握できる点だ。原材料を買ったが支払いはまだの場合、請求額は買掛金に記録される。同じように、製品を売ったが現金回収がまだの場合は売掛金に記録される。つまり、買い手のあなたは財務諸表を見て、サプライヤーにまだ支払われていない金額と、顧客から支払ってもらえるはずの金額がわかる。現金主義会計はこのような透明性を持たないので、サプライヤーにいくら借りがあり、顧客にいくら貸しがあるかがわからない。したがってステップ1は、レビュー対

象の財務諸表が現金主義か発生主義かを確認することだ。

会社の健全性

シカゴ連邦準備銀行の「スモール・ビジネス・ファイナンシャル・ヘルス・アナリシス」(*60)によると、財務健全性が平均以下の企業の88%は売上が100万ドルに満たない。私がこの水準を下回る会社を最初は買収先として考慮しないのは、それが理由のひとつだ。あなたもまず、レビュー対象の会社が財務的に健全かどうかを見極めたほうがいい。

財務業績や財務諸表のレビューに当たっては、チェックすべき重要項目が5つある。売上、利益、経営効率、キャッシュフロー、オーナーベネフィット総額(SDE)の5つだ。どの情報もOMで提供される財務諸表で判断できる。

財務諸表は貸借対照表、損益計算書、キャッシュフロー計算書の3つが基本だ。あらゆる会社が同じフォーマットに従って作成するので、毎度一から学習し直す必要はない。財務諸表をあまり見たことがないという人は、上場企業はどこもこれを公開しているので、ネットで好きな会社の情報を試しに見てみるといい。株価収益率(PER)を調べて、あなたが買おうとするロウアーミドルマーケット企業のマルティプルと比べることもできる(*61)。大手上場企業と非上場のロウアーミドルマーケット企業はまったく違うけれども、そうすることで、2つのクラスがどう評価されているかを理解できる。

＊60 https://www.frbsf.org/community-development/files/small-business-financialhealth-analysis.pdf（編注 現在アクセス不可）

＊61 上場企業に投資する投資家は、実質3%の株式益利回り（つまりPERの逆数）を望むかもしれない。買収起業家のあなたは30%近くをめざすことになる。

貸借対照表

貸借対照表は、月末、四半期末、年度末など特定の日の会社の資産、負債、オーナーの自己資本を示すものだ。それを見れば、会社が何を所有し、どれだけの債務があるか、株主や構成員にとっての価値はどうかがわかる。

貸借対照表は左右に分かれている（＊62）。左側は会社の資産を表し、右側は負債と自己資本を表す。貸借対照表はバランスシートとも呼ばれるが、その理由は、次の式のように左右のバランスがつねにとれていなければならないからだ。

$$\text{資産} = \text{負債} + \text{自己資本}$$

別の言い方をするなら、資産（会社が所有する価値あるもの）から負債（会社の債務）を引くと、ある時点での、所有者にとっての会社の価値、すなわち「簿価」になる。これが貸借対照表の本質だ。

たとえば、会社が製造用機械を買うために5万ドルの7年ローンを組むとする。融資の契約がまとまると、貸借対照表の負

債の部（具体的には長期借入金）が5万ドル増える。同時に、貸借対照表の資産の部に真新しい5万ドルの製造用機械が加わる（＊63）。借金は徐々に返済され、機械の持ち分だけ自己資本が増加する。

＊62 左右ではなく上下に分かれていることもある。

＊63 細かいことを言うなら、機械の購入方法によっては、現金がまず5万ドル増え、次に現金が5万ドル減り、機械の価値が増える。

資産

　貸借対照表の資産は、流動資産と固定資産の2つに分けられる。貸借対照表は流動性の高いものから低いものの順、つまり現金化しやすいものから先に記載するので、流動資産のほうが先にくる。

　流動資産に含まれるのは、現金および現金等価物、市場性有価証券、売掛金、在庫、前払費用など、流動性がきわめて高いものだ。固定資産は、非流動性投資、土地、建物、機械、減価償却累計額、無形資産など、現金化しにくい会社資産である。無形資産に含まれるのは、会社が開発したソフトウェア、特許や知的財産、営業権など。

　いくつかの用語を詳しく見ていこう。

減価償却

　減価償却は、耐用年数の間に資産の価値を下げられるようにする会計手法だ。先の例の製造用機械で説明しよう。この機械が永遠に稼働することは期待できない。予測される耐用年数が10年だとしよう。機械はそれだけの期間稼働したあと交換される。したがって10年後の価値はゼロだ。つまり、今は5万ドルの価値があるが、10年後の価値はゼロになる。

　財務諸表上、年に5000ドルずつを10年間差し引くことで、機械が古くなることに伴う価値の目減りを把握できる。減価償却は非現金費用で、実際に営業収入が毎年5000ドル減るわけではないので、資産として記録される。**非現金費用はなかなか理解しづらいが、買収起業家にとっては重要な概念だ。**本章で追って実際のキャッシュフローを計算するときに、減価償却については再度ふれる。

知的財産

　知的財産（IP）は興味深い財産だ。IP、たとえば特注ソフトウェアの市場はないから、評価が難しい。私は会社を買うとき、その価値を相当低く見積もる。なぜなら、IPの価値は会社に利益をもたらす能力にあるからだ。もし「コカ・コーラ」ブランドの所有権がIPだったら、売上、そして利益を生むことができるので、その価値は明白だ。でも誰かが50万ドル投じてつ

くったソフトウェアがIPだったら、それは50万ドルの価値があるだろうか？　売上や利益、インフラがすでにある会社を買うということは、キャッシュフローを買うのに等しい。売上を生まないIPを買うことではない。売上を生まないIPは「資金を求めるスタートアップ」と呼ばれる（＊64）。買収起業家のあなたは、キャッシュフローを生むインフラだけを買えばいい。

＊64　誤解のないように言うと、資金を求めるスタートアップはソフトウェアなどのインフラを構築するなと言いたいわけではない。実際、それだけで何十億ドルもの儲けが生まれている。しかし、それは買収起業家が重視すべきポイントではない。だからこの例の買い手は、売上を生まないIPの価値を低く見積もる。

営業権

営業権は、有形資産の価値に上乗せされる価値を表す無形資産だ。たとえば、不動産や在庫などの資産を持たない直送Eコマース企業が、毎年25万ドルの利益をオーナーにもたらしているとする。その会社が80万ドル（25万ドルの3.2倍のマルティプル）で買われたとき、その価値はどこに計上されるか？　営業権だ。営業権は資産価値を上回る価格で獲得された無形資産であり、「顧客リスト」などもそれに当たる。

負債

負債は貸借対照表の右上側にあり、会社の債務などを表す。その中身は銀行ローン、機器購入費、買掛金、未払いの家賃、税金、光熱費、顧客前払い……。当然、会社の債務をすべて細かく知っておくことが大切だ。

自己資本

自己資本は資産総額から負債総額を引いて求められる。会社の規模や構成に応じて「自己資本」「株主資本」「純資産」などと呼ばれる。貸借対照表のこの部分（いわゆるエクイティ）は利益剰余金と資本金に分けられる。利益剰余金は過去の利益の蓄積額、資本金はオーナーが所有持分として出した金額を表す。

ある時点のスナップショット

貸借対照表を分析すると、会社の健全性がよくわかる。よく知られた指標には、自己資本利益率（ROE）（＊65）、負債資本比率、当座比率（＊66）、流動比率（流動資産／流動負債）などがある。これによって、オーナーが会社から得ているリターン、レバレッジの程度、短期債務の返済能力がわかる。

貸借対照表は会社の財務状態のある時点のスナップショットだから、トレンドの把握にはあまり向いていない。他の時期の

貸借対照表と比べたり、さらには同じ業界の他の会社と比べたりすると効果的だ。

比較貸借対照表から引き出すことができる重要な指標に「キャッシュ・コンバージョン・サイクル」がある。これは在庫の購入から販売に伴う現金回収までの期間を表す。在庫回転日数に売掛金回転日数を加え、買掛金回転日数を引く。売上が一定なら、この期間をつなぐ運転資本も一定だが、会社が成長したときは、この間のつなぎ資金をどうするか考えたほうがいい。

＊65 ROEは、損益計算書の利益を貸借対照表の平均自己資本で割って求める。

＊66 当座比率は、（現金＋売掛金＋短期投資）／流動負債。

損益計算書

貸借対照表が特定の日のスナップショットであるのに対し、損益計算書は1カ月、四半期、1年など特定の期間の財務業績を表す。P&Lと略称されることも多く、その期間の会社の売上と費用がすべて記載されている。これを見れば、その会社が利益をあげているかどうかがわかる。

損益計算書の一番上（トップライン）には売上、一番下（ボトムライン）には純利益が記載される。その間の諸費用を売上から引くと純利益（損失）になる。純利益のことをそのまま「ボトムライン」と呼ぶこともある（最近では「ダブルボトムライン」という考え方

も一般的)。

　私は損益計算書を2つの部分に分けて考える。1つ目は売上から売上総利益まで、2つ目は売上総利益から純利益までの部分だ。

売上

　1つ目のパートは単純明快だ。まずは売上。あらゆるソースからのあらゆる売上を記載する。製品の売上やコンサルティングサービスのほか、利子所得も含まれる。これらは一般にカテゴリーや製品ラインごとに分類される。総売上高はよくトップラインと呼ばれる。

売上原価

　売上の次は売上原価（COGS）。これは販売された商品に起因する直接経費だ。言い換えれば、その売上に関わる材料費や直接労務費を指す。たとえば、ある会社が革新的なトイレ製品を販売しており、ある月に150のトイレを売ったとすると、売上原価はその月に売られた150のトイレだけに関わる費用であり、その会社が購入したトラック一杯のトイレに関するものではない（未売在庫は貸借対照表に記載される）。

　売上原価は基本的に「変動費」、すなわち何かが売られたときだけに発生する費用だ。収益から売上原価を引くと売上総利

益になる。

売上総利益

　売上総利益（粗利益）は「このキャンディーバーをひとつ1ド
ルで仕入れ、3ドルで売った」ときの利益のことだ。キャン
ディーバーひとつの売上は3ドルで、売上原価は1ドル（33%）
だから、売上総利益は2ドル（67%）となる。材料の再販と付加
価値（キャンディーバーの場合はたとえば利便性や入手しやすさ）の
提供によって得られる利益といえる。

　売上原価が減らせないとして、売上総利益は最大限稼ぎ出せ
る現金の額を表す。そこから営業費用を引いて純利益になるの
だが、もし営業費用をすべてなくすことができたら、当該期間
に売上総利益の分がまるまる現金として残る。キャンディー
バーの例では、売上総利益は売れたキャンディーバーの67%
だ（ところでこれは売上総利益率としては相当高い）。売上総利益率
が高ければ高いほど、その会社は健全である。なぜなら売上総
利益率が高いと、売上の予想外の変動に耐えやすかったり、会
社への再投資の機会を確保しやすかったりするからだ。売上総
利益率は業界によって大きく異なるので、分析対象の業界の典
型的な売上総利益率を知ることが重要だ。

営業費用

営業費用は損益計算書の売上総利益の下に記載され、主に固定費を表す。売上水準によってばらつきはあるが（たとえば追加の在庫処理費用や販売手数料など）、その大部分は会社の間接費や毎月必ず発生する費用だ。費用は会社の利益を減らすものなので、営業費用の管理はリーダーであるあなたの最も重要な仕事のひとつになる。損益計算書にはその費用が記録される。これは一般に、販売費および一般管理費（SGA）、減価償却費、その他の費用、支払利息、税金の５つに分類される。売上総利益からすべての費用を引いた後の「ボトムライン」に純利益が示される。純利益は会社への再投資に使えるほか、現金の追加分として蓄積することもできる。

利益

だが待ってほしい！　純利益は本当に会社が生み出す現金を表すのだろうか？　実はそうではない。なぜなら減価償却は「非現金」費用だからだ。

貸借対照表のところで減価償却累計額についてふれたが、損益計算書上では、その期間の減価償却の金額が費用として控除される。しかし実際の現金が差し引かれたわけではない。あなたの車の価値が１月１日に３万5000ドル、同じ年の12月31日に２万7000ドルだったとしても、実際にその差額を使ったわけで

はなく、価値が失われたにすぎない。米内国歳入庁（IRS）は、この減価償却を費用として純利益から差し引くことを認めている。したがってあなたは、そもそも設備投資に使われたその資金について税金を払う必要がない。

営業権のような無形資産に適用される減価償却もある。そうした減価償却を純利益に足し戻せば、損益計算書上の純利益に加えて生じた現金がわかる。しかし、債務の元金返済は会社の経費ではない。利息の支払いをする会社は当然元金の支払いもある。会社の正しいキャッシュフローを理解するには、元金を差し引く必要がある。

しかし、会社が営業活動の結果生み出した現金を知るためには、アナリストはその会社の利払い前・税引き前・減価償却前利益（EBITDA）を計算する。これは損益計算書上の項目ではないが、与えられた情報からすぐ計算できる。EBITDAについては、本章で評価について説明するときにまたふれるが、今のところ、レビュー対象企業のOMを作成したM&Aアドバイザーは損益計算書の最後にこの数字を計算するということを知っておこう。ちなみに、EBITDAは上場企業がよく重きを置く数字である。

EBITDAになぜ税金が含まれるのかとよく訊かれる。結局、それは会社が実際に支払わなければならない費用だ。たぶん次のような理由ではないか。会社は減価償却や利子を増やすために設備投資を増やして、純利益をなくし、税金をゼロにし、そしてそのことで多額の非現金費用に感謝することができる。逆

に、新しい設備への投資を控え、減価償却をなくし、税金費用を最大化することもできる。いずれにせよ、それは経営者の判断であり、これらの要因をすべて足し戻すことで標準化できる。EBITDAは最終的に、営業活動への資金提供の仕方にかかわらず会社が稼ぐ能力を教えてくれるので、会社同士の適正な比較を可能にする。

　ロウアーミドルマーケットで積極的に売り出されている、売上がたとえば2000万ドル未満の会社（果てはコインランドリーや洗車のようなメインストリート企業まで）の場合は、追加のオーナーベネフィットまたはオーナーの裁量的利益も足し戻される。**評価について説明するときに詳しく述べるが、今は、売り手の裁量的利益（SDE）は会社のオーナーがこの期間に得た裁量的利益すべてを算出したものだとだけ知っておこう。**そこに含まれるのは、給与、福利厚生、自動車、あるいはオーナーの裁量で一度だけ使われる費用など。OMは損益計算書上でEBITDAを計算し、その下にこの計算を加えるので、あなたはこの期間のオーナーにとっての会社の価値総額を実感できる。

　分析の領域に少々立ち入ったが、いずれにしても損益計算書上に示されている情報を理解することが重要だ。

キャッシュフロー計算書

　主な財務諸表の3つ目はキャッシュフロー計算書だ。ここには期初の現金、期末の現金、その差額に影響を与えたキャッシュ

イン（現金の流入）とキャッシュアウト（現金の流出）が記載される。損益計算書上の営業成績と貸借対照表の変化をひとつにまとめたものだ。

損益計算書は発生ベースで記録されることが多いと述べた。つまり、損益計算書上の損益はキャッシュポジション（現金持ち高）と同じではない。キャッシュフロー計算書は、会社のキャッシュフロー管理の状況を表すスナップショットで、全社的な流動性を反映し、会社の現金の行き先を示すとともに、会社の短期的な継続性（請求金額を払えるか）を評価する助けになる。

比較的規模の大きな案件では、キャッシュフロー計算書がOMで提供されることもあるが、それは一般的ではない。通常はデューデリジェンスでお目にかかる。**キャッシュフロー計算書の目的は、買い手がその会社に必要な運転資本を知り、費用の支払いに足る現金を同社が生み出しているかを確認することにある。**

買収用の銀行融資にはさらに運転資金をプラスするのが通例だ。SBAを利用している場合、運転資本は最低10%の頭金で獲得できるが、これは格安な資金調達の手段になり得る。

さらなる分析

財務諸表は会社の財務状況を評価するためのレポートの役目を果たす。**しかし、あなた自身のスプレッドシートを作成し、**

すべての財務諸表を自分の手で作り直すことが大切だ。 これにはメリットが2つある。第一に、数字を一つひとつ記入し、それが売上の何%かを計算し、異常値があればそれに気づくことで、その会社を身近に理解できる。第二に、財務分析およびモデリングのための情報が、独自のスプレッドシート内に提供される。あなたは過去を分析するだけでなく、未来を予測しなければならない。自身のスプレッドシートを用意すればそれが可能になる。

　売上を分析するときは、前年比較をするのが一番よい。これによって会社の売上トレンドがわかる。いつになく売上が大きいときがあったら、売り手にそのことを尋ねるようにする。推移をグラフにすると変化がつかみやすい。あなたは結局、さまざまに変化する12カ月のなかの1カ月の売上を過去と比べているのだ。

　OMにはふつう、月次の損益計算書が盛り込まれている（なければ請求しよう）。**会社のなかの現金の動きを知るのによい方法は、直近の12カ月を見たうえで今後を予測し、債務返済、報酬、予定される再投資などをそのモデルに当てはめることだ。この方法は費用の急増、季節的な影響、会社の将来の動向をよく理解するのに適している。**

　OMはまた、顧客集中度、すなわち単一ないし少数の顧客から得られる売上について情報提供することも多い。経験的に、売上の10%以上を占める顧客はまずいない。もしいたら、その顧客との関係、その顧客に提供される価値を詳しく知る必要

がある。というのも、それは買収に際してのリスク要因となるからだ。

会社の生産性を知るには、社員1人当たりの売上という指標がある。その数字が大きければ大きいほど、少ない費用で多くの成果を出していることになる。最大の費用はたいてい人件費だから、これは会社の経営効率を知る重要な手がかりだ。社内の人材を活かして効率的に経営すれば、健全な会社になれる。

反対に、多くの小企業は税金を払わないで済まそうとする。小企業の会計士は年度末に近くなると、設備を買って利益を減らし、税負担を軽くするよう進言する。これは、基本的に株価が品質や利益、成長と連動している上場企業とは大きな違いだ。だからロウアーミドルマーケット企業やメインストリート企業では、EBITDAやSDEなどの指標がいっそう重要になる。

その会社の業界での位置づけを知るのも大切だ。業界レポートやオンライン調査からベンチマークデータを仕入れると、その分野で会社がどのあたりにいるのかがわかる。

重要ファクター

ひとつ強調しておきたいのは、一般的な財務分析は過去の企業パフォーマンスを分析して未来のパフォーマンスを予測しようとする潜在的投資家が用いるツールだということだ。あなたが買収起業家だとしたら、よくある分析や指標には登場しない重要なピースがある。それは、あなただ。過去の業績を分析す

るときには、それが現オーナーの経営の下で起きたことだと理解しなければならない。業績がよかったとして、彼らが去ったらどうなるか？　彼らはどんなスキルの持ち主か。どうやってその成果を出しているのか。あなたもそれを間違いなく引き継げるか。

　さらに、あなたが経営したら会社はどんなふうになるだろうか？　たとえばROEや負債資本比率、社員1人当たり売上は変化するだろう。どのようにそれを変えるか。どこを改善できるか。ロウアーミドルマーケット企業は自社についてそうした分析をあまりしないので、あなたは現オーナーが持っていないような知見を得るだろう。あるいは、あなたは経営者を雇って投資に対する大きなリターンを得ようとしているだけかもしれない。これらはどれも、買収対象企業を見るときに念頭に置くべき重要な違いだ。なぜなら、一般的な財務分析の経験則がつねに当てはまるとは限らないからだ。あなた自身が置かれた状況にとって何が重要かを問わなければならない。

評価

　非公開会社を評価するのは、それをつくるのと同じくらい難しい。結局のところ、買い手にとっての価値と売り手にとっての価値があり、2つの当事者を合意させるには、両者がそれぞれにとって重要なことがらのほとんどに目をつぶらなければならない場合が少なくない。

最も一般的な評価方法は、資産ベースの評価とキャッシュフローベースの評価だ。たとえ適用できない場合でも、理解しておく必要はある。そうすれば他の評価法を理解したり、およその価値を計算したりできる。

資産ベースの評価

　資産ベースの評価には、簿価（BV（ブックバリュー））、公正市場価値（FMV（フェアマーケットバリュー））、清算価値（LV（リキデーションバリュー））の主に３つがある。

簿価

　簿価については貸借対照表のところで少しふれた。これは貸借対照表の自己資本の部に記された、会社の純資産を表す。現在の資産の価値から負債を引いたものだ。学問的には興味深い理解の仕方かもしれないが、**私の経験では簿価はまったく当てにならない。**

　理由は主に２つ。第一に、資産が減価償却される場合、帳簿上では直線的に、つまり絶えず同じ金額で償却されるが、我々は有形資産が指数関数的に償却するのを知っている。新車はディーラーから買った瞬間に価値が約10％失われる。しかし政府は重量が6000ポンド未満の社用車をすべて「高級車」に分類し、償却率に制限を設ける。このようにして、いかなる簿

価もオープン市場での販売価格と一致しなくなる。発売後3年たったコンピュータなんてもはや実質的価値はない。インラインカッターのない小ロット無線綴じ機だって同様だ。

　資産は利益を生み出せてこそ意味がある。そしてこれが、簿価があなたになじまない第二の理由だ。あなたが買い手として本当に関心を持つのは、その会社が生むキャッシュフローである。インフラはその利益を生み出す既存手段にすぎない。他の資産ベースの評価法も同じように、会社の資産に正確な価値を当てはめようとする。

公正市場価値

　公正市場価値（FMV）は、帳簿上の資産価値がたぶん誤っているという前提に立ち、その問題に対応しようとする。 外部の専門家が資産の状態を評価し、それぞれの資産がオープン市場で売られたときの推定価格を算出する。この種の分析は売掛金を割り引き、現金残高を使って債務の返済をシミュレーションし、現在の在庫の価値を割り出し、什器・設備の耐用年数分析を行う。

　資産集約型の会社を買う場合、公正市場価値分析は意味がある。 自分が何を買おうとしているかがわかり、今後役に立つもの、役に立たないものが明らかになる。将来的に必要がなさそうな設備があったら、それらのFMVを後日の交渉ポイントとして利用できる。しかしFMVは、これらの資産のキャッシュ

フロー創出能力を反映していない。資産がキャッシュフローを生まなければ、あえて立て直しの機会をねらっているのでもないかぎり、あなたはそもそもその会社を検討することがないだろう。もし立て直しをめざしているのなら、その会社の清算価値のほうが興味をそそるのではないか。

清算価値

清算価値は、会社の全資産を処分したとしていくらで売れるかを見積もり、そこから負債残高を引いたものだ。要は、今日のうちに会社を清算して何もかも現金化しなければならないとしたら、いくらになるか——。これは会社の破産オークションのときにしか経験できない、ごく可能性の低い評価法である。業績がよくない会社の立て直しを専門とする人にとっては重要だが、清算価値を前面に出すOMはまずない。

キャッシュフローベースの評価

キャッシュフローベースの評価には原則として、ディスカウントキャッシュフロー（DCF）とマルティプル（評価倍数）という2つの方法がある。

ディスカウントキャッシュフロー

DCFは投資銀行での取引にとって最もポピュラーな評価法だ。これまでの歴史や業界予測、いくつかの前提をもとに将来の利益を予測し、その利益を加重平均資本コストで現在価値に割り引く。

将来のキャッシュフローを評価しようというのだから理論的には優れているが、実際には仮説や前提だらけの学問的手法であり、大手上場企業、もっと言えば「永続的に利益を出す」金のなる木タイプの企業で効果を発揮する。

公式は次のような感じになる。

$$PV = CF1 / (1+r) + CF2 / (1+r)2 + \cdots [TCF / (r{-}g)] / (1+k)n{-}1$$

でも本書はそういう本ではないから、心配には及ばない。これはまあビジネススクールで習うような内容だ。しかし、複雑な数学には同じような結果が得られる「近道」がたいていつきものだ。DCFにもそんな代替的簡便法がある。

マルティプル

投資に対する一定のリターンを期待する市場が、以上のような評価モデルが結果的にある指標の倍数（マルティプル）に行き

着くと気づくまでに、さほど時間はかからなかった。

　我々が論じてきたEBITDAやSDE（または調整後EBITDA）は、会社がそれまでに株主やオーナーにもたらしたキャッシュフローを表している。市場は絶えず変化するが、ほとんどのメインストリート企業はSDEの2〜3倍で売れるし、取引額500万ドル未満のほとんどのロウアーミドルマーケット企業はいくつかの要因に応じて2.5〜6倍で売れる。その要因とは、会社の成長率、会社の利益、業界の成長率、会社の譲渡しやすさ、ブランド認知、その他の無形資産などだ。

　マルティプルは利益ではなく売上総利益や売上に適用されることもあるが、買収起業家の場合はそれはない。結局、あなたがお金を出そうとしているのは売上ではなく利益に対してである。

　ブローカーや売り手、買い手がみんなマルティプルの利用を好むのは、率直に言ってわかりやすいからだ。たとえば年に60万ドルのキャッシュフローを生み出している会社をその3.5倍、210万ドルで買えたら、その会社が過去3年半に生み出したものを反映した価格を支払っていることがわかる。

　SDEがこれだけだからマルティプルはこれくらいでなければならないという判断は、一種のトリックみたいなものだ。OMでは、最近売れた類似企業をもとに売却価格が提示されることがある。類似企業分析では産業、成長率、利益規模などを考慮しなければならないが、これをするのは一部の優秀なアドバイザーだけだ。評価額はリサーチに基づいて数学的に正確に

導き出されるものではない。あなた自身にとっての会社の価値を計算する必要がある。

財務価値ドライバー

それぞれの会社はあなたにとっての価値を持っている。会社の成長プランがあなたのスキルを必要とし、リミッターを含まず、あなたの心を躍らせ、なおかつ価格も手頃で元が取れるのであれば、それはすでにぴったりの会社だと言える。

だが、そういう諸々をしばし忘れて、ここでちょっとした練習問題をやってみよう。数字の変動が会社の価値にどう影響するかを感じてもらうためだ。以下に示す３つの会社について、どの会社の価値が高いかを考えてみてほしい。（図7.1）

最上段は各社の売上を示している。カクテルパーティーで話題に出るのはこの数字だ。売上が200万ドルの会社3の経営者は成功者として名が知られている。パーティーの参加者はみんな、その人の会社に一番価値があると思っている。その可能性はある。売上が多ければ、出口に際してより大きな買い手の関心を集めやすいのだ（＊67）。会社1と2を経営している起業家は、どうすれば会社の規模を倍にできるか考えるだろう。これは正しい問いかけだ。しかし各社を比較すると、費用のあり方が大きく違うことがわかる。

会社1は売上総利益率が30％なのに対し、会社2は70％。ずいぶん開きがある。会社3は40％だ。

（単位：千ドル）	会社1	会社2	会社3
売上	$1,000	$1,000	$2,000
売上原価	$700	$300	$1,200
売上総利益	$300	$700	$800
営業費用	$200	$600	$700
純利益	$100	$100	$100

図7.1

　会社2は売上総利益率が高く、会社3は売上総利益の額が大きいが、その分を営業費用で失っている。他方、会社1は営業費用を相当切り詰めており、結果的に3社とも純利益は10万ドルとなっている。

　では、どの会社の価値が高いだろう？

　純利益が同じだから価値も同じか？

ここで売り手の裁量的利益（SDE）の出番となる。（図7.2）

　EBITDAやオーナーベネフィットを計算したあと、純利益への足し戻しを行えば、現オーナーにとってのキャッシュフロー総額がよくわかる。

　会社2はSDEの値が大きいので、他の会社より評価額が高

（単位：千ドル）	会社1	会社2	会社3
売上	$1,000	$1,000	$2,000
売上原価	$700	$300	$1,200
売上総利益	$300	$700	$800
営業費用	$200	$600	$700
純利益	$100	$100	$100
調整（足し戻し）	$50	$250	$150
SDE	$150	$350	$250

図7.2

いはずだ。成長と利益（SDE）が企業の価値を高めるドライバー
であり、会社2はSDEの点で勝っている。各社のマルティプ
ルが同じだとすると、市場での価値は会社2がかなり高い。（図
7.3）

　**もっと重要なのは、この期間中のオーナーにとっての金銭
的価値は会社2のほうが会社3よりも大きいということだ。**産
業、競争、成長率がすべてマルティプルに影響することを頭に
入れておこう。今なら、売上レベルがこれくらいの優れたオン
ラインSaaS企業はマルティプルが倍くらいあってもおかしく
ない。他方、コモディティ化した低利益産業で落ち目の会社は
SDEの2倍以下でないと売れないかもしれない。すべては状況

（単位：千ドル）	会社1	会社2	会社3
SDE	$150	$350	$250
マルティプル	3	3	3
評価額	$450	$1,050	$750

図7.3

次第だ。

　この例のようにマルティプルが単年だけに適用されることはめったにない。実際には過去3〜5年に目を向け、近い年の重みづけを大きくする。たとえば直近の年が70%、前年が20%、さらに前年が10%という具合だ。

　評価モデルが必ずしも一定でないことを考えると、重要なのは、その会社が市場ではなくあなたにとってどれだけの価値を持つかだ。

　会社2を例にとろう。オーナーベネフィットにして35万ドルのキャッシュフローを生んでいる会社を、あなたは3倍のマルティプルで買うか？　まず総取引額を計算しよう。

　直近の年のSDEは35万ドル、その前年が31万ドル、前々年が27万5000ドルだったとすると、3年間の加重平均は33万5000ドルで、これに3を掛けると100万5000ドルになる。

　仮にサービス企業で在庫がないとする。売掛金が12万5000ドル、買掛金がわずか2万5000ドルで、必要な運転資本は10万ドル。分析の結果、来る繁忙期への備え、契約手数料、弁護士や会計士の費用としてさらに7万5000ドルが必要になると判断。その合計17万5000ドルを先の評価額に足すと、

> **100万5000ドル ＋ 17万5000ドル ＝
> 118万ドル（取引総額）**

　ROIを最大にしたいので出資額は10％の11万8000ドルとし、残る106万2000ドルは融資でまかなうことにする。

　ネットでダウンロードしたローン計算ソフトを使うと、106万2000ドルを金利6％の10年ローンで借りたときの月当たり返済額は1万1790ドルとわかる。この会社は月平均2万9167ドル（35万ドル÷12）のキャッシュフローを生んできたことがわかっているので、手元に残る年間20万8000ドル（（2万9167ドル－1万1790ドル）×12）を給与（または経営者の採用）や会社への再投資に使うことができる。あなたはこの会社は元が取れると判断し（これも必要な判断だ）、提示額はその点で問題ないと考える。

　また、11万8000ドルの投資に対して33万5000ドルのリターンだから、年間ROIは283％と満足のいく数字になる。だが、

すべてが現金ではないこともわかっているので、あなたの予測給与15万ドルに対するROIを計算すると、その数値は127%となる。それから、ここでは会社の成長を想定していないことにも留意する必要がある（成長させられない会社を買うはずがない）。

10年後、あなたは全部で150万ドルの給与を受け取り、銀行融資も返済しているから無借金経営だ。さらに、成長のためにあなたのスキルを必要とする会社を毎年8%どうにか成長させることができた。売上は今や200万ドルを超え、オーナーベネフィット総額は17%、年35万ドルを上回る。

あなたは債務をきちんと返済し、暮らしていけるだけの賃金を自身に支払い、会社を伸ばすための蓄えを確保することができると判断した。金銭的な観点から言うと、この取引はきわめて筋がよさそうだ。

＊67　これは、サーチの段階で売上に注目すると判断を誤りかねないという好例だ。3社とも純利益は同じなのに、売上が多いというだけでそのうち1社のみが買い手の注目を集めている。

SDE分析

EBITDAの計算は非常に簡単だが、機会をレビューする際は、足し戻す項目を一つひとつ確認することが重要だ。 この調整項目の考え方についてはモデルのようなものがあるが、それはリストブローカーが都合よく勝手に変えられるものでもある。

　基本的に見ることになるのはオーナーの給与とベネフィットだが、オーナーに対する単なる手当だった項目もリストアップされているだろう。多くの会社オーナーは合法的な費用が税金を減らすことを知っている——その点をよく心得ておかなければならない。したがって携帯電話とか自動車とかも出てくる可能性がある。このカテゴリーに属するものはすべて確認したほうがいい。

　その他の調整項目として、当該期間に発生した非経常費用が挙げられる。たとえば、特定の出来事に対処するため余分にかかった弁護士・会計士費用、静的ウェブサイトの構築費用など。適法なもの、そうでないものを含め、各種の広告費もよく見られる。**一つひとつを確実に理解するようにしよう。あなたにとっても費用になるはずだから同意できないというものがあれば、それは計算から除外することだ。**

提示価格との比較

あなた自身にとっての価値が決まったら、いよいよ提示価格を検討する番だ。

　起業家（売り手）は自分の会社を過大評価することが知られている。実は、これはすでに売りに出されている会社を見るうえで、あなたにとって一番のプラス材料になる。M&Aアドバイザーはすでに——時には何年間も——どれくらいの価格で売れそうかについて売り手に心の準備をさせてきた。まともなアド

バイザーであれば、リスト上の提示価格は適正な価格帯に入っている可能性が高い。しかも、売り手はそれがそこそこ正しい価格だと考えている。自宅を売却するとき、需要が高い優良物件であれば、リスト上の価格の周辺、だいたいそれに近い値段で売れる。会社の売却も変わらない。

　もちろんブローカーのなかには、高値で売れると持ちかけて売り手からリストを獲得しようとする者もいるだろう。しかし、あなたはもうそれを見極める力を持っており、必要なら背を向けることができる。その会社の過去の業績では買収のための負債を返せない、さらなる成長が必要だとしたら、あなたは過去ではなく未来に対してお金を支払うことになる。言い換えれば、未来が値を決めることになる。

　そうではなく、会社の将来価値は関心の有無を決める判断材料とし、過去の業績に基づいてその将来価値に値段をつけよう。そうすれば、あなたはその会社で築く価値を確実に享受できる。その会社を適正な価格帯で買えそうだと考え、なおかつその会社が将来長きにわたって価値を提供してくれそうだと考えるなら、売り手と会ってみる段階へ進んでいいだろう。

第8章
売り手の目線

　前回の買収のあと、SBA融資を担当した銀行員が私に言った。「私の第一の仕事は、借り手となる方に、我々がその方にふさわしい銀行であると納得してもらうことです。第二の仕事は、その融資が銀行にとってふさわしいものかどうかを判断することです」

　そのとおりだと思った。私も新しい案件にはそのようにして臨んでいる。そしてほとんどの買い手がその点をまったく誤解している。**本章では、あなたの第一の仕事は売り手にあなたが正しい買い手であると納得してもらうことであり、その会社があなたにふさわしいかどうかを決めるのは二の次だということを、その理由とともに説明する。**

　経験が浅い大多数の買い手は、売り手との最初のミーティングに臨むとき、相手を信用していない。買い手にふさわしい案件かどうかに関係なく会社を買わせようとするのだろう、と彼らは考える。価値が下がってしまわないうちに「厄介払い」したいのではないか、と勘繰る。この売り手は新しいベンチャーの資本を調達しようとする若い起業家みたいなものだ、と考えてミーティングに赴く。どうせ「売り込みを受ける」のだろう

と考え、売り手が売ろうとする「本当の理由」を知りたいと思う。ではもし、先の銀行員が自分の銀行を売り込んで私を納得させることに関心がなかったら、どうか？　彼らが融資できるかどうかを私が気にかける理由などほとんどないだろう。たいていの買い手は売り手と会うとき、まさにこういうアプローチをしている。

　ほとんどの買い手はよそよそしく打ち解けない態度で売り手と向き合う。アイデアを拒絶し、頃合いを見て警戒的な反応を差しはさむ。よほど説得しないと席にもつかない保守的な投資家のように振る舞う。仮に席についても「簡単にはいかないよ」という態度をとる。これは「信ぜよ、されど確認せよ」式のアプローチではなく、「証明せよ、そうしたら信じてやってもいい」式のアプローチだ。

　保守的な投資家にならなければならない時は当然ある。しかし本書のテーマは、どうやって保守的な投資家になるかではなく、「買収起業」だ。どんな買収案件も慎重な投資分析をたっぷりしなければならない。最初の企業買収はたいていそれまでの人生で最大の投資であり、それに応じた調査も必要だ。危険を察知したら立ち去るのみだ。

　しかし優れた買い手は、売り手と同じく自分も起業家だと理解している。取引は売り手と会ってから数週間以内に完了し、その後4〜40年は買い手が経営権を握る。**売り手とやりとりする間はベンチャーキャピタリストではなく起業家のように行動する──これは売り手を説得し、取引を最善の結果に導き、**

その会社の新しいCEOのように振る舞うためのカギである（もし適切な対応ができたら、CEOになるかどうかは相手ではなくあなたが決めることだ）。

　少なくとも一定レベルの交渉をしなければ、取引条件について売り手との合意を模索する段階には至らない。売り手の見方や目標を知ることは、人間関係を築き、関係者全員が最善の結果を得られるよう事を進めるうえで不可欠だ。

　売り手の立場でものを考えよう。

　たとえば、こんなプロファイル。売り手は長年その会社を経営してきた。配偶者が言うには、彼は自分の「赤ん坊」にぞっこんで、個人と会社を精神的に分離できない。つまり会社と一心同体だ。入社・退社した一人ひとりの社員、顧客が抱える一つひとつの問題、そして業績がよかった一年一年が彼の行動や判断と不可分につながっており、また一つひとつのミスが彼の両肩にのしかかっていた。会社のおかげで家族は収入を得、家を買い、子どもを私立校に通わせることができた。理由はどうあれ、今が会社の売却を検討するタイミングである。

　あるいは、こんなプロファイル。持ち前のスキルでゼロから価値を築いた彼女は、5年前、売上100万ドル以上の会社にするという目標を立ててプロジェクトを立ち上げた。時間と労力と資金をつぎ込んだその会社は、彼女の人生で最大の成果のひとつだ。目標を達した今、当初の戦略どおり売却を検討する時がきた。

　どちらの例も、売り手が手塩にかけて育て上げた会社だ。機

械や自動車を売り払うのとはわけが違う。彼らにとってはエ
モーショナルな取引なのだ。

　M&Aアドバイザーと話した売り手は、会社の市場価値を知
る。思っていたよりずいぶん安い。メインストリート企業やロ
ウアーミドルマーケット企業にとってのSDEやマルティプル
というものを理解していなかったので、その意味を飲み込み、
会社を売却リストに載せる心構えができるまでに少し時間がか
かった。彼らはこの1年余り、会社の市場価値を高める手立て
を講じてきた。できれば安心して引退できる資金を手にしたい
──少なくとも最大限価値を高めたい。どれだけあっても十分
ということはない。この取引にかかっているものは大きい。何
ごとにつけエモーショナルになるなら、そこに多額のお金を結
びつけて何が悪い。

　会社が売りに出ていることを顧客や社員、悪くすると競合他
社が知るのではないかと、彼らは心配している。必要のない情
報は漏らしたくない。いざ買い手との交渉の段になったら、相
手が買わない理由を探すだけの冷やかし客なのか、資金や実行
力のない買い手なのかを判断しなければならない。

　彼らには守るべき評判もある。新しいCEOは誰になるのか。
有能な人物か。ビジョンがあるか。就任するなり、何十年も働
いてきた社員のクビを切ったりしないか。

初デート

　優れた買い手は、正しい価格はいずれわかるようになると知っている。もしそうならなければ、別の案件を探せばいい。**あなたの仕事は、あなたが以下の理由からその会社の正しい買い手であると売り手に納得させることだ。**

1　正しい案件ならちゃんとクローズできる。はしごを外さない。

2　売り手の会社を経営する能力があり、そこに情熱を注ぐことができる。

3　問題解決の手腕に信頼が置ける。売り手と同じ側に立ち、オーナーの交代という共通の目標を果たすことができる。

「初デート」の席でこの3つを売り手に納得させることができたら、すでにあなたの勝ちだ。最初の20分でこれを達成し、あなたを他の買い手候補から差別化するための方法をお教えしよう。

クロージングの意志と能力

リストブローカーや売り手とすぐに関係を築くことができれば、あなたが売り込みを受けることしか考えていない、保守的でよそよそしい投資家ではないことを示せる。あなたはむしろ信頼できる交渉相手であり、公正な取引を完成させるという目標をつねに見据えている。

募集要項（OM）に関心を持ち、その中身を評価したら、リストアドバイザーに接触しよう。彼らが何を求めているかはすでに述べた。取引を成立させる意志と財力を持ち、売り手に紹介できるだけの能力を備えた人物だ。これは一次面接みたいなものだと考えよう。

その後、通常は売り手との初会合がある。地域が同じならブローカーのオフィスなどでスタートすることが多い。それから社員が帰ったあとの会社に場を移したり、スケジュールを再調整して社員がいるときに別途訪問したりする。

経営能力と情熱

売り手との初会合は、アドバイザーがまず開会の辞を述べ、その後はふつう買い手が自己紹介をする。

このチャンスを楽しもう。あなたがいかに仕事をしやすい相手か、これはと思ったら契約を成立させる意志がいかに強いか、そしてなぜ経営を引き継ぐのにふさわしい買い手なのかを説明

しよう。

　ほとんどの買い手は過去の役割や成果について短く遠慮がちに説明する。売り手の会社や自分が買い手として達成しようとする目標については何もふれない。有能な仲介者は会話のなかでこの点を引き出してくれるが、**おすすめしたいのはこの初会合を就職面接のように捉えることだ。**あなたは売り手の会社のCEOになるための面接を受けている。「3つのA」でも述べたように、正しい「態度」はCEOのマインドに欠かせない要素である。それが理論から行動へと変わるのはこの時だ。

　敬意を表し、礼儀正しく振る舞おう。時間を割いて会ってくれたことに感謝し、売り手の会社が持つ成長機会に関心がある旨を伝えよう。経歴を話し、関連する成果を強調しよう。積極的に会社を探している理由を説明し、銀行と会って資金確保の手筈を整えたこと、一定の期間内に必ず対象企業を見つけようとしていることを説明しよう。会社を褒めることで売り手を褒めよう。そのために、会社のどこに惹かれるのかを具体的に強調しよう。

　これで売り手はすぐ心地よくなる。この買い手は我が社を気に入っているので、きっと情熱を傾けてくれる。私の努力や成功を認めてくれる。正しい会社を買う準備や心構えができている——。するとどうなるか？　私は起業家としてあなたの会社に関心がある——そんな趣旨の自己紹介をするだけで、会話へのアプローチは成功だ。あなたは売り込みを受けようとする保守的な投資家ではなく、売り手のお気に入りの買い手になる。

嘘をつけとか、策をめぐらせろと言っているのではない。売り手に寄り添い、売り手に心を許してもらうには、この面接方式のアプローチが一番だと思っているだけだ。関係を築くにはこの方法が一番いい。ほとんどの売り手は最初の数カ月で4〜6人の買い手候補と会う。最初の数週間で初デートをし、数カ月後にそのうちの誰かと結婚するのが目標だ。誰が花嫁（花婿）の座を勝ち取るか？

共通の目標

　シェイクスピアは「光るものすべて金ならず」と我々に教えたが、それは企業買収にも当てはまる。魅力的な機会に思えたので会ってみたが、自分には合わなかったというケースはざらにある。複数の売り手に会うのは普通だし、案件が別の買い手に行くこともある。デューデリジェンスの段階で話が流れることもある。理由はどうあれ、この売り手とは最終的に契約に至らないかもしれない。でも、皮肉屋のエンジェル投資家ではなく熱心な起業パートナーとして売り手にアプローチすることで失われるものは何もない。案件の行方にかかわらず、「よき買い手」「よきパートナー」としての地位を早いうちに確立すれば、ブローカーからひいきにしてもらえる。私は「よき買い手」になっただけで、有望な案件を一番に見せてもらったことが何度もある。思い返せば、それで買収した会社は2つある。

　このアプローチの短期的なメリットは、売り手がすぐあなた

に心を許すということだろう。これが重要な理由はたくさんあるが、一番の理由は、その会社に関するすべての情報、それも機密情報を握っているのは売り手だということだ。ビジネスチャンスを適切に評価するには、できるだけ多くの機密情報が必要だ。情報を共有してもよい、必要な情報をタイムリーに提供して買い手の目標達成に協力したい、と売り手に思わせるのが大切である。**初会合では質的な面だけにこだわろう。財務状況をソフトに尋ねるのは構わないが、厳しい掘り下げた質問は後日にとっておこう。これは初デートだ。売り手も買い手も強みを前面に出し、弱みには少々目をつぶってもいい。**

　すると次のように批判されることがある。礼儀正しく協力的で熱心な姿勢を見せたら、いざ交渉というときに不利になるのではないか、と。行儀よく振る舞ったら批判的思考が置き去りになる、と言わんばかりだ。この見方はよくある時代遅れの考え方に影響されている。それが事実ではないという信頼できる証拠はたくさんある。礼儀正しさと毅然たる態度は両立できる。共通の目標へ向けた問題解決のためのパートナーシップを大切にするからといって、すぐに妥協したり、相手に利用されたりするわけではない。

　ハーバード大学はカラム・コバーンの「交渉・対立スタイル（Negotiation Conflict Styles）」[*68] という論文を発表した。これは5つの交渉スタイルと、それぞれをいつ利用したらよいかを説いた論文だ。「主張」と「協力」の2軸に沿ってさまざまな交渉スタイルを記述した「レビスキーとハイアムの交渉マト

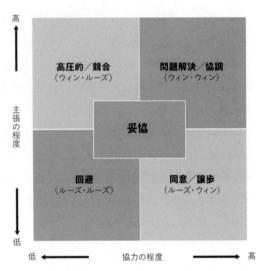

図8.1 レビスキーとハイアムの交渉マトリックス(＊69)

リックス」が下敷きになっている。(図8.1)

　どのスタイルをいつ使うかを詳しく述べるのは本書の主要テーマではないので控えるが、BuyThenBuild.comでは、あなたの置かれた状況や最良の結果につながるスタイルを分析するための情報を他にも用意している。**当面は、交渉を進めるのを避けたいとか、特定の項目に賛同できないという状況に直面したら、仲介者を利用するのがよい。彼らはそのためにそこにいる。**とくに売り手と買い手の双方が行き詰まりを感じたとき、仲介者は目標達成へ向けて関係者を後押しするのに信じられないほど力を発揮する。

　研究によると、共通の目標へ向けた積極的・協力的な問題解

決型アプローチは、すべての当事者に最善の結果をもたらすケースが非常に多い。ここで言う共通の目標とは当然、双方にとってベストに近い取引を見つけることだ。状況が変わったと感じたら、いつ交渉戦略を変えてもいい。ただ、その会社を買収する必要はないということを何よりも覚えておいてほしい。売り手やブローカーに利用されている、嘘をつかれていると感じたら、さっさと立ち去ろう。

交渉戦略のもうひとつの肝は、価格以外のあらゆる点について可能な限り協議してから、正式なオファーを出すということだ。 そうすれば、売り手が価格以外に何を重要視しているかがわかる。それはキーパーソンの雇用の継続だろうか。契約締結のタイミングだろうか。セラーファイナンスをしないことだろうか。現状の成長戦略をひとつでも実行できることだろうか。それとも、とにかく高い価格で売れればいいのだろうか。

大事なのは売却価格だと誰もが言うし、それはたしかにそうなのだが、私は売り手が売却に伴う質的な目標を持っていない取引を見たことがない。前に述べたように、これは売り手にとってきわめて個人的でエモーショナルな、いわば一世一代の取引だ。 価格以外のポイントを押さえれば、相手を喜ばせるためにどこを重点にオファーを出せばよいかがわかる。売り手の望みが3つあり、どれもコストがかからないのなら、3つの願いを全部喜んでかなえてあげよう。あなたの払う犠牲はゼロだし、あなたにとって重要な領域を選んで勝負ができる。これは両者が欲しいものを勝ち取るウィン・ウィンのアプローチだ。

片方が勝ち、他方が何かを失うウィン・ルーズの関係ではない。これを早めに解明できたら、取引の微妙なあやに関して優位に立てる。

例を挙げよう。私自身の会社を売却したとき、私は2つのことを重要視した。まず、新しいCEOが、業界変革のなかで会社を次のレベルへ移行させるためのスキルや手段を持っていること。それから、すべての社員の雇用を同じ（または適正な）給与で維持すること。

取引価格はもちろん重要だったが、それはほとんどSDEや客観的なマルティプルに基づいて決まることがわかっていた。要は業界のなかで相対的に決まるのだ。買い手が現れても、先の2つの要件にパスしなければ取引は成立しない。

私はなぜ売ろうとしたのか？　我が社の戦略は新しい製品ラインを築き、買収を通じてそれを積極的に成長させることだった。2年半の間に27社に接触し、パズルの正しいピースを見つけようとした。そしてようやく私のビジョンを理解してくれる売り手に出会った。ところが彼は売却よりも購入にもっと関心を持っていることがわかった。私は会社を売ることで将来のビジョンを実現できた。リーダーは変わったにしても――。

＊68　https://hms.harvard.edu/sites/default/files/assets/Sites/Ombuds/files/NegotiationConflictStyles.pdf

＊69　http://purchasingpractice.com/developing-a-differentiatednegotiation-strategy/ より。（編注　現在アクセス不可）

売り手の脳をダウンロードする

　正しいアプローチができるようになったら、相手の会社を詳しく調べる番だ。その過程では２、３度ミーティングを持ち、現場にも出向く。売り手へのインタビューの目的は、会社、売り手、業界の強みと弱みを見極めることだ。財務諸表の数字、売り手が語る内容、業界調査の結果などをもとに、その会社の背後にあるストーリーをあぶり出す。これまでどんな位置づけにあったか、今後どこへ向かおうとしているか、どこへ向かうべきか、あなたに何ができるか。この会合の成果は、あなたが格別に熱心な聞き手になれるかどうかにかかっている。

　当然ながら、大きな懸案事項がないかも気になる。業界の衰退、強力なライバルの参入、顧客の集中度……。売り手は直接には教えてくれなくても、間接的に教えてくれることがよくある。この会社の強みと弱み、ビジネス上の機会や脅威を判断するのは、将来のCEOであるあなたの責任だ。売り手は最良の情報源であるが、もし夜寝られないほどの心配事があってもそう簡単には打ち明けてくれない。

　リスクのありかを明らかにするのもあなたの仕事だ。どんな会社にもリスクはある。あなたのスキルで対処できそうなリスクだから、または起きる可能性が低いリスクだから気にしないのか、それともリスクが大きすぎると判断して立ち去るのか。**売り手との会話に役立つツールやトピックをいくつか紹介しよう。**

心構え

　案件が持つポテンシャルについては楽観的に構え、関連リスクは大いに気にかける。そうすれば機会やポテンシャルをありのままに判断できる。冷やかすだけの買い手は最初のミーティングでポテンシャルの全体像を見ようとせず、むしろそれが悪い投資である理由ばかりを探そうとする。その会社のどこにチャンスがあり、どこにリスクがあるか？　規模を倍にするには何が必要か？　そう自分に問いかけよう。

　批判的思考を忘れてよいわけではない。売り手は売り手なりに質問に答えるだろうが、何もかもさらけ出すことはたぶんない。なぜなら、それは彼らにとって一世一代の仕事であり、機密情報であるからだ。両者がまだ会ったばかりだからだ。それに、買ってくれるかもしれない相手には会社をよく見せたいのが人情だ。言われた内容をとりあえず額面どおりに受け取り、彼らの知識や知見を活用し、彼らがどんな人間かを感じ取り、その間にとにかくリスクと機会のありかを探ろう。

煙幕

　私の場合、これをやるうえで役立ったのは、ミーティング中に手を替え品を替え同じ質問をすることだ（その後のミーティングでも同じ質問を繰り返した）。そうするうちに新しい情報を拾い、やがて三次元の完全な答えを導くことができる。

　同じように、人はしてほしくない質問にはあらかじめ答えを用意しているものだ。だから、毎回判で押したような答えが返ってきたら、そこに「煙幕」が張られていると考えてよい。今後のミーティングでその点を掘り下げるようにしよう。不思議の国のアリスではないが、物語や数字のなかの「ウサギの穴」を見つけるのはデューデリジェンスの時で構わない。今はまだ、宿題にしておく箇所をはっきりさせればよいだろう。

意外性

　質問のテーマを急に変えるという方法もよく使う。こうすると流れが遮断される。たとえば特定の地域における顧客集中度がテーマにのぼったら、売り手は「次はその理由を訊かれる」と考えるだろう。そこでこちらは話題を変え、業界内での会社の位置づけや手元在庫について質問する。その後あらためて顧客集中度について尋ねる。何種類かの質問を同時並行的にぶつけると、かなり正直な答えが得られることを私は知った。次はどんな質問だろうというロジックを遮断できるからだ。**たいていの人は「次は何と言おうか」と考えているので、話題を変えると「生身」の答えを引き出しやすい。より正確な会社像をつかめるというわけだ。**

　売り手が何を隠し通そうとしているかを知る必要がある。売り手自身のスキル、顧客との関係について知るべく手を尽くそう。その会社がいかに譲渡しやすいかを判断しよう。

売り手の強み

　人は自分が得意とする活動にエネルギーを注ぎたがる。そして会社の中核的能力（コアコンピテンシー）はふつう、売り手が専門とする分野に直接関わっている。売り手がオペレーション分野の人だったら、関係維持に必要なプロセスが整備されているので、顧客が離れて行く心配はたぶんない。他方、売り手が腕利きの販売員だったら、顧客との関係づくりに今すぐ注意を払う必要があるだろう。売り手のスキルがどんなものであれ、あなたはその分野に注目する必要がある。

概観 —— 起源と進化

　私はいつも売り手へのインタビューを「あなたの会社について話してください」という言葉で始める。すると必ず会社の起源から現在に至るまでの歴史が語られる。会社の誕生と成長に関する話を聞きながら、売り手が「提供価値」を明確に説明しているかどうかを考えよう。もし説明されていても、話が終わるまで待ち、それから「この会社が他社と違う点は？」または「なぜお客さんはあなたの会社から買うのか？」と尋ねる。

　あなたはひょっとしたらOMのなかで顧客に関する情報を見て、その集中度合いが気になったかもしれない。もしとりわけ大きな顧客がいたら、その理由を尋ねよう（＊70）。一番望ましい答えは、その会社の提供価値に関連したもの。2番目に望

ましい答えは、その顧客とは長いあいだ関係があり、売り手が去った後も関係を維持できるだろうというもの。最も歓迎できない答えは「あそこのオーナーとはよくゴルフをするので」とか「もう20年、同じ教会に通っていて」とか。いずれにしても、その会社が現在、最大の顧客にどうやって製品を売っているのかがわかる。するとあなたは「そのやり方を私も再現できるか」または「そのやり方をどうやって拡張できるか」と問うことになる。これに対するよい答えがあるかどうかはわからないが、正しい答えは必ずある。

　だいたいにおいて、売り手はもっと掘り下げたい部分を強調して話をする。それを遮らずにじっくり耳を傾け、自由に話してもらおう。

　売り手はたいてい自身の経歴についてふれるものだが、もし話してくれなかったら尋ねよう。関心がある領域、持っているスキル、社内での役割、一日の仕事……。小さな会社の場合は、配偶者も同じ会社で働いているかを尋ねたい（もし働いていたら、その両方の業務を理解しなければならない）。

　休暇をどれくらいとるかを知ると、オーナーが日常のオペレーションにどれくらい深く関わっているか、どれくらい不可欠な存在であるかがわかる。四半期ごとに2週間休むオーナーもいれば、10年間休暇をとっていないオーナーもいる。これは「バステスト」の一環でもある。つまり、もしオーナーがバスに轢かれたら会社はどうなるか——？

ただし、売り手へのインタビューで顧客の名前を訊くのはよくない。
売り手にとっては機密情報だから、開示するにしてもオファーを受
諾してからだ。

顧客構成

**どの製品がどれくらい売上をあげているかの感触をつかみ、
そのうえで売上総利益も把握するよう努めよう。**オーナーは中
核的な製品・サービスの周辺に補完的な製品・サービスをバン
ドルすることがよくあり、買収前にその情報を知っておく必要
がある。これにより、すでに実施した財務分析+アルファの知
見が得られる。知りたいのは、どの製品が売上を増やし、どの
製品が売上総利益を増やしているか、両者は一致しているかで
ある。

顧客は誰か。異なる顧客セグメントがあるか。顧客はどこに
住み、何歳くらいか。そもそもの購入動機は何か。抱えている
問題の解決策が欲しいのか。感情を伴わない必然的な購入なの
か。リピート客と新規客の比率はどうか。顧客はその会社をど
のように見つけるのか。

競合

競合会社はどこか。彼らはこの会社より自社のどこが優れて
いると言っているか。この会社ならではの特徴は何か。この業

界についてもっと知るにはどうするのがよいか。

成長機会

成長への道筋はどのようなものか。売り手はなぜそれが最善の道と考えているのか。何らかの活動を拡大に導いた経験があるか、それともこれは新しい取り組みか。なぜ自分自身で行わなかったのか。将来の機会に対する売り手の認識は、その会社や業界で対応すべき問題や障害に根差していることがよくある。

課題と脅威

会社が直面する最大の課題は何か。会社が直面する最大の脅威は何か。何が起きたら会社は存在しなくなるか。

売却のドライバー

なぜ売却するのか？　私はあらかじめこの質問をすることはない。売り手とブローカーはそう訊かれることを間違いなく予測し、リスト掲載前から答えを用意している。早めにその質問をすると、必ずOMと同じ答え、ブローカーがスクリーニング時に語ったのと同じ答えが返ってくる。他方、売り手と関係を築き、よい印象を与え、売り手の話を聞き、会社に対する理

解を深めたあとにその質問をすると、さまざまなピースをつなぎ合わせることができるかもしれない。その後にフォローアップの質問をすれば、本当の答えを少しは引き出しやすくなる。

　買い手が絶対的に歓迎する答えがある。死亡や病気、時に離婚、そしてただ引退を望む78歳。売り手にとっては大変な状況であるが、こういう場合、真実は基本的にはっきりしている。流動性を望む売り手も私はこのカテゴリーに入れてしまう。会社を立ち上げ、3〜5年間成長させ、それを売ろうとするのは、きわめてシンプルでよくあることだ。ベンチャーキャピタルやプライベートエクイティの業界はまさにそのようにして成り立っている。そのやり方は起業にも健全に受け継がれており、買収起業がそれなりに割に合うのはそういう理由もある。成功する買収案件は、テーブルからただチップを引き揚げたいと考える売り手からもたらされる場合も少なくないのだ。

　その他の答え——売り手が燃え尽きた、飽きた、新しいチャレンジをしたがっている、河岸を変えたがっている——は、本当の答えかどうかはわからない。もっと時間をかけて探ったほうがいいだろう。彼らが金のなる木を手放そうとする説得力ある理由が見つからないとしても、理由は必ずある。まだ顕在化していないだけかもしれない。

　会社が左前になっていないか。市場シェアを失っていないか。売上が頭打ちになっていないか。売り手が飽きていたとしたら、社員もみんな飽きている可能性が高い。会社が業界のライフサイクルのどのあたりにいるかを見極めよう。これはとて

つもないチャンスなのか、それとも死期が近い製品・サービスなのか？

買い手の理想的なプロファイル

理想的な買い手はどのようなものか？　必要とされるスキルは何か、その感触を得よう。それは成長プランに必要なスキルである可能性が高い。要は今の会社に足りないものを論理的に考えればわかるはずだ。とはいえ、新しい任務だけでなく、次のオーナーが現CEOの任務を引き継ぐのが現実的かどうかも考える必要がある。

業界トレンド

業界トレンドなどの情報をさらに仕入れるにはどうするのがよいか？　売り手は売却後もその会社にとどまろうとするのか。だとしたら、それはどれくらいの期間か。

人材

会社のキーパーソンは誰か？　彼らが会社を買ったとしたら、どんな変化を起こすだろう。誰が必要不可欠な人材で、誰がパフォーマンスのよくない人材か。

今後の予定

売却後にどうするつもりなのか、売り手の今後の計画を知ろう。これによって彼らのことがよくわかり、売却の決断に対する気持ちのありようが明らかになる。最初のミーティングが終わりに近づいたら、それまでの会話でわかった新情報をもっと掘り下げ、まだ気になる点があったら確認しよう。

文化

ある製品販売会社を買収した私の友人は、売り手との交渉のなかで、相手が自分のことをまったく気にかけていないことを知った。クロージング後にわかったのは、売り手のその好ましからざる性格が会社の文化にすっかり根づいていることだった。売り手の説明が一部正しくなかったこともわかった。たぶん嘘をついたのだ。友人は初日から社員の大半とぶつかり、彼らを説得するために相当苦労しなければならなかった。結局、カギとなるマネジャーのほとんどが会社を去った。態勢を立て直し、チームの調和を図るまでには何年もの時間を要した。最初の数年間は人材の安定化に費やした。買収起業家は必要なことを何でもしなければならないのだから、それはそれで構わない。でも、おかげで買収起業のメリットが大きく失われたのは間違いない。

売り手との交渉では直感に耳を傾けるのが大切だ。親友にな

る必要はないけれども、「立て直し」の場合を除いて、売り手と同じ価値観を共有していれば、それがその会社の文化によく表れる。売り手と会ってそのあたりの感触を得たら、それを裏づけるために会社を実際に見学してみるのがよい。

　実際に見学すると、その会社の文化や雰囲気がとてもよくわかる。清潔さ、規律、社員の集中力、資産の新しさ……。訪問中にそれらがすべて明らかになる。CEOの社員との関係はどうか？　健全な関係が築かれているか。社内に切迫感があるか、それともリラックスした雰囲気か？　売り手はたぶんカリカリしていて、社員に買収の件を悟られたくないから、あなたを紹介するにしてもコンサルタントとか見込み客として紹介する可能性が高い。

　社内でのものごとがどのように進行するかを詳しく尋ねよう。社員はあなたと話すことを奨励されているだろうか？　それらの情報をすべて参考にして、あなたなりの会社像を組み立てよう。

　企業文化は恐らく買収候補先のなかで買い手が最も見逃しやすい側面だ。しかしそれはパズルの不可欠なピースであり、その会社を初日からどう経営するかという計画を立てるうえできわめて重要である。

　『Cracking the Code』の著者ジョン・ブライはCPA兼買収起業家で、いくつかの買収を通じて会社を成長させてきた。何十年かの実践を経て、彼は企業買収の専門家となった。新たな買収案件を検討するときにブライが真っ先にやるのは、売り手と

ランチに出かけることだ。その最初の顔合わせで関係やつながりを築けなかったら、きっぱりあきらめる。企業文化が成功に欠かせないこと、そしてそれがトップダウンで社内に行き渡ることを彼は知っている。プラットフォーム企業を買ってそこを足がかりにするのと違い、買収を通じて成長しようとするときには、これがずっと重要になる。だがいずれにせよ、文化は成功に欠かせない要素である。

クロージング後の売り手

私は会社を買収するたび、長い移行期間を確保し、売り手にもこれに同意してもらいたいと考える。これはもちろん、新しい会社の情報を表も裏も可能なかぎり仕入れるために必要なことだ。

とはいえ、クロージング後すぐにいくつかの基本的な事象が生じる。

第一に、すべての社員が今や売り手ではなく新しいオーナー、すなわちあなたの部下であることを理解する。その結果、彼らはただちに新しいオーナーの意向に沿って動く。その切り替えは驚くほど速い。だがある意味、それは彼らにとって仕事の初日なのだ。社員にとっても顧客にとっても、あるいは——いずれわかることだが——売り手にとっても、移行期間などない。それはすぐに起きる。「八方美人」の時期も多少あるが、売り手が会社を去ったらそれもおしまいである。

　第二に、取引が成立し、お金が銀行に入ったら、売り手は精神的にも物理的にもさっさと立ち去る準備ができている。久しぶりに会社との金銭的な縁が切れたのだ。社員が新しい収入源（新任CEOであるあなた）のことを知りたがるように、売り手もまた次の新しいことに期待している。たとえセラーノートやアーンアウトがあったとしても、取引の大部分はすでに終了し、売り手の関心は別のところに移り、その役割は急速に目的をなくしてゆく。

　第三に、この時点であなたが売り手から知る情報は些細なことだ。重要かつ必要不可欠ではあるが、タスク志向、実行ベースのものごとでもある。会社の経営を難しくするようなビジネスタスクではなく、日々の容易な実行項目だ。それらは最初の2日間で知ることができる。当初はまだ8割程度かもしれないが、売り手との関係はやがて完全に切れる。最初の30日間のちょっとした電話以外は。また、サプライヤーのアカウントもあなたやあなたの会社の名前に変更される。これは最初の8時間で完了する。

　第四に、あなたは売り手にいてもらう必要がない、もっと言えばいてもらいたくないことを知る。売り手がいると支配権を完全に掌握することができない。最初の数週間から1カ月はそれでもいろいろ質問したいことがあるかもしれないが、最初の1カ月が過ぎたら売り手から日々の情報を教えてもらう必要はまずなくなる。

したがって、あなたはクロージング後のオーナーの関与につ

いて協議したくなるかもしれないが、私の立場は基本的にはっきりしている。すなわち、できるだけ早く（しかし急ぎすぎず）彼らに立ち去ってもらうことだ。最初の2、3日が過ぎたら、近くにいてもらうよりも、短いやりとりを数多く交わすほうがいい。

　買収途上からクロージング後1カ月にかけては、売り手は必要不可欠な存在であるが、その後はそうでもなくなる。会社とのエモーショナルなつながりも失われる。売り手にとってそれは自然なことなのだ。あなたもこれを経験すればするほど、新たな買収契約を結んだときにまたそうなることがわかるようになる。売り手の会社とのつながりは金銭的なものであると同時に個人的なものでもあると理解すれば、彼らにとって感情面の要素が大きいこと、クロージング後は会社に関わり続ける動機がほぼなくなることも納得できるだろう。

初回ミーティングの振り返り

　最初のミーティングが終わったら、その会社についていろいろなことがわかる。業績や財務状況を知り、製品・サービスに詳しくなり、企業文化を感じ取る。多くの社員以上に会社への理解が深まる。

　ミーティング後すぐに振り返りの時間をとろう。ターゲットステートメントに合う会社か。わくわくできるか。この会社のCEOとなることに誇りが持てるか。会社のどこが気に入り、

どこが気に入らないか。会社が直面する最大の脅威は何か。最大の機会は何か、それはあなたのスキルにマッチするか。

　この時点では目標志向を保ち続けるのが重要だ。なぜなら、ほとんどの買い手がこのステップに合格（パス）しないからだ。彼らは見て回りはするが、決して契約を結ばない。なぜか？何を求めているのか？

　私の経験では、彼らは最初から誤った「プロセス」をたどっている。一定の期間内に買収しようと決心せず、「３つのＡ」を理解することに時間をかけず、自身のスキルを評価せず、日々の理想的な業務状況を思い描かず、ＳＤＥではなく売上規模を目安にし、機会プロファイルがさまざまであることを理解せず、したがってどのプロファイルにねらいを定めるかを明らかにしなかった。

　彼らは業界を重要視した。締め切りを設けず、切迫感を持たなかった。当然、ターゲットステートメントをつくらなかった。だから行き詰まってしまう。プロセスの中ほど以上まで進んでから、あらゆる変数を比較検討しようとする。これでは買収起業の目標達成はおぼつかない。物理的にその会社のなかにいても、自分が何を求めているかわかっていないのだ。

　普通の買い手がやらない準備をあなたはすっかり整えた。だから急いでも構わないというわけではないが、準備ができたというのは重要だ。その会社が自分にふさわしいかどうかはこの段階でもうはっきりしている。あなたは普通の買い手ではなく、余分な手間を惜しまずに準備を整えた買収起業家だ。スーパー

ボウルで2度チャンピオンに輝いたヘッドコーチ、ジミー・ジョンソンの言葉を借りれば、「平凡と非凡の違いは、そのほんの少しの余分な努力にある」。あなたはそう、買い手のなかのエリートアスリートなのだ。

ミーティング直後の振り返りでは次のように自問しよう。この会社の買収オファーを出すには、何が実現されなければならないか?

この問いを頼りに次のステップのロードマップを作成しよう。いったん見送る(調査を続ける)か、オファー案を用意するか、それとも次のステップをもっと具体的に規定するか。オファーまでの道のりを明らかにすることは、サーチの次段階を明らかにすることだ。あなたは他にどんな情報を必要としているか?

この会社に対するオファーを出してよいと感じるなら、どんな買収ストラクチャーにしたいかをあなたはすでに考えている。しかし、たとえオファーの準備ができていても、時間をかけて裏づけをとり、業界について確認し、ビジネスプランの立案を始めなければならない。まだ会社そのものにズームインしただけで、それを取り囲む海洋については何もわかっていない。

計算ずくのリスクをとるのは大切だが、リスクとベネフィットの比率を検討し、この会社をどこまで持って行けるかを考える必要がある。そのための最善策は、会社そのものを見て直感で判断するのではなく、業界トレンド全般を知り、そこで何が起きているか、何が可能かを見極めることだ。ビジネス戦略の枠組みやさまざまな成長モデルを業界の定量データに適用すれ

ば、この会社の今後の計画を立案・予測する助けになる。これ
がまさに次章のテーマである。

第9章
将来設計

　買収起業家の夢は、自身の会社に価値を築くことだ。課題は買収先を見つけ、計画を立て、その計画を実行に移すことだ。**本章では買収ターゲットを評価し、計画を立案するのに役立つフレームワークを提供する。**

　関心を持てる会社が見つかったら、時間をとって業界全体を理解し、その会社が業界で占めるポジションを知る必要がある。**ここではその調査を効果的に導く2つのフレームワークを示し、さまざまなレベルのビジネス戦略を紹介したい。**

　そのうえで、あなたはビジネスプランを策定する必要がある。成長のドライバーを明らかにし、効果的なビジネスプランを素早く策定する方法を以下で紹介する。

　最後に、夢を見てほしい。スタートアップと既存企業の両方で爆発的な成長と莫大な価値創出をもたらしたフレームワークをいくつか検討することで、あなたは新しい買収機会の指標となる大胆なビジョンと、その結果としての野心的な目標を形にすることができる。

業界とビジネスモデルを知る

　実は、世界のほとんどの会社は独自性の強い製品・サービスを有しているわけではない。むしろ競合他社との「違い」に頼るほうが一般的だ。それはたとえば市場でのポジショニングだったり、マーケティングチャネルだったり、カギとなる関係や設備、地理的条件だったりする。成熟市場ではとくに、他社より優れている点を知るよりも他社との違いを知るほうが重要だ。

　ビジネスモデルを理解すれば、業界や会社の現在の強み、脅威、トレンドを把握しやすい。このあと、業界のエコノミクスやその結果として特定の会社に存在する違いを際立たせる手段として、ポーターの「ファイブフォース」と業界のライフサイクルについて見ていく。

ポーターのファイブフォース

　マイケル・ポーターはハーバード大学の著名な経済学者・企業戦略家で、競争戦略や競争優位性に関する本を何冊も書いている。彼が「ファイブフォース」モデルを『ハーバード・ビジネス・レビュー』に発表したのは1979年のこと(＊71)。今日、それは全世界の企業やビジネススクールで企業戦略教育の礎となっている。

　ポーターのファイブフォースは、サプライチェーンのどこに

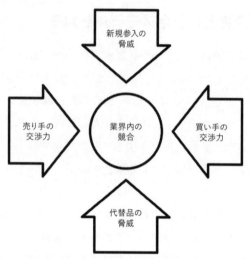

図9.1　ポーターのファイブフォース

**力の源泉があるか、既存ビジネスモデルのどこに脅威が存在する
か、企業の提供価値はどこに強みがあるかを明らかにするた
めのフレームワークを提供する。**

　業界全体、そして具体的な会社のそれぞれのフォースを検討
することで、業界の状況、業界内でのその会社のポジションが
わかってくる。（図9.1）

　＊71　Michael Porter, "How Competitive Forces Shape Strategy," Harvard Business Review, 1979.

新規参入の脅威

　新規参入の脅威は、ウォーレン・バフェットの言う「堀」という考え方にそのままつながる。**言い換えれば、他社の市場参入や市場シェア争奪を阻む要素を何か持っているかということだ。**理想的なビジネスとして、川にかかる唯一の有料道路という例をバフェットは長らく用いているが、ここでもそれは参考になる。何が参入障壁になるか、時間をとって考えよう。他の誰かが同じようなビジネスを始めようとしたとき、それを阻むものは何か？

　新規参入を食い止めるのは一般に次のような手段による。差別化、ブランドエクイティ、規模の経済、スイッチングコスト、スタートアップコスト、販売チャネル、地理的制約、新たなネットワーク効果……。ターゲット企業はこの脅威から身を守る手段を持っているか？　それはどれくらいの強度があるか？

代替品の脅威

　代替品の脅威とは、製品・サービスが持つ顧客にとっての価値を分析することだ。顧客のために同じような目標を達成する、もっと簡単な方法があるか？　これは同じ製品をめぐる直接的な競争を指すのではなく、顧客が受け取る価値を理解し、そのベネフィットを他のどんな製品・サービスが提供できるかを明らかにすることにほかならない。新しいテクノロジーが登

場して市場シェアを食う――これは容易に考えられる話だ。携帯電話が固定電話に取って代わり、タブレットがラップトップのシェアを奪うように。私は製品・サービスをできるだけ大くくりで考えるようにしている。たとえばテレビと本はどちらも家庭用娯楽（ホームエンターテインメント）を提供する。この視点で代替品のトレンドを理解すると効果的であり、次なる戦略（たとえば多様化なら多様化をめぐる戦略）を立てるのに役立つ。

買い手の交渉力

顧客が持つ価格引き下げ圧力について考えよう。これは「買い手の交渉力」が業界にどれくらい存在するかということだ。少数の大規模な買い手と多数の細分化された売り手（サプライヤー）がいたら、買い手は売り手を競わせて価格をどんどん引き下げることができる。この考え方は一般に「コモディティ化」と呼ばれる。業界はそろそろ破壊的（ディスラプティブ）テクノロジーまたは統合アプローチを必要としている。正しい計画を立てれば買収起業家はそのどちらにも対応できる。

売り手の交渉力

売り手の交渉力は買い手の交渉力の反対である。**その会社のサプライヤーがどの程度価格を上げやすいか――それは売上原価を高め、売上総利益を低下させる。**サプライヤーはどれくら

いの数いるか。その製品はどの程度ユニークか。切り替えはどの程度難しいか。あるいは、サプライヤーはターゲット企業と完全に関係を断ち、オンラインでさまざまな買い手に直接販売することができるか。販売チャネルはどれくらい強力か。

競合

　市場の競合状況が恐らく業界調査の中心的テーマになる。どんなライバルがいるか、競争はどれくらい激しいか、各社はどんな位置づけにあるか、その提供価値はどのようなものかを理解しよう。業界のトレンドを示す定量データを探そう。できれば業界レポートを入手し、各社の財務データを比較する。そうすれば業界のパフォーマンスを知り、新しい機会や差別化要因を特定しやすくなる。

フォースの適用

　ポーターのファイブフォースを買収候補先とその業界に適用すれば、その会社の現状がどれくらい魅力的かという基本情報が明らかになる。情報を検討するなかで、新しい経営者が脅威や機会を変革または利用するために何ができるかを自問しよう。

　同じように、企業買収にはリスクがつきものだ。5つのフォースを当てはめることで、その会社のリスクがどのようなものか、

それは我慢できるリスクであるかが明確になる。

　業界の現状を知るのに役立つもうひとつの要素は、その業界がライフサイクルのどのあたりにいるかという情報だ。

業界のライフサイクル

　何ごとにもライフサイクルがある。1年には四季があり、人間には幼年期、青年期、成人期、老年期がある。どの産業にも導入期、成長期、成熟期、衰退期がある。**私はポーターのファイブフォースに加えて、業界のライフサイクルに関する知識を特定の買収機会に当てはめ、その会社がどのあたりにいるかを分析の初期段階で評価するようにしている。これは適切な戦略策定の参考になる。**

　産業の黎明期には新しい製品やサービスが誕生する。そのきっかけは発明、規制緩和、あるいは既存ソリューションの新たな提供方法の登場だったりする。それでも導入期の産業は低売上・高費用の傾向がある。市場がまだ創造途上なので、製品の将来需要に疑問符がつくことも多い。（図9.2）

　導入期というのは、製品・サービス、つまり提供価値をまだつくり上げようとしている段階だ。見込み客はそもそも製品が存在していることさえ知らない。知っていたとしても、その価値を十分には理解していない。クオリティが低すぎて市場に大した影響を及ぼせないケースも多々ある。これは顧客フィードバックループや資本調達にとって大切な時期だ。製品・サービ

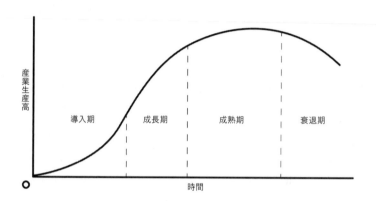

図9.2　業界のライフサイクル

スの独自性が強調され、ジェフリー・ムーアが言う「アーリー
アダプター（初期採用者）」に受け入れられる。幼児と同じで、
生き生きとした可能性が目に宿っているが、愛情をかけて世話
しなければならない。

　導入期を過ぎたら成長期に入る。顧客は製品の存在を認識
し、それが提供する価値を理解し始める。需要が大きく増加す
る。人間でいえば青年期だ。

　1997～2007年の米国のインターネット利用者数を考えてみ
よう。世界銀行とスタティスティカの調査によると、1997年
のインターネット利用者は6000万人足らず、人口の約21.6％
だった。新しいテクノロジーのわりにはすでに相当な割合だ。

しかし、わずか3年後に利用者数は倍増した。その7年後、利用者数はさらに倍増して2億2600万人、人口の約75%に達した。短期間で急成長した事例のひとつだ。

　青年期の市場では、ベンチャーキャピタルの支援を受けたスタートアップが活躍する。ヒーローが生まれ、大型買収が行われる。この間の成功実績や、実行リスクの管理に長けて大きくなったスタートアップのおかげで、ＶＣ企業が有名になる。

　成長期のあとは成熟期がやってくる。利益の出ない会社や品質が低い会社、焦点を絞れない会社は淘汰される。需要が頭打ちになるため統合や倒産が盛んになり、各社は初めて競争を余儀なくされる。

　「永遠の利益」プロファイルの企業は成熟産業に見つかりやすい。これらの会社はもはや「セクシー」ではなく、そのテクノロジーはもはや新しくなく、CEOは雑誌の表紙を飾らない。だが彼らは経済の大部分を構成する。だからサーチファンドは、細分化された業界で持続可能なポジションを維持している会社を探そうとする(＊72)。

　統合戦略も成熟産業に見られることが多い。細分化された低成長市場は、数多くのロケーションをひとつの会社に束ねることで機会を提供する。最初の買収よりその後の買収のほうが安くあがり、買収を通じた成長をねらう機運が高まる。成熟産業ではマルティプルが成長産業より低く、それが大きな成長源となるため、売上800万ドルの会社が同じく売上800万ドルの会社を安く買収できる。

　成熟産業を取り巻く莫大な機会を何よりも体現しているのは、その産業に属する高成長企業だ。売上の20％以上の伸びを4年以上続ける「ガゼル」企業は、その時にたまたま正しい方向を向いている既成業界に現れやすい。

　急成長企業としての栄誉に浴するインク500企業を見ればそれは明らかだ。昨年のインク500企業が属する産業のトップ5は、医療、B2B製品・サービス、金融サービス、ITサービス、建設だった。いずれも青年期の市場ではない。並外れた企業をつくるには成熟市場での効果的アプローチを要するのだ。

「イノベーション」は安価に生じることがよくある。もしブロックバスターがDVDライブラリーとウェブサイト、郵便を使ってレンタルのリクエストや返却を可能にしていたら、現在のネットフリックスはなかったかもしれない(＊73)。すべてのピースはそこにあったのだ。必要なのは正しい点をつないで線にすることだった。DVDレンタルは当時の成長産業ではなく、企業統合が盛んな成熟産業だった。しかも、ネットフリックスが業界の巨人ブロックバスターを倒すために用いたDVD、ウェブサイト、郵便にはこれといって破壊的な要素は見当たらない。

ライフサイクルの各期間の長さは、産業そのものに左右される。また、製品・サービスがどれくらい長持ちするかにもよる。たとえば成長産業の会社は、いま隆盛を誇っていたとしても、何カ月か後には技術革新のせいで時代遅れになるかもしれない。他方、何十年にも及ぶ成人期を謳歌する産業もある。**買収起業家は産業のあらゆる側面を検討して機会を見定めなけれ**

ばならない。

　書籍印刷業について考えてみよう。この産業はグーテンベル
ク以来の歴史があるが、人類史上、書籍印刷が最も活況を呈し
たのは1990年代だ。その後2000年代後半になると書店が次々
に姿を消し、キンドルやiPadが登場し、オンデマンド印刷さ
れたデジタル書籍をネットで注文できるようになった。

　**買収起業家は産業のステージにかかわらず機会を見いだすも
のだが、傾向としては成熟産業の会社と相性がよい。うまく手
を打てば確実に上昇気流に乗れそうな会社を選ぶのだ。その会
社にどのような機会が存在するかを見極めるには、ライフサイ
クルのどのあたりにいるかを知るのが第一歩であることが多
い。**

　ポーターの「ファイブフォース」と第4章の「機会プロファ
イル」マトリックスを用いれば、組織が有する機会と脅威を明
らかにできる。その会社が買収起業家たるあなたにもたらす最
善のシナリオと最悪のシナリオをおおむね理解するには、それ
でほぼ十分だ。

＊72　https://www.forbes.com/sites/vanessaloder/2014/08/07/the-search-
　　　fund-model-howto-become-a-twenty-six-year-old-ceo-if-youre-
　　　willing-to-kiss-frogs/#1b52781b1190（編注 現在アクセス不可）

＊73　ネットフリックスが使った「ディスラプティブテクノロジー」は封筒、
　　　DVD、郵便だった——その事実に私が注目できたのは、ワシント
　　　ン大学オーリンビジネススクールのアシスタントディーン兼エグゼク
　　　ティブ教育ディレクター、サミュエル・チャンのおかげである。この
　　　トピックに関する彼のプレゼンテーションは素晴らしいのひとことだ。

市場調査

　市場や業界を知るには、市場調査をできるだけたくさん行う必要がある。そうすれば、その会社のドライバー、会社と業界の強み・弱み、顧客像、そして —— これが一番重要かもしれないが——基本的なトレンドがよくわかる。

　業界調査を進め、本章で紹介したフレームワークの適用を始めたら、準備フェーズの「3つのＡ」分析のときと同じように、会社の強みと弱みを書きとめよう。こうしてあなたとあなたの会社をマッチさせるのだ。

　それから業界のトレンドを特定する。トレンドを定量化する業界データや調査結果を探そう。経験に基づくデータは業界の未来を占う効果がある。また、その業界トレンドを利用できる特定の会社にとって最大のチャンスがどこにあるかも浮き彫りにする。どんな疑問にも正しい答えがあるというのが私の立場だ。そして最良のビジネス戦略は、経験的データから導かれる行動と一致することが多い。言い換えれば、その会社の土台は現在の行動のなかにあるが、未来を語るにはミッションを転換させ、業界の行く先を視野に入れる必要がある。

　強みと弱み、トレンドを知れば、その会社にとって唯一最大の機会は何か、何が阻害要因になっているかがだいたいわかる。現在のトレンドは会社がスタートした時のトレンドとは大きく異なることがよくある。業界の新しいチャンスに向き合うには、コアコンピテンシー、すなわちスペシャルソースのアッ

プグレードが必要なのかもしれない。

　買い手は売り手の売却理由を知りたがる、と先に述べた。会社の大きな変化が近いのではないかと恐れているのだ。それは業界全体の変動かもしれないし、その会社や特定の地域、ライバルに影響を与える変化かもしれない。だが、これだけはわかってほしい。売り手も含めてすべての会社のオーナーは、経営上の課題に直面・対処してきたのだ。あなたもそうしなければならない。どんな変化が差し迫っているか、それは誰にもなかなかわからない。もちろんあなたにも。

　知っているくせに情報を隠そうとする売り手はたしかにいる。倒産間近のオーナーが会社を売りに出すケースもなくはない。だが、ほとんどの会社は倒産しそうだから売りに出されるわけではない。彼らが今どんな課題に向き合っているのかを解明しよう。

　ひとつ確かなのは、あなたもその会社のCEOとして経営課題に直面するということだ。近い将来か、それとも少し先の将来には。問題解決はCEOの日常業務だ。どんな課題が待ち構えているかを買収前に予測できれば、それに越したことはない。ポーターのファイブフォース、業界ライフサイクル、そして基本トレンドを押さえることで、未来の課題がどこに生じそうか、その感触をつかむことができる。

　今なら業界調査の実施に最もふさわしい手段は間違いなくインターネットだろう。だが本書では、スタティスティカ、ビジネス・リファレンス・ガイドなど他のツールも取り上げている。

どれも有料だが、業界団体に連絡すれば豊富な情報を得ることができる。

ビジネス戦略

ビジネス戦略は正しい疑問を投げかけ、特定企業のバリュードライバーを理解する助けになる。たとえば、なぜその会社は事業をしているのか。コアコンピテンシーは何か。どんな顧客がターゲットか。どんな価値を受け取っているか。どんな顧客にサービスを継続するべきか。どの顧客にサービス提供を始めるべきか。どんな製品・サービスが提供されているか、提供されるべきか。競合他社との違いは何か。事業を成長させるべきか。新製品を開発するべきか。新しい地域に進出するべきか。

さまざまなレベルのビジネス戦略に応じて調査の目的を明らかにすれば、各レベルのビジネスを明確に考え抜くことができる。すると、いつどんな問いを発すればよいかがわかり、それが思考や意思決定のヒントになる。

ビジネス戦略には、企業戦略、競争戦略、成長戦略という3つのレベルがある。

企業戦略

企業戦略はいわば最上位の概念だ。つまり組織のミッション、ビジョン、価値観を意味する。そのビジネスで何を実現したい

のか、CEO としての目標は何かを明確にしたのが企業戦略だ。そもそもなぜその会社が存在しているのか？　これを明らかにすることは、ほとんどの場合、その会社の独自性を明らかにすることよりも重要である。あなたは当然、その会社の将来の可能性にわくわくしているはずだ。会社のビジネスは何か？　そのビジョンとミッションをここで説明しよう。

競争戦略

　競争戦略は会社のビジョンを実現するのに最もふさわしい製品・サービスを特定する。会社のコアコンピテンシーを具体的な市場に当てはめる。別の言い方をすれば、誰がなぜあなたの会社から買うのかを明確にする。投資やイノベーション、生産性の向上を通じて競争優位性をどう保つかを説明する。製品・サービスが解決する問題、あるいは顧客が味わう贅沢を記述する。調査で明らかになった強み、弱み、トレンドはここで利用される。どんな問題や痛みに対応するのか？　何が「スペシャルソース」か？

成長戦略（市場戦略）

　市場戦略は成長への道筋を描く。短期的な利益を犠牲にしてでも市場シェアを増やそうとすることも多い（アマゾンがいい例だ）。多様化、製品開発、市場浸透、市場開拓という4つの幅

広いアプローチからひとつ（ないし複数）を選ぶのが一般的だ。
要は「どうやってもっと売るか」である。

バリュードライバー

売上を後押しするドライバーは何か。会社のパフォーマンス
全体を測定できる指標がひとつあるとすれば、それは何か。ど
うすれば売上のドライバーを拡大できるか。この指標を理解す
れば、そこから派生して、会社の規模を倍増させるために何を
実現しなければならないかがわかる。

歴史上最も優れたビジネス書のひとつ、『ビジョナリーカン
パニー2 飛躍の法則（Good to Great）』のなかで、**著者のジム・
コリンズはハイパフォーマンス企業について徹底調査した結果
を報告している。好業績をあげ続ける公開企業に共通している
のは「ハリネズミ理論」だとコリンズは言う。それは3つの領
域の重複部分に対する明確かつ根本的な理解に基づいてつねに
意思決定を下し、その結果、優れた経済的リターンを達成する
能力を指す。3つの領域とは、(1)情熱をもって取り組めるもの、
(2)世界一になれるもの、(3)経済的原動力になるもの。**（図9.3）

これら3つの領域が重なる部分を明らかにしたら、会社のビ
ジョンに絶えざる勢いをつけることができる。「優良な企業か
ら偉大な企業へ」飛躍するための原則を守れば、成熟産業や衰
退産業にあっても世界的な業績をあげることができる、とさえ
コリンズは言う。「偉大な成果を出し続けるためには、偉大な

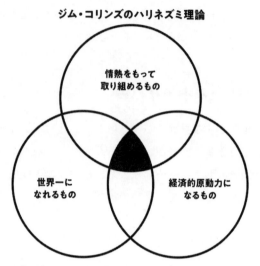

ジム・コリンズのハリネズミ理論

情熱をもって
取り組めるもの

世界一に
なれるもの

経済的原動力に
なるもの

図9.3　ジム・コリンズのハリネズミ理論

業界にいる必要はない。たとえ業界の状況が思わしくなくても、優良から偉大へ飛躍した会社はみんな、真に優れた経済的リターンを生むにはどうすればよいかを解き明かした」。偉大な企業の特徴をコリンズは他にも挙げているが、ハリネズミ理論はそうした文化を生み出すための第一歩だ。**そしてこの理論は、買収起業家が企業買収の前にどう前へ進むかを分析・決定するうえで強力なツールとなる。**この理論をもとに会社のビジョンと戦略を明らかにすれば、他の誰にも負けない準備ができる。

　ハリネズミ理論についてとことん考え、これを買収ターゲットに適用すれば、組織のバリュードライバーとなる活動、ひいては顧客像が明確になる。

ビジネスプランの策定

　強み、弱み、トレンド、ドライバーがそろったら、買収ター
ゲットから得られる具体的な機会がはっきりする。いよいよビ
ジネスプランを策定する時だ。

　銀行はもちろんこのプランを見たがるだろうが、**もっと重要
なのは、ビジネスプランを作成するとあなたが望む会社の未来
像を描きやすくなるということだ。さらに、頭を整理し、ビジョ
ンを設定し、買収対象企業の将来設計に向けて大きな一歩を踏
み出すことができる。**

　正式なビジネスプランの問題点は、時に何百ページにも及び、
やたら小難しく、複雑で大量すぎて実行できないことにある。
これは無駄なことだと私は思う。必要なのはただあなたの考え
のあらましを述べ、投資や出資を検討している人々の前に提示
することだ。それには短いエグゼクティブサマリーとプレゼン
用スライドを使ったほうが効果的だ。

　VC投資家にして著述家のガイ・カワサキは「売り込みで必
要なスライドはわずか10枚」というブログ記事を書いている。
彼の著書『完全網羅 起業成功マニュアル（The Art of the Start）』
にも同じ内容の記述がある。スライドの目的はスタートアップ
企業が最大の疑問だけに答え、それぞれの問題の要点を手短に
示すことだ。私はスタートアップや買収の構想を練るたびに、
このテンプレートをもとにスライドをつくり、さらにそこから
エグゼクティブサマリーを書く。BuyThenBuild.comにもこの

ブログへのリンクを載せているが、ここでその概要を見ておこう。

タイトル

会社の名称と所在地、スローガン、連絡先。

問題

どんな会社も問題や痛みを解決しなければならない。その会社が対応する問題は何か。あるいは贅沢なサービスを提供しているのか。その痛みや機会、そしてそれが誰のためなのかを明確にする。

提供価値

その会社の問題解決法は何か。製品・サービスはどのようなもので、それを提供するに当たっての他社にはない競争上の強みは何か。

独自のマジック

その会社の「秘伝のソース」、ライバルにない独自の要素は何か。参入を防ぐ「堀」があるか。何がコアコンピテンシーか。

技術や知的財産、ブランド、地理的条件などの優位性があるか。

ビジネスモデル

　これについては「ビジネスモデルキャンバス」と呼ばれる、ビジネスモデルの構築・設計・評価に役立つツールがおすすめだ。BuyThenBuild.com にあるリンクでダウンロードできる。

市場参入プラン

　売上ドライバーについて先ほどふれた。あなたはどうやって利益の出る会社を経営し続けるつもりか、どうやって会社を成長させるつもりか、なぜあなたが経営したら会社は栄えるのか。

競合分析

　競争環境や市場勢力図を明らかにする。どれくらい競争が激しい業界か。いわゆるパーセプションマップを作成するといい。どのような2軸で業界を規定するか。ターゲットとする会社をこのなかでどう位置づけるか。これはスタートアップに比べて成熟市場のほうがかなり難しいが、この作業を通じて業界の輪郭をつかみ、当該会社のポジションを知りやすくなる。

経営陣

あなた（やパートナー）がどんな能力を発揮できるかを強調する。どんな経歴・経験があるか、なぜその仕事にふさわしいのか。

財務予測と主要指標

会社を買うときは3年先までを予測したほうがいい。会社はどの程度成長するか。売上総利益率を維持するつもりか。費用は増えるか。成長はゆるやかで着実か。

現状、スケジュール、資金源、資金の利用法

取引の現状はどのあたりにあるか。基本合意書が署名されているか。いつ所有権を取得するつもりか。必要なのは会社買収だけの資金か、それとも在庫や運転資本、不動産も必要か。

企業戦略、競争戦略、市場戦略のところで検討したことすべてがカワサキのスライドでカバーできることがわかる。ビジネスプランの概要を説明し、それを簡潔かつ効果的に伝えるうえで、それはきわめて有効な手段である。

予測

会社の財務履歴をしっかり把握し、トレンドをチェックし

たら、今後3年間の予測を完成させよう。これについてはBuy-ThenBuild.comに詳しい案内を載せている。

　将来を見通す作業は、その会社をどうしようとしているのかを自身が把握するのにとても役立つ。売上が拡大していたら、それは今後も拡大を続けるだろうか。販売、管理、原価、採用・配属などの改善にあなたはどんな影響を及ぼせるか。一般的な問いと具体的な問いの両方を自分に投げかけよう。成長にはお金がかかる。それをどう捻出するか。費用は一度に出ていくか、それとも段階的にかかるか。ほとんどの小企業は高度なITシステムやマーケティングプログラムを持っていない。それらの分野に投資するつもりか。財務諸表の各項目に目を通し、それぞれに及ぶ影響を予測すれば、会社の現状と今後を理解しやすくなる。

　買収起業家の成長戦略は現オーナーのそれとは違う可能性がある。成長戦略や初期改善に割り当てる余分な現金がどれくらい必要か。予測買収価格はいくらで、借金をどの程度するつもりか。その債務は会社の収益性全般にどう影響するか。成長のためのインフラをさらに構築し、新製品を売り出すために営業費用を増やす必要があるか。利払いは税引き前利益から控除できるが、元本返済は税引き後利益から支払うことを覚えておこう。外部の出資者がいるか、それともセラーファイナンスが行われるか。どの要因も計算結果に影響を与える。すべての費用や変数を最初から順に確認していこう。

　買収プロセスにおける財務分析には3つの段階がある。OM

を最初に確認するときは紙ナプキンの裏で計算するくらいで十分だ。基本合意書を作成する準備ができたら、それが将来どうなるかをもっと具体的に考えたほうがいい。そして基本合意書が交わされたら、ビジネスプランと財務予測を固めなければならない。

飛躍的成長への枠組み

『Time Really is Money』『Private Capital Markets』の著者であるロバート・スリーによれば、ほとんどの中小企業は投資された資本のコストを上回る価値を生み出さない。つまり、あなたが見ている会社は実際には経済にマイナスの価値しか提供していない。もしスリーの結論に同意するのであれば、プラットフォームをもとに革新性や創造性、市場セグメントの差別化を通じて価値を生み出すという機会は、買収起業家にとって莫大な可能性を秘めているように思えるだろう。買収可能な会社のリストは買い手である起業家を必要としている。起業家がそのリストを必要としているように。

買収起業家は、より大きなビジョンを掲げて既存企業をもっと価値の高い企業へ変えることができる。世の中には優れた革新的なアイデアを示したビジネス書がたくさんある。これらのモデルを買収起業に当てはめれば、既存企業にとっての新たなチャンスが姿を現す。そうしたモデルに着目することであなたは既存企業に変化をもたらし、大きな、いや飛躍的な成長を実

現できるかもしれない。

　あなたの買収ターゲットを次のレベルへ引き上げるのに役立つ、そんなアイデアをいくつか紹介したい。いずれの事例もまずビジネスを理解することからスタートし、次いで成長への最善コースを特定したうえで加速または方向転換している。進化する企業の中心には必ず実行と対になったイノベーションがある。

ブルーオーシャン製品

　チャン・キムとレネ・モボルニュの『ブルー・オーシャン戦略（Blue Ocean Strategies）』は、2つの標準的な製品・サービスを組み合わせて独自の製品・サービスをつくるという戦略的なビジネスモデルを検討している。それにより、たとえばシルク・ドゥ・ソレイユなどの企業は、競争の激しい血みどろの「レッドオーシャン」を避け、開かれた「ブルーオーシャン」へ移行している。

　額縁の製造会社を買収した買収起業家について考えてみよう。社内オペレーションの改善という当初目標を立てて会社を買った彼は、さまざまな顧客市場や補完的な買収案件を別の角度から検討した。その結果、すでにあるカスタムメードの額縁づくり以外に、アート関連のコンサルティングおよびデザインサービスを病院に提供するという大きなビジネスチャンスを見いだした。これによってさらなる顧客ニーズを満たし、会社を「ブルーオーシャン」領域へ拡大することができた。

イノベーションの理解

　イノベーションによって既存の産業に破壊的混乱をもたらす
——そのことが起業と結びつく場合がよくある。ハーバード大
学教授のクレイトン・クリステンセンは『イノベーションのジ
レンマ (The Innovator's Dilemma)』のなかで、製品の性能レベ
ルの経時変化を図示することにより、既存テクノロジーと破壊
的テクノロジーの関係を見事に説明している。成熟市場は顧客
の要求以上の性能レベルを満たしていることが多く、競合会社
間で性能をめぐる問題は発生しない。一方、新興テクノロジー
は既存顧客に提供するには性能が低すぎるため、業界に昔から
いる企業にはたいてい無視される。結果的に、会社の評判には
マイナスの影響が及びかねない。

　クリステンセンの測定ツールに照らして、デジタルカメラの
例を見てみよう。最初に登場したとき、その写真のクオリティ
は低かった。粒子が粗くざらざらした感じだったので、コダッ
クなどの業界大手はその新技術を笑って相手にしなかった。と
ころがもちろん、技術の進歩に伴ってデジタルカメラはコダッ
クのシェアを食い、写真分野を独占した。「ディスラプション」
とはそういうものだ。

　全員のニーズを必ずしも満たさない製品が市場に忍び込み、
しかし最終的に「持続可能な」既存製品に置き換わる。買収可
能な会社はといえば、必ずといっていいほどクリステンセンの
グラフの一番上の線より上にいる（つまり高いレベルの顧客ニー

ズを満たす）。そこは大部分の起業家がいたいと思う場所である。
「でも破壊的テクノロジーを開発したくもなるじゃないか」と、
あなたは言うかもしれない。ジム・コリンズの『ビジョナリー
カンパニー 3 衰退の五段階 (How the Mighty Fall)』によると、
既存企業は業界内で支配的な立場を維持できる可能性が新参企
業より高い。飛躍を遂げられる既存企業は、新たな市場におい
ても新規参入者より優位に立つのだ。

　破壊的テクノロジーを導入し、それを現顧客に提供して成長
を遂げた買収起業家の例がセントルイスに見られる。私のかつ
てのクラスメートのひとりは、ITサービス部門の3つの小企業
を買収することで中西部最大のデータセンターのひとつを築き
上げた。彼が買収した会社はどれも卓越したサービスを提供し
ていたわけではないが、一定のニーズを満たしていたし、お金
を払ってくれる顧客もいた。最終的に彼らは、既存の顧客ニー
ズに応えるサービスを追加して事業を拡大した。その途上で彼
は大規模なサーバーインフラを構築するという重要でお金のか
かる決断を下し、その投資を回収するためにクラウドおよびコ
ロケーションサービスを既存顧客に提供した。現在、彼は3つ
の主要都市でデータセンターを運営し、米国を代表する大企業
何社かをサポートしている。それもこれも、まったく新しい破
壊的サービスを開発するために既存企業を買い、顧客の意向に
耳を傾けたからできたことだ。
「イノベーションのジレンマ」は業界を脅かす破壊的サービス
を評価するのに有効な方法だが、著名な破壊的企業が経験する

急成長に至る道筋はそればかりではない。それとは別の方法も
ある。

ユニコーン

では、革新的な急成長企業をつくるにはどんな手段に頼れば
よいのか？　サリム・イスマイルは『飛躍する方法（Exponential
Organizations)』のなかで、飛躍的に成長している組織（ユニコー
ン）は飛躍的に成長しているテクノロジーに適応したのだと述
べている。そうしたテクノロジーは成長の障害を取り払う。今
はかつてないほど速くスタートアップからフォーチュン500企
業になることができるのだ。

イスマイルをはじめとするシンギュラリティ大学のチーム
は、高成長企業の共通点をリバースエンジニアリングの手法で
分析し、未来の組織を設計するための青写真をつくり上げた。
イスマイルは飛躍的組織（ExO）（＊74）が選択可能な11の要素を
説明しているが、成功するにはそのなかの一部が含まれていれ
ばよい。そのひとつが既存資産の活用で、これは買収起業の基
本原則のひとつでもある。

同様に、プライベートエクイティ・ファーム、GTGキャピ
タルのマネージングディレクターで、ジンガの元幹部も務めた
ロバート・ゴールドバーグは、ジンガが2年半の間に40件の
買収を行うのをサポートした。その間に30から3万に増えた同
社は、歴史上最も急成長した会社のひとつになった。GTGキャ

ピタルでは、彼はイスマイルの説く要素を中小企業に当てはめ、現在の成長スピードを最低でも倍増させようとしている。ただし倍増がかなう証拠が見つからないかぎり完全な買収には踏み切らない。

　ゴールドバーグがしているのは何も特別なことではない。すでに売上、利益、インフラを有する組織に多大な価値を築いているのだ。彼の哲学は「一方の足は新経済（ニューエコノミー）に、もう一方の足はプラクティカルエコノミー（実践的経済）に」というもの。これによってディスラプションと飛躍的成長がスタートアップだけのものではないことを証明している。優れた買収起業家は成熟産業の小企業を通して飛躍的成長を経験できる。ゴールドバーグはその生きた証拠だ。

＊74　https://backchannel.com/here-are-the-secrets-of-unicorn-companies-c8951b99215b#.jyrnxnp7m（編注 現在は、https://www.wired.com/2015/04/here-are-the-secrets-of-unicorn-companies/#.jyrnxnp7m がリンク先となっています）

サブスクリプション

『Built to Sell』『The Automatic Customer』の著者ジョン・ウォリローは、サービスから製品を、製品からサブスクリプションモデルをつくるための段階的な指針を作成している。これを実行することで企業は、市場での独自のポジショニングを通じて成長を促進し、サブスクリプションモデルの適用により企業価

値を飛躍的に増大させることができる。

　本章のツールやフレームワークはいろいろありすぎて手に余るかもしれない。あるいは、会社が莫大な価値を生み出すための唯一最善の機会に光を当てるかもしれない。それを決めるのは新CEOであるあなただ。

　ビジョンとビジネスプランが明確になったら、いよいよ会社を買収する時だ。次章では既存の会社を買い、買収起業の夢をかなえるためのプロセスを順序立てて説明する。

第 4 部

実行

「境遇なんてくそ食らえ。チャンスは自分でつくり出す」

ブルース・リー

第 10 章
オファー

買収案件に同じものは2つとない。それでもすべての取引に共通する出来事やタスク、マイルストーンはある。買収のプロセスは本書でここまで述べた内容——コミットメント、準備、サーチ——から始まる。

ターゲットステートメントに合致する買収先を特定した今、最初のオファーを出す時がきた。これは買収基本合意書 (LOI(レター・オブ・インテント)**) の形をとる。ここであなたは価格、条件、買収ストラクチャーを含むオファーを提示する。**双方が合意したLOIは、買収プロセスを先へ進めるのに必要な了解事項となる。(図10.1)

基本合意書

LOIは「条件規定書(タームシート)**」や「覚書**(メモランダム・オブ・アンダースタンディング)**」とも呼ばれる。**名称にかかわらず、これらの文書はほぼ同じ意味を表す。つまりはオファーの価格、構成、条件を示した拘束力のない合意書である。

LOIを提示すると基本的に交渉が始まる。幸い、これは大ま

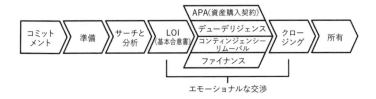

買収フェーズ

図10.1 買収プロセス

かな文書である。追って買収契約書を交わすまで細部にはあまり言及しない。メリットは、あなたと売り手が共通の理解を持ち、細かい点でつまずく前にある程度前進できることだ。

LOIには主な共通点がいくつかある。ブローカーはLOIのフォーマットを用意していることもあるが、そうでないこともある。もちろんBuyThenBuild.comにも具体的事例を用意している。共通点は以下のとおりだ。

- あなたが提案する買収のタイプ（資産または株の売却）
- 買収対価（いつ、いくら支払う予定か）（買収ストラクチャー）
- クロージングの日付（通常は6〜8週間後）

- あなたが必要とするコンティンジェンシー（付帯条件）
- 将来的に資産購入契約に署名するとの同意（通常はLOI記載の条件に基づいてクロージング前に署名）
- LOIが受諾された際にあなたが支払う手付金（エスクローデポジット）の概要
- 買収プロセスで各当事者が負担する費用の概要
- 機密性・排他性

　LOIは拘束力のない合意書なので、安心してオファーを出してほしい。調査にもっと時間を費やしたがり、それを言い訳に前へ進もうとしない買い手が多すぎる。オファーを出すかどうかを決めるのに必要な情報を要求するのはもちろん構わないが、LOI前のこの段階はデューデリジェンスをする時ではない。その会社が気に入ったから話を前へ進めるのか、そうでないのか——決めるのはあなただ。

　デビッド・サンドラーの言葉を借りるなら、「本当のイエス」か「本当のノー」か、それとも「本当の次のステップ」か。買収候補先を見るときには、先ほど示した買収の各段階を思い出し、絶えず前進してほしい。さもなくば手を引くか——。この案件は自分向きでないと決めるのは、クロージング前のどの時点でもできる。同じように、売り主もあなたには売らないと判断するかもしれない。売却自体をやめる可能性もある。取引を前へ進めてゆかないかぎり目標へ到達することはできない。

　LOIは将来の取引条件の概要を述べるだけだから、この段

階では弁護士にあまり相談せずに話を進めても構わない(＊75)。言ってみれば、あなたは合意に達するかどうかを見るために条件を書きつけているにすぎない。だから心穏やかにこのステップに臨んでほしい。まだ会社を買うわけではない。弁護士なしにLOIを提示する買い手は多い。拘束力のない文書だから、ブローカーの助けを借りたり、一般的なフォーマットを借りたりして作成することもできる。ただし提案内容はあなたの本心でなければならないし、オファーが受け入れられたら迷わず次へ進まなければならない。

よい会社はすぐに売れる。売り手にLOIを検討してもらえば、あなたが買い手として気に入られたかどうかがよくわかる。私はLOIを出して拒絶されたことが何度もあるが、それは売り手がもっと魅力的なオファーを選んだからだ。最初に素早く行動すれば、あなたが本気で買う気のある買い手であることを売り手に伝えられる。それが受け入れられれば案件は前へ進むし、クローズすればあなたは晴れて買い手となる。

LOIを積極的に提示するもうひとつのメリットは、どんなオファーを出したいかを徹底的に考えざるを得ないことだ。

この時までにたくさんの会社を見てきたとしても、ある時点で提示しているLOIはひとつに絞らなければならない。なぜならLOIは結婚の約束や住宅の購入申し込みに似ているからだ。この会社を買うという、生涯を懸けた大きな決断が一度に複数あってはならない。LOIが受諾されたら、他の会社を物色するのをやめ、この取引の完了に集中しなければならない。

先に挙げたLOIの共通ポイントについて、ひとつずつ見ていこう。

*75 私は世界中の弁護士を敵に回したかもしれない。やるべき宿題をやり、各段階での法的な責任やリスクを理解し、それぞれの段階でどの程度保護を受けたいのかを自分で判断しよう。私自身はLOIの段階ではたいてい立ち止まらずに前へ進む。あくまで私の意見だが、ここはまだ弁護士費用を発生させる時ではない。LOIは拘束力のない文書であり、あなたと売り手の間の書面による話し合いの場である。

資産売却か株式売却か

LOIでは、資産売却を提案するのか株式売却を提案するのかを示したい。資産売却とはつまり、別の事業体としてターゲット企業の資産を買うことだ。株式売却とは実際の法人を買うことを意味する。

資産売却

ロウアーミドルマーケットの取引の大多数は資産売却だ。これは買い手にも都合がいい。第一に、あなたは売り手の過去の行為に関わるリスクを負う必要がない。その代わりに新しい法人をつくり、業務遂行のために買収先企業の資産を買う。あなたの法人が買収先の会社と同じブランドで事業継続できるよう、その法人に「屋号」を冠する。この構造が意味するのは、

買収日以前に起きたことにあなたは責任を負わないということだ。すべての関係者が新たなスタートを切るわけだ。

　なかでも重要なのは、あなたは現在の会社が負う債務を引き継ぐ必要がないということ。バランスシート上の長期負債は現金と同様、すべて売り主に帰属する。あなたは自らの長期負債を自らの新しいバランスシートに載せ（銀行借り入れ）、購入した資産を減価償却できる。これらの資産の正確な額は（たいていは両者サイドの専門家——会計士と弁護士——の合意により）追って決まるので、LOIの段階ではこの点について提案する必要はない。

株式売却

　資産売却の代わりに株式売却を実行しなければならないことが時にある。たとえば、その会社が価値向上のための契約やライセンスを何かしら結んでおり、それが譲渡できない、または他の方法では獲得できないような場合だ。

　株式売却は売り手にとっての節税効果が大きい。もし仲介者に株式売却をすすめられたら、それはそれとして、あなたが本当に賛同できるかを確認しよう。同じように、売り手が得をするのだから、こちらの希望価格はもっと下げられるかもしれない。

　株式売却を実行しなければならないときは、法的な免責条項をしっかり定める必要がある。株式売却は「2人が共通の目標

に向かう」アプローチをとることができ、それをさらに「あらゆる犠牲を払って買い手を守る」ポジションへ移行させることができる。それから、会社の将来に対して売り手が多額の投資をすることもおすすめしたい。直接の資金供給でもいいし、ホールドバック（買収対価の一部の後払い）の形でもいい。これによって買い手であるあなたは、売り手のアクションが必要になったとき、そこに大きな影響を及ぼすことができる。

あなたはロウアーミドルマーケットで会社を買おうとしている買収起業家である —— それが本書の基本的な立場だ。したがって、あなたのオファーやクロージングはほぼ例外なく資産売却が前提だと考える。

買収対価（いくらでオファーを出すか）

買収価格案を決めるに当たってはいろいろなものを参考にする。第7章で出したあなた自身の評価額、募集要項（OM）の提示価格、買収対象の資産、提案する買収ストラクチャー……。

オファーを検討する際は、あなたの考える評価額と向こうの提示価格を比べてほしい。先に提示価格は無視してよいと述べた。なぜなら提示価格が事実だとハナから決めつけたら、自身の評価額を決められないからだ[*76]。

しかし、今はその比較が重要になる。提示価格は売り手がこれくらいで手放してもよいと考える評価額だ。たぶん最初に売却を考えたときは、自分の会社をかなり過大評価していたはず

だ。そこからアドバイザーと相談しながら市場を理解し、自分と同じような会社のマルティプルを知り、最終的にこの価格に落ち着いた。だから彼らはこの値段で売る心の準備ができている。

　住宅の場合と同じで、会社は提示価格どおりに売れることもあれば、それより高い、または低い価格で売れることもある。そしてやはり住宅の場合と同じく、実際の値段は提示価格に近いこともあれば、そこからずいぶん離れていることもある。

　しかし、オファー価格を決める前にやっておくべきことがもうひとつある。投資に伴うダウンサイドリスクが納得できるものかどうか、投資のストレステストを行うのだ。

＊76　実はロウアーミドルマーケットの会社は、買い手にとっての価値を重視するため、価格をつけずに売りに出されることが多い。

ストレステスト

　ストレステストのためには、融資が裁量的利益に及ぼす負荷を検討し、売上がどれだけ減ったら会社が窮地に陥るかを考える。例を見よう。

　SDEが年40万ドルの会社を3.2倍のマルティプル、すなわち約120万ドルで買収するとする。その他、在庫に10万ドル、運転資本に10万ドルを加えて、クロージング時にトータル140万ドルが必要になる。その90％に相当する126万ドルを、金利6％の10年ローンで調達することにする。

この融資の返済が年におよそ16万8000ドルなので、手元に残るSDEは23万2000ドル。

たとえ景気が悪い時でも、年8万ドルの給料を自分に出す、またはその金額で経営者を雇うことにする。つまり、債務返済と人件費をまかなうのに必要なSDEは24万8000ドルになる（16万8000ドル＋8万ドル）。

SDEの対売上比率は現在およそ15%なので、会社の売上は270万ドルに近い。先のSDEの「ストレス値」24万8000ドルのとき、同じ15%だとして売上は約170万ドル、37%の減少となる。

さて、あなたはこの会社を成長させ続けることができるだろうか？　あるいは業績が悪化しても売上が37%以上落ち込むことはないだろうか？　もし落ち込んだら、どの費用を削れるか？

業績悪化のリスクがあるから買収しないとしても、どの程度のリスクならとれるかを計算し、最悪のシナリオを考えておくのが重要だ。会社の今後のプランを予測するときは最善のシナリオを考えることになるから、結果的に最悪と最善の両方に備えられる。

提示価格の中身

売り手の提示価格に何が含まれるかを知る必要がある。SDEが200万ドルに満たない会社は資産売却としてリスト掲載され

る可能性が高い。ごくまれなケースを除いて、買い手であるあなたにとってこれは好都合だ。なぜなら資産を買う場合、相手の過去の活動に関わるリスクを引き受けることなく、利益を生むインフラをすべて買うことができるからだ。しかも、過去の所有者の長期債務を負う必要もない。

　資産売却はふつう、現金、在庫、売掛金、買掛金など、運転資本に関係するものは含まない。これらに目を向けたうえで、自分が何を買うかをしっかり理解したい。クロージングが近づくとこれらの数字もはっきりしてくるが、私の経験からは次のようなことが言える。

現金

　売り手の現金を買ってはならない。なぜ現金を買うのか？ そんなことをしても意味がない。売り手は現金も債務も全部持って出ていくのだから、あなたは自分の新しい会社のバランスシートをつくり直せばいい。

在庫

　古い在庫や使用できない在庫を買ってはならない。私はオーナーになってから最初の90日間で使いそうにない在庫は買わない。もっと購入したこともあるが、それは売り手が在庫の除去を渋り、二束三文で売ってくれたからだ。

売掛金・買掛金

売掛金と買掛金のレポートを調べ、売り手と話をしたら、古すぎるものがだいたいわかる。私は60日を超える売掛金は買いたくないが、もし最終的に回収できそうなら、そうした古い売掛金も受け入れる。ただし、その顧客が支払わないときは売り手が負担するという条件付きで。

私は買掛金は受け入れる。売掛金から買掛金を引いたものがほぼその会社の運転資本になるからだ。売り手は在庫を管理しやすい状態に置き、買掛金をできるだけゼロに近づけようとする。また、クロージング時に良質な売掛金は現金同然だから、売掛金を現金化したがる（ただし控えめに）。買い手のあなたにとってはどれも問題ない。短期負債が減り、健全で管理可能な運転資本が増えるからだ。

主要資産

オペレーションの継続に必要な会社の資産すべてと、これに対応するキャッシュフローを買う。これはまさにあなたが必要とするインフラだ。会社のオペレーションを続けるのに必要な資産であることを確認しよう。疑わしいときは買えばいい。本項の内容が細かく関わってくるのは買収契約を結ぶ段階だ。LOIの段階では状態のよい資産をすべて買うことにする。

不動産

不動産は運転資本の構成要素ではないので言及しなかったが、オファーでの検討項目にはなる。私は原則として、不動産投資は好きだけれども企業投資とは分けて考えたい。理由は2つある。第一に、不動産投資のドライバーは企業投資とは違う。別の言い方をすると、魅力的な買収ターゲットの特徴はそれに関連する不動産とは何の関係もない。利益の創出と直接関係のない資産を買う理由はない。しかも、買収しようとする会社はその不動産物件のテナントであるから、企業投資と建物がそのまま結びつき、投資の多様化にならない。

第二に、自身のビジョンに合わせて会社を成長させる、または変革するつもりなら、いずれもっとよいロケーションを求めて引っ越したいと思うことがあるかもしれない。不動産投資に基づいて事業の意思決定をするのは避けたい。

オーナーが建物も所有しており、それを売りに出そうとするとき、彼らの最大の懸念は、あなたがその不動産をまったく使おうとせず、会社だけを買ってどこかよその土地へ移ってしまうことだ。すると売り手には空のビルが残される。お金をつくるどころか、お金がかかってしまう。それはあなたもたぶん望まないだろう。

その結果よくとられる方法は、3年から10年のリース契約を結び、期間終了時に建物を買えるオプションを付けることだ。これは買い手のあなたにとっても望ましい。3年から5年くら

い会社を経営したら、その不動産がよい投資機会を生むかどう
か判断できるからだ。もっともそれはテナント——つまりあな
た——次第なのだが。

　提示価格に何が含まれるかを考慮すると、あなたのオファー
に何を含めたらよいかもわかる。オファー価格Xドルの資産売
却＋在庫と売掛金－買掛金。これが最も一般的なアプローチだ。

買収ストラクチャー

　関連の変数が多岐に及ぶため、買収の組成方法は一見無数
にありそうだが、主な手法は次の3つである。オールキャッ
シュ（全額現金）、アーンアウト、そしてセラーノートでの買収。
LOIではどんな買収構造にするかを提案する。

　オールキャッシュオファー（＊77）**をするのは、第一に、その
会社が本当に気に入り、今後も好業績が続くことを確信し、買
収価格を下げるために全額現金のオファーをしようと考える
場合。**売り手は売却で得たお金をクロージング時に100％受け
取って帰ることができる。

　第二に、とてもよい会社ですぐに売れそうな場合。私はオー
ルキャッシュオファーを出したのに、別の買い手がもっと高い
オールキャッシュオファーを出したせいで断られたことがあ
る。それも一度や二度ではなかったので、ロウアーミドルマー
ケットは売り手市場なのだと思い知った。あなたの基準を満た
す会社を見つけたら、すぐさま適正なオファーを提示すること

が必要不可欠だ。ただし他の買い手との「入札合戦」には用心すること。こちらがオファー価格を上げれば、向こうもさらに上げてくる——その繰り返しで価格が吊り上がる。言っておくが、デューデリジェンスはまだである。その会社のことはだいたいわかっているにしても、デューデリジェンスで何が起きるかはわからない。

　私はこういう場合、デューデリジェンスの間も売り手と連絡をとりあい、デューデリジェンスで問題が見つからないかぎり関心を持ち続けていると伝える。仮に他の買い手のせいでチャンスを逃しても、ひたすら我慢だ。世間に会社はたくさんある。いずれぴったりの会社が現れる。

　オールキャッシュオファーは買い手を不利な立場に立たせる。というのも、初日にあらゆるリスクを売り手から受け継ぐからだ。買収資金の調達方法はいろいろあり、SBA（中小企業局）もそのひとつである。もし固定金利で個人保証のない商業融資を受けられるなら、それが理想的な方法だ。また、そのほうが買収構造の提案の自由度が増す。

　アーンアウトは、買い手が所有権を引き継いでも、会社のリスクを売り手に残したままにする。これをよしとして受け入れる売り手はあまりいないが、アーンアウトが典型的な解決策になる例もなくはない。よくあるのは、近い将来に重大なリスクや利益が見込まれる場合だ（注意点がひとつ。SBAは現状、100％のアーンアウトストラクチャーを認めていないので、SBA融資の利用を計画している人は別の方法が必要になる）。

言い換えれば、会社の業績が下降気味でそれがしばらく続きそうなら、近い将来にもっと悪くなる可能性が高いので、売り手は今後の業績に基づくアーンアウトを受け入れてしかるべきだ。逆も同じことがいえる。確実な成長機会がすぐそこにありそうなら、アーンアウトによってオーナーは自分の仕事の成果を一部受け取ることができる。顧客集中度が高い（＊78）、大型契約が更新時期を迎える、などは買い手にとってのリスク要因なのでアーンアウトで対応できる。基本的にアーンアウトは、近い将来に企業パフォーマンスが大きく変化する可能性をふまえた対処手段だ。会社のパフォーマンスがよければよいほど、アーンアウトが買い手の選択肢になる公算は低くなる。しかし優れた案件、もっと言えばあなたにふさわしい案件がアーンアウトを完全に排除するわけではない。過小評価されている会社で、価値向上のためにあなたのスキルを必要とするところがあれば、まさしくアーンアウト向きだ。

セラーノートは買収の手法としてベストに近い。売り手はあなたの同意に（従って）100％支払いを受けるか、あるいは（こちらのほうが一般的だが）あなたが支払えない場合は会社を再度引き取る。つまり、あなたやあなたの経営能力に付随するリスクを売り手が引き受けるのだ。

　ノート（融資）の額、金利、返済スケジュールについて合意し、たとえば2～5年間で会社が返済するというのが一般的な構造だ。買収価格の10～20％を何年かにわたって低い金利で返済する。要するに売り手が買収資金を支援してくれる。しかも銀

行はセラーノートをエクイティと見なし、初期資本の準備をあなたに要求しないことがある。頭金なしに会社を買おうと思ったら、これが恐らく最も一般的な戦略だ。

---

*77　オールキャッシュオファーは融資を伴わないというわけではない。買い手は必要に応じて融資を得るという前提にすることをおすすめしたい。この場合のオールキャッシュとは、売り手が買収価格を100%受け取り、買い手が売り手に債務を負っていない状態を意味する。

*78　顧客集中度が高いとは、少数の顧客が売上の大部分を占めることをいう。

クロージングの日付

これはあなたが提案する契約成立日だ。**速いクロージングは売り手にとって好ましい。現オーナーが売却を決めたら、私もできるだけ早く名乗りを上げる**。理由は3つある。

第一に、時間はすべての取引を殺す。速くできればクロージングの確率も高まる。

第二に、売却を決め、LOIに署名した売り手はもはや会社との関わりがなくなり、たいていはパフォーマンスが落ちる。

第三に、あなたはもう買収を決めているはずだ（違うだろうか?）。残りのプロセスを先へ進める時だ。デューデリジェンスで何かおかしな点が見つかったら、立ち止まって評価し直せばいい。

クロージングの日付は、資金の確保やデューデリジェンスの

完了を見越したうえで、それプラス10日後くらいに設定する。もし遅れがあったら、買い手と売り手が途中で見直しをかけ、互いに再コミットするかどうかを判断する。取引の規模や複雑さによって、クロージングは30〜90日後が一般的だ。

コンティンジェンシー

必要なコンティンジェンシー（付帯条件）をすべてLOIに盛り込む。たとえば、買い手の融資獲得能力、デューデリジェンスの完了、その終了時期など。状況ごとに条件は異なるので、ここですべて予測することはできないが、よくあるコンティンジェンシーを以下に紹介しよう。

買い手の融資獲得能力

これはつまり、買い手であるあなたが資産を担保に買収資金の融資を受けられないときは、その会社を買う必要がないというものだ。買い手には重要なポイントだが、売り手はこの条件を何よりも外したがるだろう。なぜなら、これは契約のなかで彼らが一番制御できないことだからだ。

デューデリジェンスの完了

あなたは外部の専門家の助けを借りてデューデリジェンスを

実施するので、保険契約から社員の福利厚生プログラム、在庫や財務の記録まで、あらゆるものにアクセスする必要がある——という内容だ。LOIのなかの他のコンティンジェンシーは特定の情報を積極的に求めるものだが、この条項は必要なものすべてへのアクセスを求める形になっている。

恐らく最も重要なのは、デューデリジェンスの終了時期をここに示すことだ。あなたはデューデリジェンスの権利を有しているが、売り手は売り手で、デューデリジェンスが「満足に」終了したのかどうかを、少なくともクロージングの2〜3週間前に知る権利がある。別の言い方をすれば、あなたはデューデリジェンスでの発見をもとに取引条件を変更する権利を持っている。

契約へのアクセス

すべての契約をレビューさせてもらえるよう売り手に依頼する。また、これらの契約をクロージング前（またはクロージング時）にあなたの会社へ譲渡するために、売り手が必要な措置を講じることを要求する。

納税申告書

このステージの前に、あなたはすでに納税申告書を請求しているかもしれないが、いずれにせよこの条項では、過去3〜5

年間の納税申告書、それに直近年のフォームW2（源泉徴収票）、フォーム1099（支払調書）、給与記録が必要になるという事実を述べる。

非競争契約

当然ながら、売り手が競合会社を立ち上げてあなたの新しい顧客に近づくことがないよう、非競争契約に署名させる必要がある。特定の地域や部門において3年から5年、同じ業界での活動を禁じるのが一般的だ。

売り手による研修

私はいつも現場での90日間の研修を依頼する。実際には1〜4週間続くのが一般的だ（フルタイムではなくパートタイム）。だがそれでも、30日以上協力してもらえるようにしておきたい。売り手に90日間関わってもらえたら、これ以上の安心材料はない。それに、これは売り手が同意しにくい依頼事項ではないと思う。私はいつも電話でさらに6カ月対応してもらえるようお願いする。この期待が裏切られることはない。

重要な社員、サプライヤー、顧客とのインタビュー

状況によっては、カギとなる社員や経営陣と率直な会話をし

て、彼らが会社に残るつもりかどうかを確認したほうがいい。
これは主要なサプライヤーや顧客についても当てはまる。売り
手の立場からしたら、後者が最も難しい。クロージング前の顧
客との率直な話し合いほど、売り手にとってリスクの高いもの
はない。それでも状況によっては、これが絶対必要になる。し
かるべき解決策を考えなければならない。

　売り手がこの手のミーティングに同意するとしたら、買収プ
ロセスの一番終わりのほうだろう。クロージングの直前、資金
のメドがすっかり立ち、デューデリジェンスが満足裏に終了し
たあとだ。もし同意がなければ、あなたのリスクを補うために
アーンアウトやホールドバックがあってしかるべきだ。

会社の評価

　銀行は資金融資のために会社の評価を要求する。売り手の協
力が必要だ。

不動産

　取引に不動産が関係していたら、環境レポートなど、必要な
評価やデューデリジェンスを行う。不動産が買収されないとき
は、リース契約の合意・締結がクロージングの条件となる。

訴訟などの情報開示

もし売り手が訴訟を起こされることを知っていて、それをあなたに話さなかったら？　あるいは、大口の顧客がいなくなるのに、そのことを売り手が黙っていたら？　そう、あなたは全部知っていなくてはならない。全面開示がクロージングの条件だ。

設備の正常稼働

あなたが買うのは会社のインフラが提供する利益だということを覚えておこう。だから、そのインフラすべての正確な状態を知らなくてはならない。最低でも、設備が初日からちゃんと動くことを知っていなければならない。

資産購入契約

買い手と売り手が拘束力のある購入契約に最終合意することがクロージングの条件だ。これがクロージング前に必要なのは、何よりも資金上の理由による。この契約は土壇場での変更や不意打ちを最小限にとどめる効果もある。期待を抱かせ、期待に応える――それが買収プロセス全体を通して重要だ。

契約への同意、エスクロー、費用

これらの条項では基本的な契約の詳細について述べる。

売り手と買い手はLOI記載の条件に基づいて、拘束力のある購入契約をクロージング前に結ぶことになる。あなたは事実上、その時がきたら相互合意に基づいて署名するつもりであることに同意している。

LOIが受諾されたら、買い手は通常、一定額の手付金（エスクローデポジット）をブローカーに預ける。デューデリジェンス終了前に交渉が決裂したら、このお金は戻ってくる。いくらくらいが適当か、ブローカーに相談するとよい。

費用条項では、売り手と買い手がそれぞれ弁護士を雇い、その費用を負担する旨を述べる。

機密性、排他性、非拘束性

何度も指摘したように、LOIは拘束力のない文書だ。ただし例外が1点ある。LOIに同意したら、売り手は「独占期間」についてあなたと合意したことになる。つまり、他の買い手に会社を売り込んではならない。 LOIに署名した売り手は実質的に会社を市場から引き揚げ、一定期間（たとえば60日間）あなただけと交渉する。売り手が買い手であるあなたに投資しているようなものだ。私は売り手のこの決断を尊重する。これからの60日間は全当事者にとって重要な時期、購入契約とデューデ

リジェンスを具体化する時である。

　両当事者は機密保持契約も結ぶ（もし双方が合意できなければ、LOI後にもっと大規模な買収が発表されるかもしれない）が、そこでは同契約に拘束力がないことを明記する。最初の文書が法的拘束力のあるものとして提出されることがあるので、あなたの意図に合う文言になっているかを確認しよう。

　LOIを首尾よく作成できたら、売り手ではなく仲介者に提出すること。オファーはすべて仲介者から売り手に提示しなければならない。LOI提出前に仲介者と何度か話し合い、根回ししておく。

　LOI送信時のメール、またはLOIそのものに締め切りも記載する。LOIを提出したあとは待つだけだ。締め切りがくるまでは何もしてはならない。ブローカーにも売り手にも接触してはならない。断片的な交渉を受け入れてしまわないよう、身を引いて成り行きにまかせよう。

交渉前のアプローチ

　LOIによってオファーを出す場合、交渉戦略を練る必要がある。**一般的に2つのアプローチがある。ひとつは、あなた自身の評価額をもとに価格を提案し、その金額にこだわる方法。もうひとつは、相手の提示価格を大きく下回る価格を提案し、できるかぎり価格を引き下げようと強気に出る方法。**

　どちらを選ぶかはあなたのスタイル次第だが、私は前者をお

すすめする。買い手と売り手は共通の目標をめざすパートナーだ。この基本的信条に立ち返りたい。何度も言うようだが、あなたは別に買わなくても構わない。売り手の側も売らないと決めて構わない。同じ目標に向けてパートナーシップを保つというのは、過度に攻撃的、戦闘的、理不尽な振る舞いをしないということだ。

　最初から現実的なオファーをするメリットはいろいろある。まず、あなたが本当の買い手であることを売り手が認めてくれる。新しくリストに掲載された優良案件に対する迅速で適正なオファーは「手中の鳥」、つまり売り手にとって確実性が高い。優良案件はすぐ売れるので、低めのオファーを出すなどの駆け引きに時間をかけていたら、売り手は他の適正なオファーのほうへ行ってしまう可能性がある。この買い手となら交渉したい、と思わせるのがきわめて重要だ。

　第二に、買収価格が適正な評価額の範囲内にあると仮定したら、あなたの負担の大きさを決めるのは金額よりもむしろ提案する取引の構造だ。売り手が重要視する条件に対応するか。現金でいくら前払いするか。セラーノートやアーンアウトはあるか。すべて現金か。買収構造を変えると、支払う価格も変わってくる。

　また、相手の提示価格が高すぎる可能性もある。ストレステストに合格しないという意味ではない（それはまた別の視点だ）。売り手はリスト掲載前に複数のブローカーを比べることがある。そして掲載価格が最も高い（最も現実的な提示価格という意味

ではない）ブローカーが選ばれることがある。提示価格がとんでもなく高いと思ったら、あきらめて立ち去るか、そこまで相当な時間をつぎ込んできたのであれば、ブローカーと話をしてみるかだ。「これくらいの線ならオファーを出してもいいのですが」というふうに。ブローカーからオファーを出すようすすめられたら、そうすればいい。ただし結果を気にしすぎないように。

LOIに対する売り手の反応

　最初のLOIに売り手がうんと言うかどうかは、あなたのオファーが彼らの期待（提示価格があるなら、その提示価格）にどれくらい近いかにかかっている。提示価格以上の金額をオファーした場合や、融資の必要がなくすぐにクローズできる場合を除いて、LOIが最初から受諾されることはあまりない。私は最初のオファーがすんなり通って会社を買収したことがあるが、それはキーパーソンがやめるので、売り手が45日以内に手放したかったからだ。彼にとって重要なのは価格よりもスピードだった。

　しかし普通は、合意に達するまでに双方でやりとりがある。ただしいったんLOIが売り手に提出されると、それまでの段階に比べてものごとが前へ進む確率は格段に向上する。

　売り手の反応がブローカーから伝えられるだろう。受諾か、拒絶か、それともカウンターオファーか。一番多いのはカウン

ターオファーだ。ひとつずつ見ていこう。

受諾

　売り手が最初のオファーを受け入れたとき、買い手が真っ先に思うのは「オファーが高すぎたかな」ということだ。でもそう思ったところで何も生まれない。自分は買い手として十分準備を整えたのだと自覚しよう。自分が何を求めているかわかっているし、自分なりの評価を行い、それに近いオファーも出した。売り手はたぶん、ブローカーのつけた価格が低すぎたと考えている。

拒絶

　この原因は、あなたのオファーが低すぎると売り手が感じたから、または売り手が複数のオファーを受け取って別のオファーを受諾したからだ。前者だとすると、カウンターオファーのない完全な拒絶には、「売り手はあなたのオファーを侮辱だと感じていました」みたいなコメントが伴うことが多い。ちゃんとデータや市況に基づいてそれなりの価格を計算したのに、とあなたは思う。多くの場合、売り手の期待が現実的でないか、ブローカーの提示価格が高すぎるかのどちらかだ。そんな価格ではもう売りたくない、と売り手が決めてしまうこともある。まあ恐らく売り手は、公正な取引で売却したいと考えて

価格アップを求めているのだろう。カウンターオファーのない完全な拒絶は、あなたのオファーが売り手の希望とかけ離れているのが原因である。

　まだ望みはある。ここでやるべきはアドバイザーに相談して理由を知ることだ。アドバイザーはあなたを助けようとするだろう。知りたいのは売り手の意思決定のドライバーであり、創造的な解決策を導き出せるかどうかだ。セラーファイナンスやアーンアウトを活かせるか。ひょっとしたら売り手は持ち分の一部を持ち続けたいのか。あるいは不動産を売り払う必要があるのか。それとも、ただ価格がかけ離れているだけなのか。それならそれで構わない。

　拒絶されたら、私はたいていもう一度最後のオファーを出す。ただし、売り手がそれを受け入れる可能性は低い。あるいは「ウィン・ルーズ」のアプローチをしてくるか。そうなると残りのプロセスを交渉するのは難しくなるし、そうする価値もない。売り手のニーズを考慮すべきではあるが、何よりも大事なのは自分にとって正しいオファーしか出さないことだ。

　積極的に売りに出されていない会社が相手のときも、あっさり拒絶されやすい。私が買収しようとした最初の数社のオーナーはとにかく非現実的な期待を抱いていた。彼らくらいの規模の会社がたどるべき最初のステップについて、ブローカーは何も指導・助言していなかった。多くのオーナーは自分の会社の価値が実際よりずっと高いと信じている。だから、売上が500万ドルに満たないのにＥＢＩＴＤＡの20倍で買ってほしい

というオーナーが続出した。こういう場合は言うまでもなく、カウンターオファーを出す価値もなければ、売り手を教育する価値もない。積極的に売りに出されている会社をターゲットにするだけで、相当な時間の節約になる。

カウンターオファー

カウンターオファーは買収価格、クロージングの日付、コンティンジェンシーのいずれか、またはその全部を修正する。一つひとつ確認し、同意できる点を探そう。これは言ってみればあなたの勝ちなのだ。だから売り手の心理を理解するよう努めよう。クロージング時にもっと現金が欲しいのか、価格を引き上げたいのか、もっと速いクロージングを望むのか。私は基本的に、彼らがもっとお金を欲しがるならそれで構わないという立場だ――支払い期限がないかぎりにおいては。それは誇張だとしても、言いたいのは、買収価格の増額は可能だということだ。支払い条件を工夫することもできるし、セラーノートを取り入れてもいい。

アドバイザーと話して、売り手の立ち位置を理解しよう。こちらのカウンターオファーが決まったら、アドバイザーに連絡し、今後の方向性やあなたの考え方を説明しよう。売り手をどう指導したらよいか、その方法をアドバイザーに伝授するといい。あなたが直接出張ることもできるが、この段階ではあなたに失うものはないので、売り手はアドバイザーのほうを信頼す

るだろう。

　ちょっとしたやりとりや行きつ戻りつは普通のことだ。交渉の各ステージでアドバイザーと繰り返しコミュニケーションをとり、何かを与えたら必ず見返りをもらえるようにしよう。交渉の極意は、あなたにとっては重要でないけれども相手方にとっては重要なもの（あるいはその逆）を明らかにすることにある。ここでのあなたの目標は公正な取引をすることだ。公正の範疇に入っているかぎり、おかしな合意をする心配はない。その会社に何か問題があったとしても、それは次のフェーズではっきりする。その時はそこで交渉し直せばいい。

買収フェーズへ

　両当事者が合意してLOIに署名したら、いよいよ本格的に腰を据える時だ。次章では企業買収の次なるステップを説明する。

第 11 章
買収フェーズ

買収の基本合意書が交わされたら、案件は買収フェーズへ入る。ここでは多くのタスクが同時並行で進められる。交渉は継続し、第8章で説明したように感情が高ぶりやすくなる（とくに売り手は）。順調にいけばクロージングに達し、あなたは新しく手に入れた会社のCEOとしての役割をスタートできる。

買収フェーズでは多くのことを一度に進めなければならない。「これをやったら次にあれ」というような余裕はない。案件の規模にもよるが、あなたが何を求めるか、それらをどう組み合わせるかによって流れは決まる。**また、「取引**（ディール）**」という観点からはリスクが最も高いフェーズでもある。そして──少なくとも一度は──ものごとが思わぬ方向へ横滑りすることが多い。**とはいえ、しっかり心構えができていれば、このフェーズも問題なく切り抜けられる。

買収フェーズでは多くのことが発生する。

1 資産購入契約（APA）を作成・締結する。

2 買い手が法人を設立する。

3 買い手が資金のだんどりをつける。

4 売り手がすべてのコンティンジェンシーを外す。

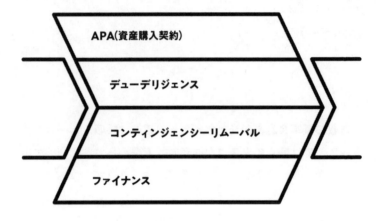

図11.1 買収フェーズ

5　買収価格を振り分ける。

6　デューデリジェンスを満足に終える。（図11.1）

　これらを解説する前に、買収フェーズの全貌にまずふれておこう。

コミュニケーションチャネル

　買収フェーズを難しくする要素のひとつにコミュニケーションチャネルの数がある。あなたはブローカーや売り手と話をする。電話で話すこともあれば、面と向かって会談することもあるだろう。会計士や弁護士、場合によっては投資家とも話をす

る。売り手には売り手の弁護士や会計士などがいる。恐らく弁護士は弁護士同士で、あるいは会計士とコミュニケーションをとる。銀行はアドバイザーと話をするかもしれない。全部で少なくとも8人は関係者がいる。これはコミュニケーションチャネルが28あることになり（7＋6＋5＋4＋3＋2＋1＝28）、複雑さが半端ではない。

まず「各人にとっての金銭的動機は何か」を考えよう。

買い手：会社を買収すること。LOIを結んでいる会社かもしれないし、そうでないかもしれない。

売り手：自分の会社を一定の条件で売却すること。

ブローカー：売り手を正当に評価し、取引を成立させること。

銀行家：融資を行い、利子をつけて完済してもらうこと。

あなたの会計士：デューデリジェンスであなたをサポートし、おかしなところがあったら警告すること。

弁護士：あらゆる犠牲を払ってクライアントを守ること。条件が理不尽なら破談も辞さない。私の意見では、弁護士が入ると必要以上に話がややこしくなる。なぜなら、彼らの仕事はあらゆる犠牲を払って何が起こ

ろうともクライアントを守ることだからだ。必要とあらば取引がまとまらなくても構わない。すべての弁護士がそうだというわけではないし、すべての弁護士が生まれつきの悪魔だというわけでもない。重要なのは彼らの動機を理解することだ。この段階では弁護士のマネジメントもあなたの仕事のひとつである。同時に、法的文書を必要以上に複雑にするのは「表明保証」——まさに買い手を守る拘束条項——であることが多い。クライアント保護と取引成立のバランスをうまくとるのが、あなたの腕の見せどころだ。

28のコミュニケーションチャネル、このフェーズ特有の感情的(エモーショナル)な交渉、徹底したデューデリジェンスに加えて、こうした個人の動機が加わることで、この期間はとても複雑でセンシティブな性質を帯びる。アドバイザーに言わせると、彼らを最もナーバスにさせるクロージング案件は、まだ決裂していない案件だという。というのも、いずれは必ず決裂するからだ。

目標を心に刻み、自身の見解に忠実でいよう。関係者全員の目標に敏感になり、合理的に判断しよう。公正な条件で前進し続けることが、あなたの目標だ。アドバイザーは「時間がすべての取引を殺す」ことをあなた以上に知っているから、すべてを前へ進めなければならない。つねに十分なコミュニケーショ

ンをとろう。

即座のアクション

LOIが署名されたらすぐに3つのアクションを起こす必要がある。

1 銀行に融資を引き受けてもらうための事務手続きを開始する。これは買収プロセスの最大の障害になりかねないので、手続きの完了を強くプッシュする必要がある。

2 会計士と連絡をとり、デューデリジェンスで彼らが必要とするものをすべて把握し、売り手にリクエストする。

3 弁護士と連絡をとり、LOIをもとに購入契約書の作成を始める。

どれも完了までに時間がかかるので、すぐに取りかかること。デューデリジェンスを始めて問題が見つかったとき、ぎりぎりになるより時間の余裕があったほうがいい。

法人の設立

資産購入を実行するとしたら、法人を設立する必要がある。

これはオンラインで簡単にできるが、弁護士を雇っても構わない。州に登記し、屋号を申請し、銀行口座を開設し、運営契約書に署名する(＊79)。どのタイプの法人がよいかは会計士に相談する(＊80)。

＊79　弁護士に手伝ってもらうこともできるし、自力でやるなら、標準的な運営契約書はネット上にも見つかる。オーナーがあなただけなら、これがなくても許される可能性がある。パートナーがいる場合は、会社の買収前に運営契約書を交わすようにする。

＊80　LLCをS法人として届け出る可能性が高い。

購入契約

すでに述べたように、資産購入契約（APA）の複雑さは主に買い手を保護する条項のせいだ。それはつまり買い手に対する「表明保証」を指す。売り手はつねに本当の情報を買い手に提供しなければならない（裏づけ文書、財務情報、顧客リストを含めて）。また、潜在的な問題——たとえば有力顧客が離れてゆく可能性——があれば、それも開示しなければならない。

2つの当事者間で法的なプロセスをスタートさせる際は、弁護士を雇って最初の契約草案をつくらせるか、相手方にそれをさせたうえで、あなたの弁護士に修正させるかを決めなければならない。

APAが複雑になるのは買い手の保護がほとんどの原因であるから、私は自分の弁護士に最初の草案をつくらせるほうを選

ぶ。今後はその、買い手である私にとってのベストバージョンに修正が加わることになる。

私は弁護士に、この契約は売り手と買い手が共通の目標を達成するためのものだと説明する。是が非でも私を守ろうとする必要はない。それをすると一方的な文書になり、取引がまとまらなくなる。弁護士は必ずあきれた表情をする。気持ちはわかる。彼らの仕事は全力で私を守ることなのだから。しかし私の経験から言って、こちらの弁護士がつくった文案には売り手の弁護士の赤がこれでもかと入ってくる。言い換えれば、売り手に都合がいいように書き直される。でもこのやりとりを一歩一歩積み重ねるしかない。双方の弁護士の非現実的な要求に閉口してはならない。買収フェーズではこれが原因で感情的な反応が起きやすい。冷静さを保ち、最終的な目標を忘れないようにしたい。

APAの最終版はLOIに似ているが、条件や構造を大まかに記した1、2ページの文書ではなく、付属書がたくさん付いた20ページくらいの文書になることがある(＊81)。最終APAを構成する細かな部分を解決するため、数多くの交渉が継続して行われる。

購入契約の作成に当たっては、本書よりも弁護士のほうが役に立つ。彼らはあなたを弁護するためにいるのだから当然といえば当然だが、もうひとつ、この種の文書を標準化しようとする試みはたいがい失敗に終わるということがある。州によってルールが違うからだ。APAに盛り込まれる内容は、エスクロー、

非競争契約、誓約、保証、免責、約束手形、コンティンジェンシー、研修期間などの諸条件だ。その他、リースや契約、サプライヤー合意、売掛金・買掛金の残高、在庫記録、顧客リスト、価格表、有形・無形資産リストなどの合意項目について述べた付属書もある。

この契約書は拘束力があり、あなたと売り手を守るためにある。会社を買うに当たって何が実現されなければならないのか、じっくり検討しよう。買い手にとっては残念なことに、APAは銀行融資を受けるために必要となることが多い。したがってSBA（中小企業局）などの融資方法を利用する場合、あなたはクロージング前にこれに署名しなければならない。

---

*81　メインストリート寄りの取引ではもっとシンプルな文書になることがある。3、4ページの文書に付属書が加わる程度のもので、拘束力のある包括的合意を交わすことが多い。

買収価格の配分

税務上の理由から、買収される資産に対して買収価格を振り分ける必要がある。買い手も売り手もこれを米内国歳入庁（IRS）に報告する。何をいくらで買ったかによって、それぞれの当事者にとっての税務上の影響が違ってくる。内国歳入法第179条により一括償却済みの2万5000ドルの新しいERPシステムは、買い手がそのままの価格で買い取れば、減価償却することができる。売り手はすでにそれを償却する恩恵にあずかっ

ているので、その金額に対する所得税を支払わなければならない。

　会計士は比較的容易に資産への配分について合意できるが、それでも部分的に交渉が必要になるケースがある。買収価格の配分があなたにどう影響するかを担当の会計士と話し合い、あなたと売り手の希望の違いを把握しよう。よくある配分先は次のとおりだ。

- 在庫
- 家具・什器・備品
- 非競争契約
- 事務用品
- 知的財産
- 営業権

デューデリジェンス

　ここまで私は買収ターゲットの評価・分析に際して「信ぜよ、されど確認せよ」式のアプローチを推奨してきた。デューデリジェンスはこの「確認」のステップに入ってもよいということを意味する。ここではあらゆる仮説、そして売り手とブローカーのあらゆる発言内容が調べられる。あなたは受け取った情報がすべて正しいとの確証を要求する。アドバイザーが優秀であれば、資料がきちんと整えられ、事前に目を通されているだろう。

だからといって確認や検証が必要ないということではないが、そのようにものごとが整理・準備されていたら、デューデリジェンスは非常にやりやすい。

　デューデリジェンスについては実に多くの本が書かれており、買い手がチェックすべき項目を網羅した長いリストもよく見かける。こちらを威圧する意図でもあるかのように延々と続いていたりする。本書ではデューデリジェンス期間の概略をなるべく簡潔に説明したいと思う。スタートを切るのに十分な情報を提供し、そこから勢いをつけて全プロセスを乗り切ってもらいたい。

　デューデリジェンスは基本的に、法務、財務、オペレーションの3種類に分けられる。検証が容易な小企業の場合、デューデリジェンスは2週間ほどがんばれば完了できる。もっと大きな会社では4週間以上かかることもある。いずれにしても会社の内部まできっちり理解しなければならない。

　先に見たように、買収起業は起業と投資の重なり部分を指す。デューデリジェンスは投資候補先としての会社を評価するための手段である。これは体系的に秩序立てて行う必要がある。なぜなら、チェックした一つひとつの項目からさらなる疑問が生まれるからだ。やるべきことの一覧やプロジェクト計画に沿って、懸案事項をすべて確認するようにしよう。（図11.2）

　まず法務デューデリジェンスと財務デューデリジェンスから始めよう。これは大部分を外注できる、あるいは少なくとも会計士や弁護士からかなり具体的な助言をもらえるというのが理

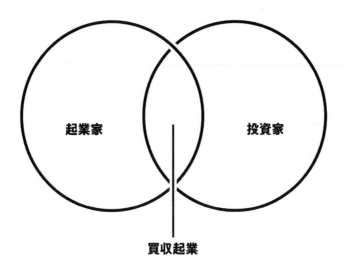

起業家

投資家

買収起業

図11.2　買収起業は起業と投資が重なった部分

由のひとつだ。もうひとつの理由は、技術的なデューデリジェンスが始まる前にその多くを実施でき、レビューの時間を最大限とれるからだ。

法務デューデリジェンス

　まずは法的な側面からスタートする。その会社が合法的であるか、売り手はそれをあなたに売却する権利を持っているかを確認しよう。会社設立証書、会社運営契約、定款、パートナー間の合意書、特定の国や州とのしかるべきライセンスや許認可。そこからさらにサプライヤーとの契約、顧客との契約、知的財

産権、保険契約などへ──。最終的に確認するのは、その会社の事業活動の合法性と、経営権の移管に際して生じる影響や結果だ。何か未解決の法的問題がないか？

財務デューデリジェンス

財務デューデリジェンスではまず、あなたの受け取った情報がすべて正しいという検証を行い、最後にその会社の運転資本をよく理解する。内部財務諸表や納税申告書、過去3年の月次銀行取引明細書、総勘定元帳、償却スケジュール、給与記録、主要サプライヤーの最新の財務諸表、オーナーのフォームW2、備品・在庫・事務用品の詳細リストなどを見せてもらう。

会社に関係のある設備や建物などの有形資産はすべて評価する必要がある。それが全部必要かどうかを自問し、評価しよう。どの設備が故障の可能性があるかを知り、故障した時にオーナーがどうしてきたのかを確認しよう。メンテナンスの記録が残っているか。メンテナンス契約はどうか。サプライヤーは誰で、交換費用はどれくらいかかるか。

必要な運転資本は、バランスシートの流動資産から流動負債を引くことで計算できる。その他、3カ月分の営業費用を手元に確保しようとする者もいれば、売掛金年齢報告書（＊82）を見て在庫の回転スピードを計算する者もいる。どれも間違いではないが、3つを全部算出し、現金がその会社でどれくらいのあいだ自由にならないかを判断しなければならない。

　財務デューデリジェンスの目標は、そこで明らかになった数字がかつて教えられた数字と一致するかを確認することだ。一致していれば言うことはない。もう契約したも同然だ。一致していないとしたら、何が変わったのか、なぜそうなったのか、その点を知るのに十分な情報が得られているか？　クロージング前なら手を引くことも交渉し直すことも自由にできる。

＊82　顧客に対する売掛金とその売掛期間を示したレポート。

オペレーショナルデューデリジェンス

　オペレーショナルデューデリジェンスでは、会社のオペレーション全体がどのように流れ、どのように動いているかを確認する。有能なブローカーたちに教わったところによると、最初にやるべきは社内の注文の流れを追うことだという。新しい注文が入ったとき、その処理はどこで始まり、どのような経路をたどるか？　これを知れば内部の状況がすぐにわかる。システムがどのようになっているか、誰がよく訓練されているか、誰がキーパーソンか、誰が（率直に言って）時代遅れか。すべてのファイルのありかもわかるし、顧客の注文、口座、費用に関するランダムチェックができる。

　オペレーショナルデューデリジェンスでは販売とマーケティングも考慮に入れる。販売プロセスはどのようなものか。販売員は何をするか。どのようなマーケティングが行われている

か。何がうまくいき、何がうまくいっていないか。オーナーは
SDEを増やすためにマーケティング費用を削減したか。

ウサギの穴

　私のビジネスパートナーのひとりは、デューデリジェンスとは「ウサギの穴を進んでいくようなものだ」といつも言う。疑問を発するたびに（答えが得られるどころか）さらなる疑問が湧くからだ。時間をとって頭を整理し、懸念事項や不明瞭な点をすべて徹底的に調べよう。これが満足にできれば、現オーナー以上に会社を理解することも可能だ。するとこの会社を経営する自信が生まれ、買収プロセスをてきぱきと進められる。

チャンスをものにする

　買い手のなかには、デューデリジェンス期間に入ったものの、取引をしない理由ばかり探している人がいる。これは正直言って、あなたのように準備をすることがなかった保守的で怠惰な投資家だと思う。この段階まできて、会社を買う前からもう後悔し始めているのだ。でも彼らを責めることはできない。デューデリジェンスというのは、ネガティブマインド全開で「どこにヘビが潜んでいるか」を探り、どこでだまされそうかを判断するために最善を尽くす場なのだから。
　その意味では、疑り深くなるのもこの期間における正常な心

の持ちようである。だが思い出してほしい。あなたが探しているのは欠点や穴ばかりではない。買おうとする会社が思いどおりのものだという確証を得たいのではなかったか。会社のことをよく知らなければならない。そしてこれは、手付金や会計士などへの依頼料以外にはリスクゼロで会社の全貌を知る唯一無二のチャンスだ。この機を活かして実際のビジネスドライバーを調べ、あなたのスキルや努力でこの会社を立派にできそうかどうかを見極めよう。ピーター・ドラッカーの次の言葉を肝に銘じたい。「成果が得られるのは問題を解決するからではなく、チャンスを活かすからだ」

　あなたにとって何が最大のチャンスで、それをつかむためにはどんな条件が必要か？

コンティンジェンシーの除去

　LOI記載のコンティンジェンシーを売り手ができるだけ速く取り除いてゆく。仲介者は当然これを後押しする。該当する分野は、リース、評価、承認、ライセンス、コンプライアンス、在庫、売掛金・買掛金の管理など。コンティンジェンシーがすべて外されないかぎりは契約しないことが大切だ。

　同じように、仲介者はあなたのファイナンシングコンティンジェンシー（融資を受けられるか不確定の状態）をできるだけ速く取り除きたいので、その点を繰り返しせっつくだろう。彼らはいかにも正しいことをしている。なぜなら売り手の代理人とし

て、自分たちが制御できないコンティンジェンシーはデューデリジェンスの結果やセラーファイナンスであることを知っているからだ。クロージングとはこうした条件項目が外されることを意味する。その解決が長引けば長引くほど、交渉決裂のリスクは高くなる。

オーナーでないことの利点

LOIが合意されたら、ほとんどの買い手は目の前の取引、あるいは会社の財務・法務上の側面にばかり注目する。これは当然といえば当然のことだ。**しかし、LOIが取り交わされてからデューデリジェンスが本格的に始まるまでの時間は、これから顧客になるかもしれない人たちにアプローチする絶好のチャンスでもある。**

というのは、あなたはまだ会社を所有していないからだ。したがってリスクなしに探りを入れられる。たいていの人は販売員が必要のないものを売りつけようとすると考えているから、警戒するよりも喜んであなたに協力してくれるだろう。だから、将来の顧客になるためには何が必要かを率直に尋ねたら、本当に将来の顧客になってくれるかもしれない。そうでないとしても、あなたは貴重な知見を得ることができる。

いったん会社の所有者になったら、彼らに何かを売ろうとする動機が働くし、彼らもそれを感じ取る。しかし今ならそんな危険はない。あなたはただ業界について学びたいだけだ。この

種の会社がどんな価値を提供しているのか、買い手である客は何を求めているのか、業界にはどんなプレーヤーがいるのか、影響力が強い地元の人物は誰か……。潜在顧客にインタビューし、業界の状況と製品・サービスが満たすニーズレベルを知る絶好の機会だ。私はこうしたインタビューの最後にやんわりとこう尋ねる。「この種の会社から得る価値はXだということですが、もし私の会社でXが実現したら、乗り換えを検討いただけますか？」。これにより、その業界でコモディティ化がどれくらい進んでいるか、何が価値ドライバーであるかがわかる。

　サーチ段階で磨いたネットワークづくりの腕前を活かして、別の地域で同じような会社を所有している人たちにアプローチすることもできる。

　ただし、守秘義務契約を何よりも尊重しなければならない。まだ取引は成立していないのだ。ものごとが思わぬ方向へ進んだときに売り手がこうむるダメージは計り知れない。自我を捨て、話をぼかし、直接の質問には答えないようにする。会社やオーナーの名前、その所在地を言わずに、ビジネスやサービスの種類を伝えるのは構わない。

　私はこれをデューデリジェンスの第三の次元と考えている。通常の構造から抜け出し、「用意ドン」のピストルが鳴る前に成功への礎を築いておくわけだ。クロージングの直後にも同じことをすることになるはずだが、ここでやっておいたほうが業界への理解や知見を深めることができる。

実りある進捗

買収フェーズは実にエキサイティングで、関係者にとってはジェットコースターのように変化が激しいステージだ。ここを乗り切るのは簡単ではないし、いろいろな人や動機が絡むと感情の発露もあったりする。だが、心理学者ティモシー・チピルの言葉を覚えておこう。「我々が最も強くポジティブな感情反応を経験するのは、最も困難な目標へ向けて進捗があったときだ」。あなたは一歩一歩、買収起業家として成功し、トップパフォーマンス企業のCEOになるという目標に近づいているのだ。

買収フェーズを終え、クロージングへ向かう頃には、買収起業の道を歩み始める前には考えられなかったほど、その会社に満足感を抱いているだろう。あらゆる疑問や懸念に答えるために集中して探索を行ってきたあなたは、その会社に関する予測できなかったほどの知識を手にするだろう。この買収フェーズを満足裏に通過することができたら、準備が整ったことを実感できるだろう。いや、それ以上にあなたは、新しい会社のスタートを切ることにわくわくし、その時が待ち切れなくなるだろう。

いよいよ契約を成立させる時がきた。

第12章
トランジション

　クロージングは買収プロセスの終わりではない。それはあなたの新しい起業キャリアの始まりでもある。ひやひや、どきどきする時間だ。

　本章を読む時点であなたがまだすべてのプロセスを経験し終えていないとしたら、新しい会社についてどこまで知ることができるのか、まだ不安な気持ちかもしれない。だがデューデリジェンスに真剣に精力的に取り組んだあとは、業界、競合、製品、そして社員など、その会社のことがよくわかるようになり、クロージングに対する一定の安心感が醸成される。準備は整った。

**　買い手がクローズしないとしたら、理由は2つにひとつ。買収フェーズの間に会社のパフォーマンスに重大なマイナスの変化（MAC）があったか、予定期間内にデューデリジェンスが終わらず、不安を覚えたか。**

重大なマイナスの変化

　リスト掲載する前に比べて、売り手の会社は何らかの変化を

経験した可能性がある。売り手は会社の経営に100%集中するのをやめ、出口プロセスをスタートさせた。その日から今日までの間に会社は変化している。企業は生き物だから、それは避けられない。パフォーマンスが悪化したとしても、それはまあ想像できる。ボールから目を離したのだろう。でもパフォーマンスの差が「重大」ではなかったら（たとえば5%の下落）、再交渉する必要はない。同じように、業績が5%上がっていても、売り手はあなたと再交渉するべきではない。その差、つまり業績の悪化が相当大きかった場合は、クロージング前のできるだけ早いうちに契約条件の変更を検討しなければならない。

デューデリジェンス

　先に述べたように、デューデリジェンスは買い手が会社を知るための最善の手段だ。一定の期間、あなたはあらゆる情報を自由に支配できる。ウサギの穴から岩の下まで隅々を調べ尽くしたら、もう準備しすぎくらいの状態になれる。デューデリジェンスがうまく終わらなかったとしても言い訳はできない。何か不安を感じるのなら、それはあなた自身のせいだ。他方、売り手が信用できないから不安を感じるのだとしたら、そもそもこのステージまでくるべきではなかったのだ。

　直前になって、あなたは頭のなかのいろいろな情報を思い返すだろう。何か見逃した点はないか、貧乏くじを引いてしまうのではないか。これは普通の反応だ。状況が悪くなるケースは

実際にあるので、それくらい臆病でいい。結局のところ必要なのは、この会社が買収に値する健全な会社かどうかを知るためのデータや資料だ。もし買収すべき会社であれば、あなたは2、3日もすればCEOになり、さまざまな事業課題に対応できる。

買収起業のゲームから脱落する買い手は、クロージングのずいぶん前に脱落してしまう。彼らはあなたがやったような準備をせず、そもそもどんな会社を探しているのかわかっておらず、ただただ困惑してしまう（あるいはリスクをとらない理由を探す）。

土壇場のためらい

クワイエット・ライト・ブローカレージのジェイソン・イェロウィッツは、クロージングが近づくなか、買い手がブローカーに電話をかけて新しいもっと大きな懸案事項を相談するというよくある現象を「土壇場のためらい」と呼ぶ。買い手であるあなたは会社のことを新たに理解するにつれ、「何か知られたくない真実が隠されていないだろうか」と否応なく考え始める。最初は魅力的だったものが色褪せてゆく。

今ある懸念を新たなレベルへ押し上げる新発見があったのかもしれない。あるいは、チーム内の懐疑派——弁護士や会計士、はたまた配偶者——が、あなたのとろうとしているリスクを必要以上に危険視しているのかもしれない。

理由はどうあれ、これはよくあることだ。ブローカーに電話をかけ、懸念事項を話し合おう。彼らの力をもってすれば、克

服できない課題はないかもしれない。あるいは、彼らもあなたと同じように心配していて、場合によっては取引をストップしたほうがよいのかもしれない。

　その点について本書では、私がこの10年間に半ダース以上の会社を買収するために用いてきたフレームワークを紹介している。3つのＡやターゲットステートメントを含め、しかるべき準備をきちんと行えば、一連のプロセスを自信をもって乗り越えられる。懸念事項のせいで取引を打ち切らざるを得ない確率は限りなく低い。あったとしても、それは重大なマイナスの変化が起きたときだけだ。

　あなたがまだナーバスになるとしたら、それは自分が何を知らないかを知らないからだ。たしかにそういうことはある。でも覚えておいてほしい。これはどんな起業家にも当てはまるのだと。知らないこと、わからないことがあっても、我々は計算ずくのリスクをとり、目標を追いかけ、見たいと思う未来をつくり続ける。

　主人公はあなただ。

クロージング

　まず、クロージング日の数日前にすべてのクロージング文書を完成させなければならない。少なくともあなたの弁護士と売り手の弁護士がそれらを確認・承認しておくようにしたい。これによってクロージング当日の予期せぬ事態を回避できる。

　クロージング前日には在庫、さらには売掛金・買掛金の額を確定させる。あなたがその数字を知る必要があるというのが理由のひとつだが、もうひとつ、それが会社そのものの買収価格に上乗せされ、取引総額に影響を与えるということもある。在庫を数え、金額を出す。在庫が多いときは前日よりもっと早くに対処するか、棚卸サービス業者を雇う必要がある（あなたは抜き取り検査をする）。在庫に関する私の考え方は単純明快だ。つまり、クロージング後の90日間に使うものを買い、未完成品は買わない。

　買い手として望ましいのは、在庫が予想どおりの水準に落ち着くことだ。もし在庫が多すぎたら、それを買うための資金が足りないかもしれない。反対に少なすぎたら、十分な在庫がないので急いで買い足さなければならない。クロージング時に在庫が別項目として加えられることが多いのはそのためだ。別項目になっていなければ、売り手は在庫をできるだけ減らそうとするだろう。すると顧客の注文に応じることができなくなるかもしれない。売り手に対しては、会社を売却する予定などないつもりで経営に当たるよう忠告し続ける必要がある。経営を引き継いだ初日からすべてがうまくいくようにするには、それが一番の方法だ。

　クロージングは中立的な弁護士が主導してもいいし、あなたの弁護士と売り手の弁護士のやりとりに委ねてもいい。仲介者がリードすることもできる。場所はブローカーのオフィス、あなたの弁護士のオフィス、会計士のオフィス、銀行など。今は

あなたの自宅も選択肢だ（ただし融資を得るために銀行へ出向く）。

　書類の量はすさまじい。SBA融資を利用するなら、30セン
チくらいの厚さは覚悟しておこう。個人保証書類のほか、次の
ようなものがある。

- リース契約
- 協力合意
- 抵当権申請
- 約束手形
- 非競争契約
- 最終在庫
- 最終売掛金・買掛金

　あなたが思いつけるものは弁護士がすべて用意してくれる。
IPストレージやバーチャルストレージへのアクセス権を必ず
確保しておこう。**あなたが売渡証を受け取ったらクロージング
は完了する。**

　その日の終わりには会社で社員に紹介してもらう心づもりか
もしれないが、私の経験ではクロージングは丸一日かかること
もあるので、新CEOとしてオフィスに登場するのはしばしば
翌日になる。

新CEOとしての認識の確立

社員や顧客、サプライヤーにあなたの存在を認識させ、内部のシステムやプロセスを知り、キャッシュフローを把握し、変革を実行し始めるには、最初の90日が肝心だ。

本当の統合プロセスはクロージング前の計画段階から始まっている。会社をどこへ導きたいかという構想や戦略プランを、行動の道しるべにしなければならない。だが実際には、最初の90日間は雑事や細部に追われがちになる。

大きなゴールをひとつ設定したり、具体的で実現可能な目標をいくつかリストアップすることが重要だ。こうして優先順位をつけやすくする。最初の2カ月ほどは評価に費やされる部分が多いので、当初のゴールや目標は比較的定性的なものになる。会社の強みと弱み、カギとなる社員を確認し、たとえば内部システムをもっと効率化するための方法を3つ特定しよう。まずは関連の人材とプロセスからだ。

最初の1カ月は売り手と会社の関係はまだ保たれる。この移行期間には、売り手による研修も行われる。売却が完了すると、売り手と会社の関係は大きく変化する。たとえ金銭的な動機がまだ残っていても、ほとんどの場合、売り手の社内での役割はあなたによって置き換えられ、彼らの会社との関わりはなくなってゆく。こうした理由から、一定の短い時間内に売り手に去ってもらうことはみんなのためになる。最初の1カ月が終わる前には必ず去ってもらおう。彼らを出勤させないようにす

るのが早ければ早いほど、あなたにとっては都合がよい。

　社内の全面清掃を実施しよう。何十年も同じ人（たち）が所有してきた小企業は、そろそろきれいにしてやらなければならない。自らが手本になって机を整理し、壁を塗り直し、古い資産を売却しよう。会社をきれいにすることは、あなたがこの場所を気づかっているというメッセージになる。

　会社の実態、各人の経歴など、その会社の個性はじきに明らかになる。その大部分は人事に関連したものだ。社内のいろいろな人とそれぞれの能力をよく知れば、今後の会社運営や計画立案の助けになる。

　ある買収起業家に最近こう言われた。「誰かの銀行口座に200万ドル振り込んでごらんなさい。そうすれば事の本質がわかってきますよ」。言い得て妙だと思う。

　最初の数日間に、クロージング前に言及されなかった、その会社に固有の細かい事情がいろいろ明らかになる。幸い、すべての関連情報が飲み込めるまでに時間はかからない。私は幸運だったのかもしれないが、対処不能な思わぬ事実を突きつけられたことはまだない。**これは購入契約における法的開示義務や、あなたがデューデリジェンスにどれだけ真剣に取り組んだかにも関わってくる。**大きな「サプライズ」はできるだけ減らしたい（できればなくしたい）。

　社員がいるかぎり、あなたが関わっていないコミュニケーションチャネルが必ずある。その社員一人ひとりが疑問や心配事を持っており、あなたはそれに対応しなければならない。唯

一できることは、会社がどこへ向かうのかというビジョンを明確にし、そこへ向けて全員を巻き込むことだ。

　最初の90日間で新CEOとして認識してもらうには、最初の1カ月を関連人材に振り向け、次の1カ月でプロセスやシステムを知り、最後の1カ月でアクションプランを実行に移すといい。

第1日

　まずは社員や顧客、サプライヤーと関係を築き、彼らに期待や敬意を抱かせる——それが最初の1カ月の重点的な仕事になる。

　その皮切りとして全社員参加のミーティングを開き、**あなたが新しいオーナーであることを発表する。**最初に売り手がそのニュースを伝え、それからあなたを紹介するのが通例だ。長年率いてきたチームの前に売り手が立つのは、これを最後にしなければならない。恐らく多くの社員はデューデリジェンスなどを通じてすでに噂を耳にしているが、誰が新しいCEOなのか、どんな変化が起きるのか、その変化が自分たちにどんな影響を及ぼすのかがわからず、不安を覚えている。

　あなたの話す番になったら、メッセージは簡潔に、真実だけを語ろう。ここで新しいチームの信頼と尊敬を勝ち取らなければならない。人は変化を嫌う。スタッフも間違いなく変化を恐れている。少なくともこれは生産性に影響を及ぼす。彼らの恐

れや心配に先回りして対応するのが大切だ。当然、社員たちは
あなたを注意深く値踏みし、どういうタイプの人間かを知ろう
とする。ちょうど株式が将来の期待に基づいて売買されるよう
に、社員は最初のミーティングで会社に「仮想株価」をつける。
彼らはあなたがまず心の通った人間であることを望んでいる。
そして文字どおり自分たちの生活がかかっていることをわかっ
てほしいと思っている。あなたは会社に対しての思いや、将来
へ向けての気持ちの高ぶりを遠慮なく伝えてよい。

　**社員が第一に知りたがるのは、一時解雇があるのかというこ
と。**次に知りたがるのは、給与や手当が変わるのかということ
だ。これは少々厄介な問題だ。なぜなら新しいオーナーは、要
員や給与に関する意思決定を少なくとも最初の90日間は先延
ばしにしたいからだ。とはいえ、この日は大事な初日。もし福
利厚生を変える予定があるのなら、ここでそれを伝えよう。正
直になることだ。

　**私は可能であれば、クビ切りも手当の変更もないことをすぐ
伝えるようにしている。**プラットフォーム企業を買収した場合
は、その会社がすでに行っている事業が理由で買収したわけだ
し、チームの全員がそこで大きな役割を果たしたことをあなた
は知っている。大きな変更の予定がないこと（とくに最初の90
〜120日間）をみんなに知らせよう。この情報は社員の心を落ち
着かせ、ストレスを和らげる効果がある。

　社員を安心させるメッセージはやさしく短めでポジティブな
ものにし、質問を受け付ける。たくさんは出ないかもしれない

が、ちょっとしたウォーミングアップの時間が必要だ。私がよく訊かれるのは「具体的にどうやって会社を成長させるつもりか」ということだ。答えには慎重を期そう。約束は控えめにし、結果を大きくするほうがいい。守れない約束はするべきではない。まだ勉強中であり、「みなさんがつくった会社ですから、私がそれを理解するのに力を貸してほしい」という旨の発言をしよう。オーナーになってまだ数時間なので、まだまだこれからであることを思い出してもらおう。この現実をふまえたうえで、成長への道筋がどうあるべきかに関する最初の気づきを話し、一人ひとりの社員に役割を担ってもらうと伝えよう。ここでの一つひとつの発言内容が、最初の90日間およびそれ以降を方向づける。

最初の1カ月 —— ヒト

最初の30日間は、新会社の構成員となるヒトに重点を置く。 最初の2、3日は、新しく設立したあなたの会社に全社員を雇い入れ、人事・給与システムに正しく組み入れることに費やされるだろう。私は最初の10日間で、全社員と1対1の短い面談をするよう心がけている。これは全員を知るチャンスとなり、社員のほうは訊きたいことがあればここで質問できる。上司を同席させることもできるが、最初の面談はできれば1対1で行い、あなたが知らない社内政治の影響をなくすようにしたい。

この短い面談では、担当業務や経歴、つきあいがある人間の

ほか、自分の仕事に関連して考えられる改善策を尋ねよう。たとえば、「もし私の立場だったら何を重視しますか。どんな改善策が必要だと思いますか。あなたならどのように取り組みますか」。隠れた才能や後のち役に立つスキルがここで見つかることも多い。何よりもあなたは、会社を構成する人々、彼らが協業する様子、そして会社の文化を理解できるようになる。

　販売員だけは例外で、面談の代わりに彼らの営業活動に同行する。彼らの仕事ぶりや営業用のメッセージを知ろう。運転中にいろいろ会話もできる。

　最も重要なのは、全員が話を聞いてもらっていると感じ、あなたのことを近づきやすい人間だと思うことだ。私のこのやり方には異論もあるが、少なくとも私の場合は効果があり、相互の信頼・尊重を早くから育む助けになった。あなたが今後へ向けた大胆なビジョンを描いているなら、この場でそれを伝えよう。顧客サービス、時間どおりの納品など、社員の力で市場での差別化要因にできる指標があれば、それを改善したい旨を知らせよう。あなたが重点を置くポイント、そこで社員が果たす役割を伝え、期待を高めよう。

　誰がトップパフォーマーでどこに派閥があるか、誰が早く出社し、誰がゴシップ好きか——そういったことはすぐにわかってくる。信頼できる社員がわかれば、あなたのビジョンを実現する助けになる。議論の余地はあるだろうが、これは最初の30日間で最も重要な成果だ。

顧客

買収に関するプレスリリースの発表は、第一想起(トップ・オブ・マインド)マーケティングにつながる良策だが、発表前に最大の顧客およびサプライヤーと会っておきたい。社員との顔合わせが終わったら、最大の顧客とのミーティングを設定しよう。

そうすることで顧客フィードバックループをただちに確立できる。この会社を利用してどれくらいになるか。なぜ当社から買うのか。強みと弱みは何か。改善点はどこか。彼らに何をしてもらったら一番大きな価値が生まれるか。当社とのやりとりでカギを握るのは誰か。当社を利用しなくなるとしたらその原因は何か。四半期に一度、短いミーティングを開いてこの会社の業績をレビューし、事業拡大のさらなる機会を探りたいのだと説明しよう。可能なら顧客の事業指標を決め、あなたがそこに影響を及ぼす方法があるかどうかを考えよう。

サプライヤー

サプライヤーと会うときは、彼らに何を望むか、彼らのパフォーマンスをどうやって評価するかを明確にしたい。最初の訪問で(販売員ではなく)社長に会うのが得策だ。そうすればパフォーマンスが不安定になったとき、誰に接触すれば結果を得られるかがわかる。

サプライヤーの今後の変化を知ることが重要だ。経済的な側

面はここに大きく関わってくる。たとえば、彼らが外国から原材料を買っている場合、それらの市場に変化があればあなたにも影響が及ぶ。その事業の「変化の触媒」を特定し、市場の変化に目を光らせよう。

新しいものをすぐさま売ろうとするサプライヤーが多いことに、私は驚いてしまう。彼らが売ろうとするものを知るのは構わないが、新しい長期間の契約にサインしてはならない。彼らは突然のオファーに緊急性があるように見せる術を心得ている。クロージング前日のリストに載っていなければ、それは緊急ではない。

２カ月目 ── 学習

２カ月目はすべてのシステムやプロセスを深く知ることに集中する。人々がどのように協力し合っているか、何を最適化の指標にすべきか。デューデリジェンスのフェーズで注文処理の流れを大まかに把握したが、ここではさらに製品の配送・請求までの販売員の仕事ぶりを知ることができる。

会計システムや受注状況を理解しよう。

ほとんどの小企業はプロセスよりもヒトに頼っている。たいていは一定の分野に精通した社員が１人か２人いるものだ。彼らは頼りになる人材で、だいたいは勤務経験が長い。最初の１カ月でヒトに焦点を当てたら、それが誰かはすぐにわかる。さっそく彼らの仕事のやり方を文書化しなければならない。

　こうして特定の人物に頼るのではなくプロセスを文書化することで、改善の道のりがスタートする。「バステスト」を思い出そう。もしこの人がバスに轢かれて死んだら会社は大丈夫か？　答えがノーなら、まずそこが重点ポイントだ。

　最初の数カ月は財務的に混乱しやすい。なかでも、買掛金と売掛金は100％正しくないかもしれないし、小切手が誤った口座に入金されるかもしれない。在庫が誤っている可能性もある。資金の流れをつかみ、銀行口座が正しく準備されるようにしよう。現金が前のオーナーではなく、あなたのところへ入るよう確認しなければならない。請求書をつぶさにチェックし、それがタイムリーに送付されるようにしよう。今後13週間のキャッシュフローを予測し、次の四半期の現金需要を知るとともに、社内の現金サイクルを詳しく理解しよう。

　2カ月目は業界のベストプラクティスを検討し、上司との継続的なミーティングを開始するのによい時期だ。ここで初めてオペレーションの流れに足を踏み入れることになる。つまり、あなたの日常がどのようなものになるかがわかってくる。与えられた責任をすべて全うできるようにし、学ぶべき分野を探し、小さな成果を早めに収めるよう心がけよう。

　会社のこれからの実行計画を立て、3カ月目に何に着手するかを予定しよう。毎朝の確認・参照に用いる文書を作成する程度の基本的なことでも構わないし、各タスクのスケジュールをグラフにした、もう少し高度なガントチャートをつくっても構わない。いずれにせよ、実行計画には次の項目を盛り込む必要

がある。

- 明確なゴール・目標——何をなし遂げようとするのか、何をもって成功とするのかを明らかにする。

- 成功の尺度——結果を測るベストな方法は何か？

- 節目となるステップ——目標をいくつかのステップに分解し、各ステップの達成時期を示したスケジュールを立てる。

- 資源の配分——計画内容が予測に反映されているか？　つぎ込むべき資源（時間、資金、人材）が十分あるか？

- チームの責任——あなたがすべてを担うのか、それとも経営陣と協力する予定か？　それぞれのタスクを達成するための役割を割り振って、多くの成果を素早く出せるようにし、共通の目標に向けたチームワークを養う。

　進捗を追跡し、重要な指標に影響を与えていることを確認するためのダッシュボードまたはバランストスコアカード（＊83）を作成しよう。

　さまざまな変数に計画が左右されることを理解したうえで、このロードマップの作成により成功の可能性を最大限高める。この会社でしばらく過ごし、不確定要素をことごとく理解でき

るようになるまでは、何も変えないことをおすすめする。知らないうちに引き起こしてしまった問題には反応しないほうがいい。

＊83　Robert S. Kaplan, D. P. Norton, The Balanced Scorecard: Translating Strategy into Action, Boston, MA: Harvard Business School Press, 1996.

３カ月目 ―― 実行

あなたがオーナーになって60 〜 90日たつと、いろいろなことが少しずつ、または急激に変わり始める。会社を構成するヒトやプロセスについて2カ月かけて詳しくなった今、あなたはどういう行動を起こせば会社がよくなるか、どんな影響が出るかを知る立場にある。

短期・長期の目標、節目となるステップを定め、買収前に立てた計画を固めるとよい。ビジョンを明確にし、社員に伝えよう。計画を実行に移す時がきた。あなたの力で成長ドライバーを稼働させるのだ。

望む変革を実行に移す時でもある。たしかに2カ月間は大きな変化を起こすのは待ったほうがいい。しかし変革を実行するまでに間が空きすぎると、社員は安心しきってしまい、変化への適応に抵抗するようになる。

３カ月目、それはあなたが輝きを放つ時だ。成長への取り組みをスタートさせ、経営陣や主な顧客の賛同を引き出し、腰を

据えて新しい取り組みを大きく前進させよう。少しずつ勢いが
つき、めざす未来がはっきり像を結ぶはずだ。

買収を通じた成長

　私が初めて買収したのは父の書籍印刷会社だ。父は業界の販
売員を雇い、彼らに顧客を連れてきてもらうことで一定の成功
を収めていた。私もこの戦略を引き継いだが、じきに、評判の
高い優秀な販売員であっても連れてこれる顧客は非常に少ない
ことがわかった。顧客は概してライバル会社にとどまり、販売
員とともにこちらへ移ってくることはなかった。

　また、我が社の販売員がちょくちょく辞めるようになったと
きも、このことが証明された。彼らの担当顧客はほぼ100%こ
ちらにとどまったのだ。私はこの点について何かデータがない
だろうかと考えた。

　直接のデータを探すのはほぼ不可能だったが、この原因をう
かがわせる統計データが見つかった。販売のエキスパートでテ
ルスマート創業者のジョジアンヌ・フェイゴンによると、販売
員にニーズを理解してもらっていると感じている顧客は13%
にすぎない。つまり、製品・サービスが顧客の問題を解決して
いると仮定して、87%の場合、それは販売員とは何の関係もな
いということだ。

　顧客の91%は頼まれれば知り合いに会社を推薦するつもり
がある――これはデール・カーネギーが発見したデータだ。そ

の会社がしっかり価値提供できていることを裏づけるものだが、ではその価値はどこに由来するのか？　販売員が価値提供の実行において一定の役割を果たすとしても、価値の源泉は製品・サービスそのものにある。言い換えれば、販売員がいなくなっても、会社はほぼ100％の価値を今までどおり実現できる。

とはいえ、ライバル会社へ移る販売員は当然、これまで担当してきた顧客——すなわちあなたの現顧客——を引き抜こうとする。だから、そもそも販売員を辞めさせないことが会社のためになる。

新しい販売員と顧客を同時に買う

業界の販売員を探してあなたの会社に引き入れる代わりに、ライバル会社を買ってしまい、顧客やブランド、販売員をそのまま引き継いだらどうなるか？

こんなふうに考えてみよう。たとえば、1人当たり100万ドルの売上を新たに稼ぎ出せる販売員を探しているとしよう。もしそういう人が見つかったら、できるだけたくさん雇いたいと考えるだろう。たとえば、今後1年間に3〜5人雇うこともやぶさかではない。3〜5人ということは売上にして300〜500万ドルだ。それだけ（あいだをとって400万ドル）の成長を望まない者がいるわけがない。

もし売上400万ドルのライバル会社が売りに出ていたら、あなたはその目標を1日で達成できる。

ざっと計算すると、売上400万ドルの会社は最低18万ドルの頭金で買収できることがわかる。奇しくも、毎年100万ドルを売り上げる販売員を雇おうとしたら、1人につき18万ドル近くかかると思われる。4人ならその4倍だ。

　それに買収の場合は、誤った人を採用するリスクや、研修直後に辞められてしまうリスクもない。買収を通じた成長は、販売努力を通じて地道な成長をめざすよりも道理にかなっている。

新しいインフラを手頃な価格で買い、業界トレンドに乗る

　買収は成長目標の達成にとどまらない成果をもたらすことがある。印刷業界にいた当時、私は従来の「オフセット」印刷が下火になり、「デジタル」印刷がそれまでの5年間で毎年30%近い着実な成長を見せていることに気づいた。このトレンドがもはや定着しており、今後も続くのは明らかだった。

　私はすでに社内にデジタル印刷部門を設けており、これを全米で最大級の規模に急成長させた。だが成長スピードは鈍っていた。今のローテクな販売・生産プロセスを超えて事業を拡大させるだけのITインフラがなかったのだ。新しいインフラがいくらかかるかを計算したら、とんでもない額になった。

　数字が大きいだけでなく、それで顧客がやってくるわけでもなかった。つまり現金を使い果たしたうえに、マーケティングの専門知識を変革しないかぎり売上を増やすこともできない。

率直に言って、それではリスクが大きすぎる。こう言ってはなんだが、スタートアップみたいなものだ。

　私は気づいた。我々が欲しいデジタルインフラをすでに持っている会社を見つけることができれば、そのインフラを買って新しい製品ラインを手に入れ、業界のトレンドに乗ることができるのではないかと。デジタルはまだ歴史が浅かったから、デジタルだけに依存する新会社の多くは専門知識が不足しており、成長コストや設備投資のせいでキャッシュフローも逼迫していた。だから売却を受け入れる可能性があった。

　もし売上100万ドル以上の会社を買収できれば、第1章で学んだように、プロダクト・マーケット・フィット（製品の市場適合）は最低限のレベルには達しているはずだ。これはなかなか興味深い買収案件だ。理論上は、お金のかかるインフラを一から構築する代わりに、売上と利益を生み出すインフラを買収できる。

　しかも買収のコストは、インフラを一から構築する場合に比べてずっと少ない。というのも、会社を買うときは、その会社が生み出すキャッシュフローの何倍かの額を支払い、それから融資を受けてコストの何割かをカバーするからだ。一方、インフラを構築するときは、その費用をまかなうための投下資本が必要になる。

　買収を通じた成長は、本業をこつこつ伸ばしたり、実績のない製品ラインを新しく築いたりするよりも、スピードとコストの面で勝る可能性がある。

　現在所有している会社がすでに利益を出していたら、買収し

た会社から追加の利益が必要になることはない。キャッシュフローはすべて借金の返済や成長への再投資に充てることができる。これによって会社の強みや事業範囲が拡大され、安全マージン——新入社員、新製品開発、新スタートアップにないもの——が確保される。

出口戦略としての買収

私はロウアーミドルマーケットのアドバイザーを雇って、正しい会社へのアプローチを手伝ってもらった。同じ業界で伝統的なサービスまたは破壊的（ディスラプティブ）なサービスを提供している企業のリストをもとに2年間探索した結果、理想にぴったり合う会社がついに見つかった。彼らは私が求めているものをすべて持っていた。数百万ドルの売上、業界でも指折りの独自ITインフラ、我が社にはない対応力を備えた生産ライン……。我々は互いを必要としていた。

ひとつだけ問題だったのは、この買収ターゲットが売りに出ていなかったことだ。私は彼らに積極的に働きかけ、何カ月も話し合いを重ねた。最終的に相手先のCEOが言ったのはこんな言葉だった。「この話は絶対にまとめなくてはなりません。ただ、ひとつだけ変えてほしい点があります。こちらがあなたを買いたいのです」

その後の何カ月かで私は気づいた。買収を通じて成長しようとするのは、よき「出口」にもつながるのではないかと。ほと

んどの会社が最終的にはそれを目標にしている。外部の投資を
受け入れたスタートアップもみんなそうだ。

どう成長するか

結局のところ、会社を成長させる方法は3つある。顧客を増
やすか、顧客からの注文頻度を増やすか、顧客当たりの平均注
文金額を増やすか。

そのためにできるのは、製品・サービスを増やすこと、地理
的な事業範囲を広げること、製品をバンドルすること、営業・
マーケティングの質を高めることであるが、要は顧客に価値を
提供しなければ話にならない。この10年間、私は幸運にも買
収を通じてインフラや顧客を獲得し、地理的な範囲を拡大し、
地元市場で業績を伸ばし、新製品を開発することができた。実
際のところ、この手法のメリットには限界がない。望めばチャン
スは無限にありそうだ。

これは「上流」に身を置こうとする努力から付加的に得られ
るご褒美のようなものだ。それでもあなたは事の内情に通じて
いる。ちょうど今、本章を書き終えようとする時点でメールを
開いてみたら、今朝だけで3つの情報提供者から新しいリスト
掲載企業13社の報告があった。SDEが9万8000ドルの会社か
ら売上が9800万ドルの会社まで、さまざまだ。業種もソフト
ウェアからコンサルティング、製造、小売りまで幅広い。文字
どおり、あなたが望むどんな会社もそこに存在している。あと

は自分にふさわしいところを見つけるだけだ。

　買収起業の考え方を採り入れ、ゼロからのスタートではなく、buy then build（買収して構築する）を実践すれば、利益を出すインフラを足場に成長できる。それこそが私が身をもって学んだ起業の神髄だ。あなたにもそれができないはずがない。

結び
「起業経済」における買収

「起業が10倍に増えたらどうなるだろう？」

　テイラー・ピアソン『僕たちの20年戦略 (The End of Jobs)』
より

　本書では、既存企業の買収が起業の優れたモデルになり得る
ことを説いてきた。理由は簡単だ。買収によって、利益を生む
インフラ、顧客、過去の業績、安全マージンが手に入り、そこ
からあなた自身の取り組みをスタートさせ、リーダーシップを
発揮することができるからだ。

　すでに述べたように、真の富を構築するには会社を所有する
のが（ほとんどの人にとって）一番の方法だ。そして、あなたにとっ
て正しい機会を見つけることで、自らの強みやスキルを最大限
活かして価値を築くことができる。それも仕事にやりがいを感
じながら。

　あなたが探している会社をどうやって規定すればよいかも検
討した。産業や売上規模で決めるのではなく、機会や裁量的利
益で判断しようと述べた。それから、最善の機会をどうやって
見つけるか？　「上流」に身を置き、ディールフローの中心に

位置することで、新しいリスト掲載企業を最初に見ることができる。

　取引の舵取りの仕方、売り手から期待できることを検討し、CEOになるための道筋を説明した。そしてさらに、買収起業家としての将来設計に向けた青写真を示した。

　買収起業はすべてのビジネスアイデアにふさわしい手法とは限らない。だがほとんどの場合、そのほうが必要な成功をもたらす手段としては優れている。**売上と利益を生んでいるインフラを買うことで、資本調達に要する何カ月、いや何年もの時間を節約できる。**スタートアップとしての生き残りに苦心するのではなく、成功している会社をできるだけ早くリードすることに専念すれば、すぐに「構築」ができる。

　最後に、あなた自身がリスクをとることで——つまり自身の出資金と借入資本を会社につぎ込むことで——あなたはその会社を全部所有できる。これにより、自らの努力に応じた金銭的報酬やアップサイドポテンシャルを確保できる。あなたの労働の成果を外部の投資家に持っていかれる心配はない。

起業家の経済

　ロン・デイヴィソンの『The Fourth Economy』は、エリヤフ・ゴールドラットの有名な「制約条件理論」のレンズを通して西欧社会の経済発展を見ている。デイヴィソンによると、経済活動の期間が「農業経済」から「工業経済」、さらに「知識経済」

へ移行するとき、前の期間の経済ドライバーへの追加投資が結果的にリターンを減少させてきた。

　ある期間から次の期間への移行の推進力となったのはむしろ、次なる制約条件を利用することだった。土地という制約条件が農業経済を生み、資本へのアクセスという制約条件が工業経済を後押しし、教育という制約条件が知識経済を生み出した。だが2000年以降、土地が利用しやすくなり、資本が豊富になり、高等教育が飽和状態に達して賃金アップがままならなくなるなか、新たな制約条件が登場した。

　デイヴィソンは言う。「今、起業家になることは1900年に知識労働者になるようなものだ。つまり、可能だが困難であるため、そうなる人はほとんどいない」

　克服すべき次なる制約条件は「起業」である。**経済の移行に伴って、起業のスキルはかつてなかったほど経済発展の最前線を規定する要素になるだろう。別の言い方をすれば、起業は今の経済で成功するためのカギとなる。**

　同時に今、これまでの歴史上なかった大きな変化が起きている。ベビーブーマーは他のどんな世代よりもたくさんの会社を所有しているが、その人たちが大量に引退する時期を迎えているのだ。事業価値にして10兆ドルの「オーナー変更」が必要になる。なかでも最大のボリューム層は売上500万ドル以下の会社だ。第1章で見たように、米国の企業で売上が100万ドルに達するのは4%にすぎない。売りに出されるのは言ってみれば世界のトップ企業だ。そして期せずして、起業が次なる経済

期間の新たなドライバーになろうとしている。

　経済フロンティアの規定要因となる起業、そして大量に引退するベビーブーマー、この歴史的な符合は、買収起業に向き合おうとする意欲的な人々にとってまたとないチャンスだ。

　実は、テイラー・ピアソンが彼なりの起業宣言書とも言える『僕たちの20年戦略（The End of Jobs）』で強調しているように、我々が慣れ親しんでいる意味での「仕事・雇用（job）」はだんだんなくなってきている。2000年以来、人口の増加スピードは雇用の増大スピードより240％も速い。

　ピアソンが言うには、問題はもはや「どうやって仕事を見つけるか」ではなく、「どうやって仕事を創るか」だ。機会を創出し、価値を構築するのはスキルである。そして、それが新しい経済を牽引しようとしている。

　起業はもはや単なる人気のトレンドではなく、必須のトレンドだ。独力で歩もうとする人々にとって、買収起業はキャリア促進の原動力となる。それはあなただけの問題ではなく、時代のインフラを提供するのだ。

　先に見たように、スタートアップは失敗する。ほぼすべてのスタートアップが破綻する。どうにか成功したところも、その大半は低売上にとどまり、オーナーの努力を大きく超えて拡大することはない。これらの会社を買うことで、あなたはスタートアップにつきもののリスクを負わずに自身のプラットフォームを築くことができる。その後は本業を成長させてもいいし、新製品を出してイノベーションを起こしてもいい。さらなる買

収で拡大を図ることもできる。このモデルはリスクを軽減し、価値構築の手段を数多く提供する。起業というゲームにおいては企業買収が成功への最速ルートだ。

あなた自身が所有する成功企業、そのCEOになるのに長い時間はかからない。6〜9カ月もあればいい。目標へのコミットメントと勇気さえあれば、最初の一歩を踏み出せる。

ここまで買収起業の「なぜ」「何」「どのように」を扱ってきた。この手法が自分にふさわしいかどうか、あなたはもうわかっているはずだ。そして本書の内容を実践すれば、知識や準備の面で他の買い手を大きくリードできる。

もしこの手法があなたに合っているなら、できるだけ早くスタートを切ることをおすすめする。それはあなたの人生を永遠に変えるだろう。あなたは後ろを振り返りはしないだろう。会社を持つというのは、やりがいのある事業だ。それは本を読むだけでは実感できない。起業家はほぼ例外なく、会社を保有することの自立性や金銭的メリットを強調する。だが、それだけではない。**会社を所有したとき、その会社はいわばあなたの分身となる。それはあなたの肉体であり、精神である。あなたが呼吸をすれば、会社も呼吸をする。会社が成功すれば、あなたも成功する。精神的な一体化が起き、それが途方もなく充実した人生につながる。**この共通体験に基づく多くのフォーラムやコミュニティを見れば、そのことがたぶんわかる。

買収という起業形態がいわゆる名門大学にしか浸透していないのは意外である。だが、最高のアイデアはそこから生まれる

ことが少なくない。買収起業はスタートアップよりもっと効率的な、希望する目的地への近道だ。私が本書を書いたのは、そうしたかったからではなく、そうしなければならなかったからだ。起業の手法に買収を加えることには多くのメリットがある。だから私はそれを皆さんに伝える必要があった。本書を読んだあなたが買収起業というものを知り、その実像をはっきりつかみ、そこへ向けた第一歩を踏み出す気持ちになったのなら、本書はその役割を果たしたことになる。情熱に満ちた人生があなたを待っている。

謝辞

　本書の表紙には私の名前が記されているけれども、私がしたことといえば、偉大な人々に囲まれながら、すでにあった「点」の数々をつないでいっただけのことだ。私など及びもしない多くの優れた人たちのおかげで、起業、投資、プライベート市場、買収、出口、ビジネス戦略、心理学、会社を成長させる方法、そして本書の制作について理解することができた。

　まず、我が妻コリーン。このとてつもなく素晴らしい女性がいなければ、ものごとは何も前へ進まない。美しく、勤勉で、とても知的な人だ。彼女と、それから3人のお茶目な娘たちと暮らすことで、私は日々喜びと感謝に満たされる。彼女の我慢強いサポート、私の数々の至らなさを補い続ける才覚がなければ、私がこの仕事を選ぶことも、本書ができあがることもなかっただろう。それらのすべてに（そして3人のかわいいスタートアップを産んでくれたことに）感謝を捧げる。

　私の祖父、ボブ・デイベルとフランク・コーリーは買収起業家の草分けだった。私が物心ついて自分が人間だと認識する前から、彼らはこの冒険的な起業手法を進歩させるお膳立てをしていた。我々は今、前の世代の人々が均してくれた道を歩んでいる。買収起業はいま新たな視点で脚光を浴びているけれど

も、実は何十年も前にこうした偉大な企業オーナーたちによって具現化されたのだ。

　数多くのビジネスパートナーに感謝しなければならない。本書で「私」という語が出てくるとき、それは間違いなく「私たち」を意味する。ビジネスはチームスポーツであり、私は幸運にも超人的な驚くべきパートナーたちに恵まれた。ビジネスパートナーのみならず、マネジャー、共同出資者、社員もそこには含まれる。あなた方の思慮深い助言や献身のおかげで、我々の会社は日々成長している。私たちは一心同体だ。

　チャド・トラウトワインがくれた尽きせぬ刺激と激励に感謝する。彼は私が本書のコンセプトについて話した最初の相手で、その後何年にもわたって、陽気な情熱と鋭い知的な助言でその種を育て続けてくれた。チャドは自然児、偉大なビジネスパートナー、真の友人だ。

　セントルイス・ワシントン大学スカンダラリス学際イノベーション起業センターの創設者兼マネージングディレクターであるケン・ハリントンには感謝してもしきれない。起業について相談し、教えを乞うとしたら、彼ほどの適役はいない。ケンは学問と実体験の両方を重んじながら、部分の和より大きな全体を築き上げる。起業やベンチャーキャピタル、プライベートエクイティに関する私の基本的な理解は、彼から授かったものだ。ケンは世界でも最高レベルの起業プログラムを完成させている。

　キングスレー・グループのマネージングディレクター、ゲー

リー・ロジャースは天からの賜物だった。ビジネス戦略の実行においても、企業の売買においても、折にふれてゲーリーは私に最も近いパートナーとなった。会社の売買に関して読むべき価値のある部分が本書に見つかるとしたら、その出所は恐らくゲーリーだ。

M&Aアドバイザーアライアンスおよび認定M&Aアドバイザープログラムをつくったマイケル・ノールに感謝したい。おかげで私はプライベート・キャピタル・マーケットを定量的に理解し、M&Aアドバイザリーのベストプラクティスについて指南を受け、ミドルマーケットのM&Aアドバイザーの幅広いネットワークにアクセスすることができた。彼はケネス・マークス、ロバート・スリー、クリスチャン・ブリーズとともに『Middle Market M&A』という教科書を著している。これはミドルマーケットのM&Aアドバイザー向けの代表的な書籍だ。マイケルはその豊富な知識を惜しげもなく世界に伝えようとしている。

トム・ウェストとは10年ほど前に電話で話した。我々が話をしたのはこれが最初で最後だったはずだ。でもトムは、国際ビジネスブローカー協会の公認ビジネスブローカープログラムの責任者で、M&Aマスターブローカープログラムの立ち上げに関わった人物だ。またビジネス・ブローカレージ・プレスの創業者でもあり、ロウアーミドルマーケットおよびメインストリートの取引に関する業界随一のツールをいくつか開発している。ブローカーコミュニティにベストプラクティスの文化を築

くうえでトムが果たした役割は計り知れない。彼がいなけれ
ば、この業界はきっとばらばらになっていただろう。

　リーダーシップ・アライアンスの社長デビッド・ウェラーと、
オレンジ・キーウィのパートナーであるアリー・テイラーから
は、成功する起業家やCEOの心理面について多くの知識や助
言を得た。デビッドは私の親しい友人で、とても頭がいい男だ。
彼のアセスメントに助けられて、私はこれまで出会ったなかで
最高の人たちと仕事ができた。マーティン・セリグマンの研究
を紹介してくれたのもデビッドだ。ポジティブ心理学に関する
資料を読破しようという無謀なチャレンジに、私は人生のうち
1年ほどの時間を費やした。

　クワイエット・ライト・ブローカレージの創業者兼CEOの
マーク・ダウストは、世界中のオンラインビジネスの売買を専
門とする優れた会社をつくったばかりか、このニッチ分野のあ
れこれについて私が学ぶのをいつまでも辛抱強く助けてくれ
た。クワイエット・ライトはオンラインビジネス取引のリーダー
的存在であるが、それが可能になったのはマークがつねに「正
しい指針」を示してきたからにほかならない。アドバイザーに
期待できることのすべてを彼は体現している。

　同じクワイエット・ライトのジョー・ヴァリーはまさに達人
だ。ジョーと私は、本書の最終版ができた直後にタッグを組む
ようになった。売買取引をアートのように見せてしまう彼から
は教わることがたくさんある。

　デイビス・キャピタルのチャンプ・デイビスとジョン・オル

センは、まとまらないある取引について私といっしょに詳しい分析をしてくれた。優秀なミドル・マーケット・アドバイザーを集めてオリンピックチームをつくるとしたら、デイビス・キャピタルの仲間たちは必ずそこに入るだろう。彼らはビジネスチャンスに関する第六感を持ち、ウォール街のプロ意識と起業家の情熱をもってこれに対処する方法を心得ている。

ＰＥパートナーズのマーティン・マイヤーズとマイク・ニコルズは、最良のパートナーシップは資本だけの関係ではないという真実を体現してくれた。彼らは起業とディールメイキングが交わる場所で、実に質の高い市場ネットワークを築き上げている。私は彼らとの仕事を大いに楽しみ、それに由来するたくさんの素晴らしい関係に恵まれた。

セントルイス・ワシントン大学オーリン・ビジネス・スクールのジェフ・ストックトンは本書のための調査・研究において、多くの仮説を確かめる手助けをしてくれた。同スクールのＭＢＡ取得者であるエリック・ジョーンズとマックス・バイヤーズにも、その情熱とプロジェクトへの協力に感謝したい。

セントルイスの起業家機構にお礼を述べたい。彼らは豊富な知識や鋭い洞察で我々をサポートしてくれた。なかでもシェリル・ラウアーは私が幹部会の末席を汚すのを許可してくれ、ジム・ギュラーはアクセラレータープログラムの各種イベントでの講演に私をうまく担ぎ出した。ブートストラッパーフォーラムの面々（とりわけデビッド、カール、ダン、ハワード、もうひとりのデビッド、ジム、トム、ドン、グレッチェン、ジャッキー、ニック）

にも感謝する。あなた方は困った時に欠かせない道しるべとなり、もっとできるだろうと我々を叱咤激励してくれた。これからもいろいろ教えてほしい。

　スクライブ・メディアとライオンクレスト・パブリッシングのチームには、本書刊行への力添えに感謝したい。とても大がかりな事業だったが、彼らは「支援」と「鼓舞」の絶妙なバランスを発揮した。ハル・クリフォードは私の梗概を確認・微調整し、ブルック・ホワイトは最終草稿の完成（ようやく）に私を導いた。エリン・タイラーは完璧な表紙を仕上げ、タッカー・マックスはここぞという場面で愛のむちを振るった。もし本書に余分な言葉がひとつでもあったら、信じてほしいのだけれど、それはタッカーが私にきっぱり削除を命じたものだ。

　出版にあたって私のマネジャーを務めてくれたキャサリン・シアーズは他に類を見ないパートナーだった。彼女は自費出版向けの破壊的（ディスラプティブ）な市場ネットワーク、ブックトロープを起業。何百万ドルもの資本を調達し、世界一のアクセラレータープログラム、Ｙコンビネーターの支援を受け、早々に成功を収めた。この会社を2年近く急成長させた頃、彼女はプロダクト・マーケット・フィットのある変化に直面し、このスタートアップは経営陣に落ち度のないまま市場から退場した。偉大な製品、スターぞろいのチーム、世界クラスのトレーニング、驚くようなアイデアが、外部の要因のせいでうまくいかないことがある――そのことを彼女は身をもって知っている。そう、キャサリンは出版界のロックスターだ。どうもありがとう。

ベン・ルクレアは私の悪友、最大の応援団だ。彼はつねに、次なるレベルの大成功がすぐそこにあることを気づかせてくれる。ベンは私の命綱であり、さらに本書の草稿作成の舵を取った偉大なプロデューサーだ。

　ドヴィード・リンダーはこちらの考えなどお構いなしだ。彼は映画の脚本を書き、映画を撮る。ボクシングに関する良書を著す。彼は文字どおりボクシングのリングに上がる。がむしゃらな人生を送るとはどういうことかを、いつまでも感じさせてくれる男だ。私にとって起業と映画づくりは切り離せない。ドヴィードはつねに究極のブートストラッピング（自己資本起業）を体現してきた。そして90年代にその方法を私に直接教えてくれた。

　ギャレット・ガンダーソン、シェップ・ハイケン、クリフ・ホールカンプ、テイラー・ピアソンは、私の初の著書の推薦文を書いてくれた。なんと勇敢な！　どんな時もよき助言をくれる親友たちよ、ありがとう。

　両親は40年以上、どんな時も私を支えてくれた。なんと私は恵まれていることか。もちろん、子ども時代の心温まる思い出もあれば、生意気な青年時代の数々のエピソードもある（私は起業家だから規則なんて気にしないのだ！）。最終的に我々の関係は愛と敬意に満ちたパートナーシップへと進化した。私が最初に買ったのは両親の会社だ。私は売り手と「同じ側」にいたことで、「ぼられる」という心配をせずに取引のプロセスを知ることができた。他の誰かが相手だったら、間違いなく会社を

買っていなかっただろう。おかげで買収起業家をめざす人にとっての参入障壁がわかった。恐らく全部彼らが悪いのだ。

　最後に、私が出会ったすべての起業家に感謝したい。その人生のなんと豊かなことよ。

参考文献

Bartlett, Joseph W. Fundamentals of Venture Capital. Lanham: Madison Books, 1999.

Besanko, David, et al. Economics of Strategy. New York: Wiley Custom, 2000. (邦訳『戦略の経済学』奥村昭博／大林厚臣 監訳、ダイヤモンド社)

Blank, Steven G. The Four Steps to the Epiphany: Successful Strategies for Products That Win. S.G. Blank.: K & S Ranch, 2007. (邦訳『アントレプレナーの教科書』堤孝志、渡邊哲訳、翔泳社)

Christensen, Clayton M. The Innovator's Dilemma: When New Technologies Cause Great Firms to Fail. New York: Harper Business, 2000. (邦訳『イノベーションのジレンマ』伊豆原弓訳、翔泳社)

Collins, James C. Good to Great: Why Some Companies Make the Leap ... and Others Don't. New York: Harper Business, 2001. (邦訳『ビジョナリーカンパニー2：飛躍の法則』山岡洋一訳、日経BP社)

Collins, James C. How the mighty fall: and why some companies never give in. New York: Harper Collins, 2009. (邦訳『ビジョナリーカンパニー3：衰退の五段階』山岡洋一訳、日経BP社)

Crabtree, Greg and Beverly B Harzog. Simple numbers, straight talk, big profits!: 4 keys to unlock your business potential. Austin: Greenleaf Book Group Press, 2011.

Dawn Langkamp Bolton Michelle D. Lane, (2012),"Individual entrepreneurial orientation: development of a measurement instrument", Education + Training, Vol. 54 Issue 2/3 pp. 219- 233.

Gibson, John V. M. How to Buy a Business without Being Had: Successfully Negotiating the Purchase of a Small Business. Bloomington: Trafford Publishing, 2010

Graham, Benjamin. The Intelligent Investor: A Book of Practical Counsel. New York :Harper, 1973. (邦訳『賢明なる投資家－割安株の見つけ方とバリュー投資を成功させる方法』増沢和美、新美美葉訳、パンローリング)

Harnish, Verne. Scaling up: how a few companies make it ... and why the rest don't. Ashburn: Gazelles Inc, 2015.
http://dx.doi.org/10.1108/00400911211210314

Ismail, Salim. Exponential organizations: why new organizations are ten times better, faster, and cheaper than yours (and what to do about it). New York : First Diversion, 2014. (邦訳『シンギュラリティ大学が教える飛躍する方法－ビジネスを指数関数的に急成長させる』小林啓倫訳、日経BP社)

Jackim, Richard E. and Peter G. Christman. The $10 trillion opportunity: designing successful exit strategies for middle market business owners: a guide for professional advisors Palatine: Westlake: Exit Planning Institute, 2005.

Joseph, Richard A, Anna M. Nekoranec and Carl H. Steffens. How to buy a business: entrepreneurship through acquisition. Chicago: Dearborn Financial Pub, 1993.

Kawasaki, Guy. The art of the start: the time-tested, battle-hardened guide for anyone starting anything. New York: Penguin Group, 2004.（邦訳『起業への挑戦』三木俊哉訳、海と月社）

Keller, Gary, et al. The Millionaire Real Estate Investor: Anyone Can Do It--Not Everyone Will. New York: McGraw-Hill, 2005.

Marks, Kenneth H., Robert T. Slee, Christian W. Blees and Michael R. Nall Middle market M & A: handbook for investment banking and business consulting. Hoboken: Wiley and Sons Inc, 2012.

Osterwalder, Alexander and Yves Pigneur. Business model generation a handbook for visionaries, game changers, and challengers. Hoboken: Wiley & Sons, 2010.（邦訳『ビジネスモデル・ジェネレーション ビジネスモデル設計書』小山龍介訳、翔泳社）

Parker, Richard. How to Buy a Good Business at a Great Price. Diomo Corporation: Fort Lauderdale, 2013.

Peters, Basil. Early exits: exit strategies for entrepreneurs and angel investors (but maybe not venture capitalists). Coquitlam: MeteorBytes, 2009.

Porter, M. E. Competitive Strategy: Techniques for Analyzing Industries and Competitors. New York: Free Press, 1980.（邦訳『競争の戦略』土岐坤、服部照夫、中辻萬治訳、ダイヤモンド社）

Rath, Tom. StrengthsFinder 2.0. New York: Gallop Inc, 2007.（邦訳『さあ、才能（じぶん）に目覚めよう 新版 ストレングス・ファインダー 2.0』古屋博子訳、日本経済新聞出版）

Ries, Eric. The Lean Startup: How Today's Entrepreneurs Use Continuous Innovation to Create Radically Successful Businesses. New York: Crown Business, 2011.（邦訳『リーン・スタートアップ』井口耕二訳、日経BP社）

Ruback, Richard and Yudkoff Royce. HBR Guide to Buying a Small Business. Harvard Business Review Press, 2017.

Seligman, Martin E. P. Flourish: A Visionary New Understanding of Happiness and Well-Being. New York: Free Press, 2013.（邦訳『ポジティブ心理学の挑戦 "幸福" から "持続的幸福" へ』宇野カオリ監訳、ディスカヴァー・トゥエンティワン）

351

Shapiro, Alan C, and Sheldon D. Balbirer. Modern Corporate Finance: A Multidisciplinary Approach to Value Creation. New Jersey: Prentice Hall, 2000.

Short, Kevin M, and Kathryn A. Bolinske. Sell your business for an outrageous price: an insider's guide to getting more than you ever thought possible. New York: American Management Association, 2015.

Siwan Mitchelmore, Jennifer Rowley, (2010) "Entrepreneurial competencies: a literature review and development agenda",International Journal of Entrepreneurial Behavior & Research, Vol. 16 Issue: 2, pp.92-111.
https://doi.org/10.1108/13552551011026995

Stanley, Thomas J, and William D. Danko. The Millionaire Next Door: The Surprising Secrets of America's Wealthy. Lanham: Taylor Trade Pub, 2010. (邦訳『となりの億万長者―― 成功を生む7つの法則』斎藤聖美訳、 早川書房)

Stieglitz, Richard G. and Stuart H. Sorkin. Expensive mistakes when buying & selling companies: and how to avoid them in your deals. Potomac: Acuity Publishing, 2010

Thakor, Anjan V. Becoming a Better Value Creator: How to Improve the Company's Bottom Line--and Your Own. San Francisco: Jossey Bass Inc, 2000.

Timmons, Jeffry A. New Venture Creation: Entrepreneurship for the 21st Century. New York :Irwin/McGraw-Hill, 1999. (邦訳『ベンチャー創造の理論と戦略――起業機会探索から資金調達までの実践的方法論』千本倖生、 金井信次訳、 ダイヤモンド社)

Vesa Taatila, Samuel Down, (2012) "Measuring entrepreneurial orientation of university students", Education + Training, Vol.54 Issue: 8/9, pp.744-760.
https://doi.org/10.1108/00400911211274864

Warrillow, John. Built to sell: creating a business that can thrive without you. New York: Portfolio/Penguin, 2011.

Zhao, H., & Seibert, S. E. (2006). The Big Five personality dimensions and entrepreneurial status: A meta-analytical review. Journal of Applied Psychology, 91(2), 259-271.
http://dx.doi.org/10.1037/0021-9010.91.2.259

ようこそ、起業家時代へ

ヒューレックス株式会社
事業承継推進機構株式会社

ようこそ、起業家時代へ

起業家時代の到来

この本をここまで読み進めて、どう感じただろうか。早速、買収起業への行動を起こそうと思っただろうか？　それとも、自分には無理だと思って、本書を棚に仕舞おうとしてしまっているだろうか？

時代の変わり目では、人々は「時代が変わりつつある」ことに実は気づいている。問題は、それに気づきながらも、ほとんどの人が行動に移さないことだ。

これからの経済活動における成功条件は「知的労働」から「起業」になる。ITによって、「知識」が民主化されたため、情報は誰でも入手できるようになった。その結果、演算や記憶力のような「スキル」の重要性が下がってしまった。誰でも情報が手に入れられるということは、その後の「行動」というのが大きな差別化要因となったことを意味する。要するに、時代の変化を捉え、行動、すなわち「起業」した人こそが、成功をつかむ時代になったということだ。ある意味では、平等な未来が遂に来たと言えるだろう。

人生100年時代と言われ、老後資金の枯渇におびえながら人生を歩みたいだろうか。

役職定年や社員の個人事業主化、副業兼業推奨で基本給を削られ、通帳に振り込まれる額がただただ目減りするのを眺めて

過ごしたいだろうか。

　誰しもが、自分が望む未来をつかみ取りたいと、本当は願っているはずだ。もう一度伝えたい。

「起業家時代」が到来した。

　本書を読んだ読者は、買収起業という成功への道筋は既に見えていると思う。どうかその想いを胸に仕舞わず、次なる行動につなげていただきたい。

新しい時代の成功バイブルがついに日本へ

買収起業のノウハウ、日本で解禁

　神田氏から本書の話を聞いた時に、「まさにこれだ！」と直感した。従来、買収起業のノウハウは一部の事業家しか知り得ず、体系的に学ぶ機会はほとんど存在しなかった。本書を通じて「起業は失敗するのが当たり前」「M&Aは未知のもの」という古い常識は覆され、買収起業に関するノウハウに誰もがアクセスできることとなった。

情熱と推進力

　本書では、単なるマーケティングや理論に終始するのではなく、起業家としての成功に必要な「実学」が多く含まれている。

起業家にとっての成功と富を定義し、CEOとして、投資家としてのそれぞれのマインドセットを行い、自己分析を促した上で買収候補の事業とのマッチングをすすめている。実は、この自己分析のプロセスは成功の為の必要条件でもある。自己分析し、自身が成し遂げたいこと、世の中に何かを実現させることを起点にすることは、自身の力を最大出力しながら「情熱の炎」を燃やすこととなり、事業の大きな推進力となる。

ビジネスは「人間的」なもの

実際に事業を売るのも買うのも「人」。いくらマーケティング理論をならべても、最後は人だ。本書では、M&Aのプロセスにおける人の心の動きにまで触れている。実は、M&Aはこの「人の心」が成功にも失敗にも直結する。そのため、第8章「売り手の目線」以降は何度も読み返していただきたい。実際に行動に移した時に、本書で得た知識があなたを力強く支えてくれることに気づくだろう。

優れた事業家やマーケッターは、ビジネスが「人間的」であることを絶対に忘れない。

その「一歩」を支えるピース

とはいえ、一冊の本を読んだとしてもあなたは買収起業家として、まだ初心者マークは外れない。最後のピースは、行動だ。具体的には、まずM&Aアドバイザーと話をしてほしい。すぐに会社を買わなくていい。M&Aアドバイザーと話し、もう一

度本書を読み込むと、さらに理解が深まる。さらに、成功のイメージをクリアにしていくことができるはずだ。

　未知の世界に臆するかもしれない。ただし、その不安はすべて洗礼だ。あなたが新しい世界に踏み出したことの意味を知り、「いよいよ始まったか」と未来に胸を躍らせてほしい。安心してほしい、行動し続ければ必ず道は拓ける。

　今、時代はあなたを後押ししようとしている。日本では、買収起業の大チャンスが到来している。

「大廃業時代」は「大起業時代」

127万社の廃業危機
「日本の2025年問題」は悲劇ではない

　本書を読んで買収起業の概観は理解いただいたと思うが、日本における事業承継に関する現状を知っておく必要がある。日本政府の試算では、2025年までに経営者が70歳を迎える企業は245万社あり、そのうち後継者が決まっていないのは半数以上の127万社と言われている。後継者不在が原因で127万社が廃業・倒産し、650万人の雇用と22兆円のGDPが失われてしまう。

　考えてもみてほしい。127万社が後継者に悩んでいる。つまり、127万社の「買収起業案件」が日本には眠っているということだ。この中に、あなたの求める企業が眠っていないことを

証明する方が難しいのではないだろうか？

　すべての年齢層で見た場合は、日本企業の66.4%が後継者不足であるという統計もあり、世の中としての「事業承継への注目度」はかなり高まり、支援の声も増えつつある。

それでも進まなかった「中小企業の事業承継」

　日本の企業の99%が中小企業と言われているが、どうしてこれほどまでに中小企業の事業承継が進まなかったのか。そこには事業承継を支援する側の不都合な真実があった。

　①M&A会社が相手にしてくれなかった

　　M&Aの業務は、規模に関わらず一定の工数が発生するが、M&A会社の担当者は取引額の大きな案件を取り扱った方が利益・生産性が高くなる。その為、中小企業案件は優先度を下げられることの方が圧倒的に多く、中小企業が前金を支払ってM&A会社に依頼し事業承継を行おうとしても、買い手がなかなかみつからない案件が頻発していた。

　②M&Aプラットフォームではクロージングまで至らない

　　M&Aプラットフォームがメディアでも大きく取り上げられているが、その実は苦戦を強いられている。個人が知識なしにM&Aプラットフォームにアクセスしたとしても、乗り越えるべき壁の多さにぶつかって挫折する事例や、直接交渉に入ったとしても専門家を介していないのが原因で、途中で破談となるケースも散見される。

時代は動き出した

事業承継が進まない現状を打破するために、政府は大きく動き出している。事業承継を促進するために「第三者承継支援総合パッケージ」を発表し、金融庁では地域金融機関への人材紹介業参入解禁と「先導的人材マッチング事業」「地域企業経営人材マッチング事業」等を通じて、地方の幹部人材の獲得、ひいては後継者の獲得の支援を始めている。今までM&A会社やM&Aプラットフォーマーが解決できていなかった現状を、国を挙げて打開する流れが来ており、中小企業の事業承継が一気に進むフェーズに入りつつある。

承継起業というスタイル

「承継起業」という考え方

著者のウォーカー・デイベル氏は「買収起業家」という切り口で話を進めてきたが、これは日本において広義の意味では承継起業家®(＊1)の中の一つと言える。

● 承継起業は本書で触れた買収起業を含め、以下の分類として私たちは定義している。

①買収起業…本書で紹介されている起業方法

②入社後起業(所有含む)…株式の取得を前提とし、後継者候補として入社し、第二創業する方法

③入社後起業（経営のみ）…株式の取得を前提とせず、経営の
　後継者候補として入社し、第二創業する方法。プロ経営者
　※①、②は資金調達の検討が必要。所有する分、それ相応の
　リスクも支払う必要があり、②、③は入社後に承継する形
　の為、検討の猶予期間がある。

「結婚承継®」という考え方

　やや違ったスタイルでは、「結婚して婿入りし、事業承継す
る」という承継起業方法も存在する。婚活サービスでは、相手
探しの条件として「家業を継いでくれること」を挙げている人
は実は多く存在する。起業目的だけを考えた結婚では本末転倒
だが、お互いの相性もよく、幸せな結婚が叶い、承継起業も実
現されるなら、それに越したことはないだろう。

　オーナーとしては婿養子に承継したい合理的な理由も存在す
る。実際に、日本で一番業績の良い企業統治パターンは「婿養
子を迎えた同族企業」と言われているからだ。エージェンシー
理論の観点からも「結婚承継®」(＊2) は合理的である、という議
論なのだが本稿の主題からは外れる為、ここでの言及は控えて
おく（ヒューレックスの子会社で対応している）。

＊1　承継起業家®（承継起業家はヒューレックス株式会社の商標登録）

＊2　結婚承継®（結婚承継はマリッジパートナーズ株式会社の商標登録）

私たちの挑戦～承継起業家支援～

政府は動き出した、銀行も動き出した、そして次は誰？

　事業承継に向けて政府や地域金融機関が動き出したが、コロナ禍をきっかけに承継時期が前倒しされつつある現在、民間の動きが必須であると考える。私たちは、次の時代を担う承継起業家を応援するため、この難題に革新的なサービスを行うことで向き合っている。このサービスが本書を読んでくださっているみなさんのヒントになればと思い、触れさせていただく。

中小企業特化型M&Aアドバイザリーサービスの立ち上げ

　「小さいからやらない」「遠いからやらない」といわれていた地方の中小企業のM&Aを支援する為にリリースしたサービス。地域金融機関の皆様からの強い要請もあり、中小企業に徹底的に寄り添い、地域金融機関の情報をつないで地域の垣根を乗り越えた越県M&Aの実現に挑戦している。

承継起業家支援のプラットフォーム「後継者サーチ」

　従来の「事業承継＝親族内承継」「事業承継＝M&A」という常識を破壊するためにリリースしたサービス。オーナーに対して新たに「事業承継＝第三者への承継（外部招聘）」という選択肢を提示している。承継起業家に対しても、初めから「買収

する」のではなく、社員として入り、プロ経営者、雇われ社長として活躍し、合意のもとに株式の取得を進めるという新たな選択肢を提示できるようになった。

人が活き活きできる未来への想い

新時代、扉は開かれた

コロナ禍によって決定的に時代は変化した。ここからは行動した人のみが次のステージに立つことができる。家柄も学歴も問われない、「挑戦した人が成功する」という史上最も平等な時代に突入する。皆さんが踏み出すその一歩の為に、私たちは力になりたい。

承継起業という新しいキャリア

地方創生が謳われて久しい今日、承継起業という選択肢は、「地方に戻りたいハイクラス人材の新たなキャリアの入口」と言える。承継起業によって、既存事業が伸びる。その好影響で新規事業が生み出され、商圏が広がることで地方経済が活性化する。地方創生から新しい日本の未来が創り出される"時"がすぐそこまで来ている。あなたのスキルや経験を、地方で活かすチャンスが、目の前にあるのだ。

大廃業時代を大起業時代に変える

買い手として、後継者候補として、プロ経営者として、あるいはアドバイザー等で支援する立場として、この「大起業時代」を創り上げる皆さんを、全力でサポートしたい。

この「大起業時代」のステージに、皆さんが奮って参画されることを心よりお待ちしている。

本書が日本の新時代につながるブレイクスルーとなることを願って。

Profile
プロフィール

●著者プロフィール

ウォーカー・デイベル (WALKER DEIBEL)

起業家・投資家であるウォーカー・デイベルは、これまでに3つのスタートアップを共同創業し、7つの会社を買収している。セントルイス・ワシントン大学オーリン・ビジネス・スクールでMBAを取得。同大学のスカンダラリス学際イノベーション起業センターから起業の業績を称える賞 (Declaration of Accomplishment in Entrepreneurship) を受けた。認定M&Aアドバイザー、元証券取引委員会 (SEC) 認定株式ブローカー。ミズーリ州セントルイスに妻、3人の子どもと暮らす。詳しくはBuyThenBuild.comを参照。

●日本語版監修者プロフィール

神田昌典 (かんだ・まさのり)

経営コンサルタント・作家。株式会社ALMACREATIONS代表取締役。
一般社団法人Read For Action協会代表理事。上智大学外国語学部卒。ニューヨーク大学経済学修士 (MA)、ペンシルバニア大学ウォートンスクール経営学修士 (MBA) 取得。大学3年次に外交官試験合格、4年次より外務省経済部に勤務。その後、米国家電メーカー日本代表を経て経営コンサルタントとして独立。ビジネス分野のみならず、教育界でも精力的な活動を行っている。
主な著書に『ストーリー思考』(ダイヤモンド社)、『成功者の告白』(講談社)、『非常識な成功法則』(フォレスト出版)、『なぜ春はこない?』(來夢氏との共著、実業之日本社)、翻訳書に『伝説のコピーライティング実践バイブル』(ダイヤモンド社)、『おもてなし幻想』『成約のコード』『隠れたキーマンを探せ!』『成功しなきゃ、おかしい』(実業之日本社) など多数。

ヒューレックス株式会社

「人と地域をつなぐ」をテーマに、UIJターン転職を含めて全国主要都市での転職支援を行う人材エージェント。特に経営者・経営幹部、エグゼクティブ層に強みがあり、中堅・中小・ベンチャー企業とのマッチング実績は多数。地域金融機関との豊富な提携ネットワークを活かし、事業承継に悩む「地域企業」と、経営者を目指す「承継起業家」をマッチングする新サービス『後継者サーチ』を立ち上げる等、積極的な事業展開を進めている。

事業承継推進機構株式会社

略称AOBA (Allied Organization for Business Succession Advisors)。中小企業の事業承継をサポートし、地域の経済と雇用の維持・拡大のために設立。事業承継に関するコンサルティング、M&Aアドバイザリーサービス、M&A仲介事業等を展開。地域金融機関との連携を通じて数多くの事業承継M&Aと関わり、地域密着だから出来る承継後のサポート等も提供する。

●訳者プロフィール

三木俊哉 (みき・としや)

京都大学法学部卒業。会社員を経て産業・出版翻訳者。訳書に『ストレッチ』(海と月社)、『ルーンショット』(日経BP社)、『組織の壁を超える』(英治出版)、『隠れたキーマンを探せ!』(実業之日本社) など。

「買収起業」完全マニュアル
ベンチャー立上げリスクを回避する「新・起業法」

2021年 5月10日　初版第1刷発行

著　　者　　ウォーカー・デイベル
日本語版　　神田昌典、ヒューレックス株式会社、事業承継推進機構株式会社
監修者
訳　　者　　三木俊哉
発 行 者　　岩野裕一
発 行 所　　株式会社実業之日本社

〒107-0062
東京都港区南青山5-4-30
CoSTUME NATIONAL Aoyama Complex 2F

電話03-6809-0452(編集部)
　　 03-6809-0495(販売部)
URL https://www.j-n.co.jp/

印刷・製本　　大日本印刷株式会社

ブックデザイン　　清原一隆(KIYO DESIGN)
ＤＴＰ組版
校　　閲　　くすのき舎
編　　集　　金山哲也(実業之日本社)

ISBN978-4-408-33976-4(新企画)
日本語版©Toshiya Miki 2021 Printed in Japan

神田昌典の本

おもてなし幻想
デジタル時代の顧客満足と収益の関係

日本の「おもてなし」は、単なる「おせっかい」だった？　顧客と長くつき合っていくために必要なサービス、サポートのあり方が明確になる画期的な1冊。

マシュー・ディクソン／ニック・トーマン／リック・デリシ　共著
神田昌典／リブ・コンサルティング　日本語版監修
安藤貴子　訳

四六判上製　定価：(本体2,000円＋税)

成約のコード
デジタルツールと営業現場を連動する
最強ノウハウ

MA (マーケティングオートメーション) ×インサイドセールス＝成約の暗号 (コード)。あらゆるデジタル手法と、人間的な営業をつなぐプロセスを全公開！

クリス・スミス　著
神田昌典　監訳
齋藤慎子　訳

四六判上製　定価：(本体1,850円＋税)

実業之日本社

神田昌典の本

隠れたキーマンを探せ！
データが解明した最新B2B営業法

全米40万部、10か国で刊行のセールス・バイブル、待望の続編。「B2B営業ほど誤解されている営業はない。その点について重要な視点をくれる本がようやく出た」（セス・ゴーディン）。

ブレント・アダムソン／マシュー・ディクソン／
パット・スペナー／ニック・トーマン　共著
神田昌典／リブ・コンサルティング　日本語版監修
三木俊哉　訳

四六判上製　定価：（本体2,000円＋税）

成功しなきゃ、おかしい
「予測できる売上」をつくる技術

あのセールスフォースを年商5億から100億に育てた著者による、デジタル時代における最強の成長マニュアル。デジタル変革に取り組む、すべての経営者、ビジネスマン、必読！

ジェイソン・レムキン／アーロン・ロス　著
神田昌典　日本語版監修
齋藤慎子　訳

四六判上製　定価：（本体2,200円＋税）

実業之日本社